카알 힐티 행복론

카알 힐티 행복론

2004년 6월 20일 1판 1쇄 발행
2007년 10월 25일 1판 3쇄 펴냄

지은이 | 카알 힐티
옮긴이 | 함희준
기 획 | 김정재
발행인 | 차미경

펴낸곳 | 예림미디어
등록 | 제 313-1997-000010호
주소 | 경기도 고양시 일산서구 탄현동 5-17 아크리움빌1차 101-101
전화 | (031) 914-4755
팩스 | (031) 914-4756
이메일 | ylbooks@hanmail.net

ISBN 89-87774-34-1 03850
*잘못 만들어진 책은 구입하신 서점에서 교환해 드립니다.
*값은 뒤 표지에 있습니다.

카알 힐티 행복론

카알 힐티 저 / 박현석 옮김

예림 미디어

차 례

카알 힐티 행복론

Carl hilty Glück

일을 즐겁게 할 수 있는 방법
9

영혼의 자유를 찾은 에픽테투스
30

악과 싸워 이기는 방법
136

좋은 습관 길들이기
178

세상 살아가는 지혜를 찾아서
203

시간을 만드는 지혜
221

행복의 조건
258

인간이란 무엇인가?
314

현대인의 교양은 마음에서부터
359

카알 힐티의 작품 세계
390

   이 책은 에픽테투스에서 마르크스 아우렐리우스, 단테와 토머스, 톨스토이, 그리고 성서에서 한 올 한 올 뽑아낸 지혜의 메시지들이다.

   행복한 인생을 만들어 가는 가장 위대한 사상가들의 가르침을 종교와 사상을 뛰어넘어 때로는 평이하게 때로는 심오하게 써내려가 지혜로운 삶의 방법을 알려준다.

   '인생의 올바른 길'인 진정한 행복에 도달하고자 하는 사람에게 있어서는 반드시 커다란 빛과 힘을 가져오게 할 것이고, 영원히 효력을 잃지 않는, '이 땅의 소금' 같은 메시지를 듣게 될 것이다.

박현석

나는 이렇게 살아왔고, 이러한 신념을 얻었다.
가능하면 모든 사람들에게 권하고 싶은 나의 신념이다.

일을 즐겁게 할 수 있는 방법

1

 일을 잘 할 수 있는 방법은 다른 모든 기술 중에서도 가장 중요한 것이다. 그 이유는 기술은 한번만 올바르게 터득하면 그 밖의 모든 지적인 활동이 매우 쉬워지기 때문이다.
 그럼에도 불구하고 올바르게 일을 할 수 있는 방법을 터득한 사람은 비교적 드물다. '노동'이라든가 '노동자'에 관해서 활발하게 논의되고 있는 오늘에 이르러서도, 실제로 그 기술이 현저히 진보되거나 보급이 되어 있는 것 같지 않다.
 오히려 될 수 있는 대로 적게 일을 한다든지 또는 일생의 짧은 시간만 일을 하고, 남은 인생은 휴식을 취하면서 보내고 싶은 것이 일반적인 경향이다.

그렇게 본다면 작업과 휴식은 겉보기에도 양립할 수 없는 평행선처럼 보이지만 과연 그럴까? 그래서 그것부터 우선 검토해 보지 않으면 안 되겠다. 흔히 하는 말이지만, 근로의식을 고취한다고 해서 의욕이 생기는 것은 아니다.

오히려 불행하게도 일하기 싫어하는 생각이 강해져서, 그것이 새로운 병이 되고 있으니, 누구나 이론상으로는 칭찬받고 있는 근로작업도 될 수 있으면 피해 보려는 생각을 하고 있다면, 우리가 아무리 사회개선을 부르짖어도 헛된 일인 것이다.

작업과 휴식이 평행선이라면 사실상 이 사회의 병패는 도저히 바꿀 엄두도 낼 수 없다.

휴식을 취하고 싶은 것은 본래 인간의 천성이다. 아무리 천박한 정신박약자라도 그런 욕구는 가지고 있으며, 또한 아무리 고결한 정신의 소유자라도 쉴 틈도 없이 노력하기를 원하지는 않는다.

반대로 저승의 행복한 생활을 상상할 경우에도 우리들은 '영원한 안식'이라는 표현외의 다른 말을 생각할 수 없다. 만약 근로는 피할 수 없고, 휴식은 그것의 반대라고 한다면 '너의 이마에 땀을 흘리는 대가로 떡을 먹지 않으면 안 된다'(창세기 3장 19절)라는 말은 오직 잔인하고 저주스러운 말이 될 것이며 이 세상은 눈물바다가 되어 버릴 것이다.

왜냐하면, 만약 그렇게 된다면 인간은 어떤 시대에도 '인간다운' 생활을 할 수 있는 사람은 극소수에 불과할 것이고, 그리고—사실은 그 점이 저주스러운 것이지만—자기와 똑같은 인간에게 노동을 시키고 노예상태에 묶어둠으로써만이 그런 생활도 할 수 있기 때문이다.

고대의 저술가들은 사실 그렇게 인식하고 있었다. 즉, 오직 한 사람이 정치적으로 완성된 국가의 자유시민으로써 생활하기 위하여 자재(資材)를 제공하는 데에는 다소의 벅찬, 그리고 희망이 없는 노예적인 노동이 필요했던 것이다.

그 뿐만 아니라 19세기에 이르러서도 한 공화국의 시민들은, 성경을 손에 든 그리스도교의 성직자마저도 앞장 서서 '어떤 인종은 영원히 다른 민족들을 위해서 일해야만 되는 세습적인 숙명을 짊어지고 있다'고 주장했다.

문화는 부의 토대 위에서만 번영하며, 부는 자본의 축적에 의해서만 증대되고, 자본은 정당한 보수를 받지 못한 자의 노동이 축적되어야만 생긴다.

그러므로 문화는 부정에 의해서 생긴다. 그것이 지금 논쟁의 중심이 되고 있는 명제인 것이다. 그러나 그 문제를 논하는 것은 여기서 말하고 싶은 목적이 아닌 만큼 그 명제가 어느 정도 옳은지, 또는 진정 옳은 것인지 검토하는 것은 그만두고, 다만 진실이라고 짐작되는 점만을 확실히 말해 두겠다.

즉, 모든 사람이 올바르게 일만 하게 된다면 이러한 사회 문제라는 것은 즉시 해결될 것이며, 그외의 어떤 방법으로도 결코 해결이 될 수 없다는 것이다. 그렇지만 그것은 강요하기 때문에 달성되는 것은 아니다. 또 설사 만인에게 일을 강제로

시킬 수 있는 수단이 있다고 하더라도, 그런 일에서는 진실로 도움이 되지 않는다. 그러므로 중요한 것은 사람들이 일하는 데 즐거운 의욕을 불러 일으키는 것이다. 그렇게 해서 우리들은 다시 올바른 '교육'의 영역으로 되돌아 가게 된다.

일하는 즐거움은 자기가 잘 생각해서 실제로 경험을 해야만 우러나는 것이다. 그러나 그것은 유감스러운 일이지만 교훈에서도, 그리고 매일처럼 증명되고 있듯이, 실례로도 결코 우러나지 않는다. 단지 경험은 다음과 같은 것을 모든 사람들에게 가르쳐 주는 것이다.

인간이 추구하고 있는 휴식이란, 우선 육체와 정신을 전혀 활동시키지 않고 될 수 있는 대로 태만한 행동을 취하게 해서 얻어지는 것이 아니라, 오히려 반대로 심신을 적당히 질서있게 활동시키므로써 얻어지는 것이다.

인간은 본래 일을 하도록 되어 있다. 그러므로 그것을 제멋대로 변경시켜 버린다면 지독한 보복을 당한다. 물론 인간은 이미 먼 옛날에 휴식이라는 낙원에서 추방되었던 것이다. 하나님은 인간에게 일을 하도록 명령했지만, 싫든 좋든 일을 한다면 거기 따른 위안도 동시에 주었던 것이다.

따라서 진정한 휴식은 활동을 함으로써만 그 진미를 맛볼 수 있는 것이다. 즉 그것은 정신적으로는 일이 잘 진척이 되고, 부과된 임무를 훌륭하게 완수하는 것을 스스로 보게 됨으로써 얻어지는 것이고, 또한 육체적으로는 매일 밤의 수면이라든가 식사 때에 자연적으로 얻어지는 사이사이의 휴식이라든가, 그 무엇과도 바꿀 수 없는 일요일의 휴식이라고 하는 오아시스 속에서 참다운 휴식은 얻어지는 것이다.

그러한 자연스러운 휴식에 의해서만 중단될 뿐인, 끊임없는 유익한 활동상태야말로 이 지상에서 주어지는 최상의 행복한 상태인 것이다. 인간이면 그 이외에는 어떠한 외적인 행복도 희망해서는 안 된다. 우리는 한 걸음 더 나아가서 이렇게 한 마디 더 첨가할 수가 있다. 그렇게 된다면 그때는 일의 성격 따위는 그다지 큰 문제가 아니라고.

말하자면 장난이 아니고 진정한 일이라면 어떤 성질의 것이라도 반드시 그 일에 진지하게 몰두한다면 머지않아 흥미를 느낄 수 있게 된다는 성질을 지니고 있다. 인간을 행복하게 한다는 것은 일의 종류에 있는 것이 아니라 창조와 성공의 기쁨에 있는 것이다.

이 세상에서 가장 불행한 사람은 할 일이 없고, 따라서 한 평생을 마치면서도 아무런 성과를 얻을 수 없는 생활을 한 사람이다. 그러므로 이 세상에는 노동의 권리라는 것이 있고, 또 당연히 있어야만 되는 것이다. 또한 그것은 모든 인간권리 중에서도 가장 근본적인 권리이기도 하다.

'할 일이 없는 사람'은 실제로 이 세상에서 가장 불행한 사람이지만, 그런 불행한 사람이 이 세상에는 적지 않다. 더구나 그것이 하급사회보다도 오히려 상급사회 쪽에 훨씬 더 많다. 하급사회에서는 생활의 필요성에서 일에 쫓기고 있지만, 상급사회에서는 그릇된 교육이라든가 편견 때문에, 또 일부

계층에서는 인간다운 진지한 일을 모두 배척하는 지극히 고루한 인습 때문에 거의가 절망적으로, 조상대대로 그런 불행을 짊어지도록 운명이 정해져 있는 것이다.

그들은 해마다 정신이 거칠어지고 따분해져서 정신휴양을 위해서 스위스의 아름다운 산천을 찾아와서 치료를 받고 원기를 회복하려고 하지만 물론 그것은 헛일이다.

이전에는 어쨌든 몸을 움직이면서 요양을 하면, 그들의 병인 태만성을 적어도 일시적이나마 회복시키는데 한 여름 정도면 충분했다. 그런데 지금은 그러기 위해서는 겨울까지 넘기지 않을 수 없게 되었다. 그들 때문에 나의 조국 스위스의 아름다운 계곡은 병원 투성이가 되고 있지만, 그 많은 병원도 머지 않아 안식을 모르는 수 많은 사람들 때문에 1년 내내 개업하게 될 것이다.

그들은 여기 저기 휴식처를 찾아서 돌아다니겠지만 어디를 가든지 그것을 찾을 수 없을 것이다―왜냐하면 일을 함으로써 휴식을 얻고 싶지 않기 때문이다.

'너희는 엿새 동안 일을 하지 않으면 안 되느니라' (출애굽기 35장 2절). 그보다 더 많아도 안 되고 모자라도 안 된다. 그 처방대로 한다면, 현대의 대부분의 신경병쯤은 그것이 일을 하지 않았던 부모의 저주스러운 유전의 원인이 아닌 한 고쳐질 것이다.

그리고 요양소의 의사나 정신과 병원은 아마 그들의 환자를 잃게 될 것이다. 인생은 모름지기 '향락'을 위한 것이 아니어서, 반드시 땀의 열매를 맺으려고 애쓰지 않으면 안 된다. 그것을 깨닫지 못하는 사람은 이미 정신적 건강을 잃고 있는 것이다. 그러한 그가 어찌 육체적 건강을 유지할 수 있으리라고 생각하는가.

육체적 건강은 그가 타고 난 체질에 따라서 올바른 생활방식을 취할 때에만 유지되기 때문이다.

우리들의 수명은 70년, 또는 장수하게 되면 80년 정도가 되겠지만, 그것이 신고(辛苦)와 근로로 이어지는 생애라도 '얻기 어려운 존귀한 것이다'. 이 말은 시편의 한 구절이고 본래 그런 의미였을지도 모른다.

*가장 활동적인 한 사람이었던 리빙스턴은 '신을 위하여 일을 할 때, 이마의 땀은 신경의 강장제인 것이다'라고 말했다. 그리고 또한 사람의 유명한 저작가는 거기에 다음과 같은 말을 첨가했다. '마음의 휴식은 부단한 정신적인 노력 속에서만 얻을 수 있다'라고. 두 사람은 다 그들의 특수한 활동에 대해서만 말한 것이다.

*시편 90편 10절에 '얻기 어렵고, 존귀한 것은 신고와 근로인 것이다'라고 명기되어 있다.

여기서 약간의 제한된 말을 첨가해 두는 것이 좋겠다. 어떤 일이나 다 똑같을 수는 없다. 단지 겉치레뿐인 일도 있다. 겉치레만이 목적인 일, 그러기 위한 일 따위이다. 예를 들면 '주부들의 취미생활'의 일부분, 특히 이전에 흔히 있었던 것과 같은 오락기분의 무의미한 군인생활, 불충분하고 아무런 결실이 없는 피아노교습과 같은 '예술' 수업의 대부분, 수렵, 그 밖의 여러 가지 '스포츠'의 대부분, 그리고 자기 재산의 단순한 관리 등도 여기에 속한다. 영리하고 활동적인 사람이라면, 좀 더 심적으로 만족감을 얻을 수 있는 일을 구하지 않으면 안 된다.

*재치 있는 목사 프라치히는 자기 나라의 한 장교에 관해서 다음과 같은 실례를 보고하고 있다. 그 장교는 주인인 공작 밑에서 아무런 이득도 없는 규칙적인 임무에 관해서 불행하다고 느끼고 있었는데 그 고민의 원인을 몰랐다. 그래서 목사는 다음과 같은 방법으로 깨달음을 얻을 수 있었다. 즉 목사는 한 소녀에게 하루종일 의자에 앉아 은으로 만든 스푼을 가지고 있으면 1구루덴을 주겠다고 약속했다. 그러자 소녀는 그가 예상했던 대로 채 30분도 되기 전에 기분이 상해서 스푼을 내던져 버렸다. 이따위 따분한 일은 하기 싫다. 이런 일로 실제로 보수를 받을 수 있다고 생각할 수는 없다고 말했다. 이것이야말로 모든 사람이 자신의 '일'에 대해서 기쁨을 느끼지 못하는 이유인 것이다. 일의 성격으로 볼 때, 그것은 당연한 결과였다.

그리고 또 기계를 다루는 일이라든가, 기계적이며 부분적인 일이 대부분 일하는 사람에게 만족감을 줄 수 없고, 공장노동자보다는 농부라든가 다른 직종의 사람들이 훨씬 더 만족감을 느끼게 된다.

그러므로 사회적인 불안은 공장 노동자에 의해서 비로소 이 세상에 나타난 것이다. 공장 노동자는 자기의 노동에 의한 성과를 보는 일은 드물다. 일을 하는 것은 기계이고, 그는 다만 그 기계에 매인 도구에 지나지 않는다. 또는 언제나 조그마한 톱니바퀴나 그런 것을 만드는데 거들어줄 뿐, 결코 시계 전체를 만드는 것은 아니다. 반면 기계를 만드는 것은 즐거운 예술품을 제작하는 것이고 인간다운 진실된 일의 성과인 것이다. 단순한 기계적인 노동은 아무리 쓸모없는 사람일지라도 모두 가지고 있는 '인간의 존엄'과는 관계없이 결코 인간에게 만족감을 줄 수 없다.

차라리 무아의 경지에서 자기 일에 완전히 몰두할 수 있는 아르바이트는 가장 행복한 것이다. 예를 들면, 어떤 소재를 찾아서 그것을 표현하려고 할 때, 모든 정신을 그 대상에 집중시키지 않을 수 없는 예술가든가, 자신의 전문분야 이외의 것은 거들떠 보지도 않는 학자라든가, 때로는 가장 좁은 활동범위 내에서 자신의 작은 세계를 꾸미고 있는 여러 종류의 '변태적인 사람'까지도 진정 행복을 맛보고 있는 것이다.

그들 모두는—객관적으로 말한다면 잘못된 표현일지도 모르지만—일을 하고 있는 것이다. 참되고 유익한 사회를 위해서는 없어서는 안 될 일을 하고 있기 때문에, 결코 장난으로 일하고 있는 것은 아니다. 그뿐만 아니라 그들 중에는 끊임없이 힘든 일을 하면서 나이를 먹게 되는 사람도 적지 않다. 그런데 한편에서는 아무런 일도 하지 않는 귀족적인 방탕자라든가 유한부인들—현대 사회에서는 가장 무용지물인, 가능한 한 일을 하지 않은 인종 중에서 예를 들었지만—그런 패거리들은 늘 건강유지에 매일매일 쫓기고 있는 것이다.

오늘날과 같은 사회에서는 무엇보다도 가장 필요하고, 유익한 일은 예외없이 모든 사람들의 심신의 건강을 위해서, 절실히 필요한 것이고 그런 인식과 경험이 널리 이 세상에 보급되어야만 한다는 것이다.

이상에서 반드시 다음과 같은 결론이 나온다. 즉, 태만한 사람은 결코 우수한 계급이라 인정할 수 없으며, 그들의 정체 그대로, 올바른 처신의 길을 잃은, 즉 정신적으로 불완전하고 건강하지 못한 인간이라고 하겠다.

그런 사고방식이 사회 전체의 확고한 표현인 하나의 풍습으로 나타난다면, 그때 비로소 이 지상에도 보다 좋은 세대가 등장할 것이다. 그때까지는 이 세상은 한쪽 편 사람들의 과로와 다른 한편의 나태현실로 고민하게 될 것이다. 양쪽 모두 서로를 제약하고 있지만, 어느 쪽이 사실보다 불행한 것인지는 매우 의문시되고 있다.

더욱 알 수 없는 것은 태만하지 말라는 그 원칙은 수천년의 인류 역사와 경험에 바탕을 둔 것이고, 더구나 모든 종교라든가 철학이 항상 가르쳐 주고 있지만 웬일인지 지금도 널리 실천되지 않고 있다는 것이다.

 예를 들어 성서를 매우 심각하게 받아들이면서도 성서에는 그다지 분명하게 기록되어 있지 않은 사형을 강력히 변호하는 한편 성서의 일주일에 하루만 쉬라는 지극히 분명한 명령을 따르지 않고, 전혀 일을 하지 않는 것은 아니지만 겨우 하루쯤 일하고는 엿새는 귀부인인양 나태하게 놀면서도 이상하리만큼 태연한 수많은 '유한 귀부인들'이 있는 것은 무슨 이유일까. 그렇게 되는 것은 주로 노동의 분배가 적합하지 않기 때문이며, 그러므로 노동은 오히려 무거운 짐이 되고 있는 것이다.

 여기서 우리들은 지금 본론인 주제로 되돌아 오게 된다. 그렇다면 어떤 일이건 꼭 필요하다는 원리를 잘 납득하고, 나아가서 일을 할 의욕을 가지고 기꺼이 일을 하겠다는 사람들을 위해서, 지금 어떤 교훈을 줄 수 있게 되는 것이다.

2

 일을 하는데 있어서 모든 기술 분야와 마찬가지로 요령이라는 것이 있어서, 그것만 터득하면 일은 훨씬 수월해 진다. 일할 의욕이 생긴다는 것 뿐만 아니라 일을 할 수 있다는 것도 결코 간단한 것은 아니며 대부분의 사람들은 그 이치를 모르고 있는 것이다.

(1) 장애를 극복하기 위해서는 먼저 그 장애가 무엇인지 알아야만 된다. 일을 방해하는 것은 대부분 태만이다. 인간은 누구나 천성은 게으르다. 감각적으로 보통의 수동적인 상태에서 벗어나기 위해서는 항상 노력이 필요하다. 착한 일에 대해서 게으르다는 것이 우리들 인간이 본래부터 가지고 있는 근본적인 결점이다. 그러므로 천성적으로 일을 좋아하는 인간이란 있을 수 없다.

　다만 성격이나 기질이 약간 활발한 사람이 있을 뿐이다. 가장 활달한 사람도 그 천성에 따른다면, 일보다는 다른 것으로 즐기는 방식을 좋아한다. 근면은 감각적인 게으름보다도 한층 강한 동기가 없으면 나타나지 않는다. 그리고 그 동기에는 언제나 두 종류가 있다. 약한 동기는 욕정, 특히 명예욕이나 탐욕, 그 중에서도 생활유지를 위해 필요한 것 등이다. 강렬한 동기는 일 그 자체에 대한, 또는 그 사람들을 위해서 일하지 않으면 안 되는 책임감 등이다.

　그러한 고상한 동기는 훨씬 오랫동안 지속되기 때문에 반드시 결과에 구애되지 않는다는 특성을 가지고 있다.

　그러므로 실패하더라도 싫증을 낸다거나, 성공하더라도 만족해서 열의를 잃는 일이 없다.

　반면에 야심가나 탐욕스러운 사람은 때로는 매우 부지런하지만, 끝까지 규칙적으로 일을 진척시키기는 어렵다.

　그들은 평소에 남의 일에는 관심이 없고, 단지 자기 자신에게서 진짜 일한 만큼 좋은 결과를 얻게 되면 충분히 만족한다.

상공업의 일 중의 일부분, 또는 유감스럽지만 학문이나 예술의 일부분도 오늘날 분명히 그런 성격을 띠고 있다. 그러므로 지금 사회에 진출하는 청년에게 최초의 조언을 해 준다면 우선 다음과 같이 얘기할 수 있다.

여러분은 어떤 일이라도 어떤 특정인들에 대한 사랑과 의무를 가지고 일을 하라. 무엇인가 인류사회의 큰 문제에 참여하는 것이 좋다. 예를 들면 여러 민족의 정치적인 해방, 그리스도교의 전도, 방치되고 있는 하층계급의 생활향상, 음주습관의 폐지, 또 아전인수격이지만 국제간의 영원한 평화의 확립, 사회개혁, 선거법의 개선, 형벌 및 형무소의 개량 등 오늘날 이와 같은 목적이 넘칠 만큼 많지만, 여러분은 그 중의 어떤 일을 택해서 참여하는 것이 좋을 것이다.

그렇게 된다면 여러분은 가장 손쉽게 언제나 밖으로부터 얻어지는 자극이 있을 것이다. 또 처음 어느 기간까지는 특히 중요한 일에서 동지를 얻게 될 것이다. 오늘날 문명국인 여러 나라 국민들 사이에는 그런 진보적인 진영에 적극적으로 참여하지 않는 청년이 남녀를 불문하고 한 사람이라도 있어서는 안 될 것이다. 일찍부터 자신은 돌보려고 하지 않고 자기만을 위한 생활을 하지 않는다는 것이 청년들을 강건하게 향상시키고, 일에 굴하지 않는 힘을 주게 되는 유일한 길이다. 이기주의는 언제나 한 가지 약점이고, 오직 여러 가지 약점을 더 낳게 하는 것이다.

(2) 게으른 것을 억누르고 일을 하도록 하는 데 가장 효과적인 수단은 생활 습관의 힘인 것이다. 평소에는 다만 우리들의 육체적 성질에만 도움이 되고 있는 이 커다란 힘을 똑같이 정신적 방향으로도 도움이 되게 해서 나쁠 것은 없지 않을까.

우리들은 실제로 태만, 욕망, 낭비, 무절제, 인색 등에 빠지는 것과 같이 또한 근면, 절제, 검소, 정직, 관대한 습관도 익힐 수가 있다. 더욱이 어떤 인간적인 미덕도 그것이 아직 습관화되지 않는 한, 확실히 자기 것이라고 단언할 수는 없다는 것이다. 그러므로 서서히 근면의 습관을 익힌다면 나태한 저항은 차츰 약해져서, 마침내 일상적인 생활에서 뺄 수 없게 된다. 그렇게 되면, 이미 우리들은 인생에 있어서는 곤란한 것의 대부분을 모면한 것이라고 하겠다.

그렇다면 여기서 우리들이 습관적인 근면을 몸에 쉽게 익힐 수 있는 두서너 가지 요령을 소개하면 다음과 같은 것이 있다.

우선 무엇보다도 중요한 것은 과감하게 시작해야만 한다. 책상 앞에 앉아서 일하도록 하는 결단이 결국 가장 어려운 일인 것이다. 한번 펜을 잡고 힘차게 줄을 그어 버리든가, 또는 괭이를 들고 한번 내려치든지 한다면 일은 훨씬 쉽게 되어 갈 것이다.

그런데 어떤 사람들은 시작하기 전부터 언제나 무엇인가 부족감을 느끼고 오로지 준비만 하기 때문에(그 이면에는 그들의 게으름이 숨겨져 있는 것이지만) 도저히 일을 착수하지 못한다. 그러다가 마침내 꼭 필요할 때는 이번에는 시간의 부족해서 초조감에 사로잡혀 정신적인 면 뿐만 아니라 때로는 육체적으로 열이 올라 그것이 또한 일을 방해하게 된다.

또 어떤 사람은 특별한 감흥이 일어나기를 기다리지만, 그러나 감흥은 일에 열중하고 있을 때에 가장 손쉽게 일어나는 것이다. 일이란, 열중하고 있으면 미리 생각했던 것과는 달라질 수도 있으며, 또 휴식을 취하고 있을 때는 일에 열중하고 있을 때처럼 충실하거나 때로는 전혀 새로운 착상을 얻는 일은 없다. 그것은 내게 있어서는 한가지 경험적 사실이다. 그래서 중요한 것은 일을 뒤로 미루지 말것, 또 몸의 컨디션이나 기분이 나지 않는다는 것을 구실로 삼지 말고 매일 일정량의 적당한 시간의 일을 위해 바치라는 것이다.

우리들 내부의 교활한 '옛 사람'(사도 바울이 한 말)이라도 어떻든 정해진 시간만은 일을 하지 않을 수 없으니, 그냥 놀고 있을 수 없다는 것을 깨닫는다면, 오늘 중에는 무슨 일이 있든지 필요한 일만은 해치워야만 된다는 결심을 쉽게 하게 된다.

(3) 정신적이고 창조적인 일을 할 때, 일의 내용을 따진다거나 또는 일을 시작하기 전의 서론(준비) 때문에 시간과 흥미를 잃어버리는 사람이 꽤 많다.

지나친 집착이나 의미 심장한 것과 또 대체적으로 너무나 깊이 파고 든 서론이라는 것은, 대부분 조금도 목적 달성에 도움이 되지 않아서, 오히려 나중에 해도 될 말을 미리 해버리게 되는 잘못을 저지르게 된다. 그러므로 서론이나 표제는 맨 끝에 만드는 것이 좋다. 서론적인 것은 모조리 뒤로 미루고, 자기가 가장 잘 알고 있는 본론에서 시작한다면, 훨씬 쉽게 일을 시작할 수 있다.

그것과 똑같은 이유에서 먼저 머리말이나, 또 어떤 때는 제1장은 넘겨버리고 그 다음부터 읽는 편이 훨씬 의미를 잘 알 수 있다.

그래서 필자는 머리말은 절대로 먼저 읽지 않기로 하고 있는데, 본문을 읽고 난 후 머리말을 읽었다고 해서 손해 보았다고 생각한 적은 아직 한번도 없다.

물론 머리말이 가장 읽을 만한 책이 없는 것은 아니지만, 그러나 그런 책은 대체적으로 그다지 읽을 가치가 있는 것은 아니다.

다시 우리들은 한걸음 나아가서 이렇게 말해도 좋을 것 같다. 즉 모든 책은, 머리말이나 본문 할 것없이 쉽다고 생각되는 것부터 읽기 시작하라. 어쨌든 시작하고 볼 일이라고. 그렇게 하면 체계적으로 읽지 않아서 일을 하는 데 먼 길을 돌아가는 것이 되겠지만, 그 정도의 결점쯤은 시간을 얻을 수 있다는 것에서 보충이 되고 남음이 있을 것이다.

한 유명한 학자 벤젤은, 자기의 지식은 공부할 때 언제나 가장 쉬운 것부터 시작한 습관 덕택이라고 솔직히 고백하고 있다.

이와 관련해서 다음과 같은 두 가지 점이 분명하게 된다.

첫째 '내일을 위하여 염려하지 마라. 내일 일은 내일 염려할 것이오, 하루의 괴로움은 그날 하루로 족하니라'(마태복음 6장 34절).

인간은 상상력이라고 하는 위험물을 하나님으로부터 받았는데, 그것은 우리들의 마음의 힘을 초월해서 훨씬 넓은 활동범위를 가지고 있다. 상상력은 우리들이 계획한 일을 모조리 성취시킬 수 있는 것처럼 한꺼번에 눈에 띄게 하고 있지만, 인간의 능력은 그것을 순서대로 한 가지씩 착수할 수밖에 없다. 그래서 그 목적을 위해서 언제나 적극적인 자세를 가지지 않으면 안 된다. 그러므로 언제든지 오늘을 위해서 활동한다는 습관을 터득해 두는 것이 좋다. 내일은 저절로 돌아온다. 그리고 함께 내일 일을 할 수 있는 힘도 따라오는 것이다.

둘째 점은 이런 것이다. 일이란, 특히 정신적인 일은 차분하게 해 나가야만 된다. 그렇다고 해서 한 줄도 빠짐없이 읽는다든지 전체를 해 치우려고 해서는 안 된다. 그런 일은 어느 누구도 할 수 없다. 가장 좋은 방법은 비교적 좁은 범위를 완전히 생각하고 나서, 그 밖의 넓은 범위에 관해서는 본질적인 요점에만 주력하는 것이 좋다. 너무나 지나치게 많은 것을 원한다면 현재 실태를 볼 때 그다지 좋은 성적을 낼 수 없는 것이 보통이다.

(4) 일을 잘 해내기 위해서는, 원기와 감흥이 식어버렸을

때엔 그 이상 일을 추진시키지 않는 습관이 중요하다. 처음에는 그다지 감흥이 일어나지 않아도 시작하지 않으면 안 된다. 그렇게라도 하지 않으면 시작조차 할 수 없다—그러나 일을 해 본 결과 어느 정도 싫증을 느끼게 되면 당장 중단하는 것이 좋다. 그렇다고 해서 일 자체를 포기할 필요는 없다. 대부분 그 특수한 일만 중단하면 된다. 그 이유는 다른 일을 하게 되면 필요량의 휴식만큼 원기를 회복할 수 있기 때문이다. 우리에게 그런 적응력이 없다면 아마 일은 해낼 수 없을 것이다.

(5) 그와 반대로 많은 일을 하기 위해서는 힘을 절약하지 않으면 안 된다. 그리고 그것을 실천하는 데는 특히 무의미한 활동에 시간을 허비하지 않는 자제력이 필요하다. 우리들이 이롭지 못한 활동에 얼마나 많은 흥미와 정력을 손해 보고 있는가는 말로 다 할 수 없을 정도이다.

예를 들어 신문을 샅샅이 읽는 것이라든가 불필요한 회합이나 정치활동, 특히 '요정정담'이라고 널리 알려지고 있는 쓸모없는 정치활동을 들 수 있다. 수많은 사람들이 가장 정신이 맑은 아침 시간에 신문이나 읽는 것으로 시작해서, 밤이면 밤마다 반드시 무슨 모임이나 사교클럽 또는 도박 등으로 그날의 일과를 마치는 경우가 많은 것이다.

그들이 매일 아침 한 가지 신문을 샅샅이 읽는다든가 몇 가지 조간을 읽어 보므로써 이튿날까지 어느 정도의 정신적 이익을 가지고 올 것인지는 아무도 장담할 수 없다. 그러나 그들은 대부분 신문을 읽고 나서 어쩐지 일에 대한 흥미조차 잃어 버리고, 그 밖에 또 신문이 눈에 띄면 그것을 다시 훑어 보려는 생각을 할 것만은 틀림없다.

많은 일을 하려고 하는 사람은 정신적인 잡무를, 나아가 육체적인 잡무까지도 조심해서 피하는 것이 좋다. 그리고 나서 반드시 해야 될 일에만 모든 정력을 충분하게 축적해서 만반의 대비를 해야만 한다.

(6) 끝으로 정신적인 일(우리들은 항상 첫째로 이것을 염두에 두고 있다)을 유효하게 하는데 안성마춤의 방법이 한가지 있다. 그것은 되풀이해서 하는 것, 즉 몇 번이라도 되풀이해서 해보는 것이다. 정신적인 일은 거의 모두가 처음에는 단지 그 윤곽만이 잡혀질 뿐이고, 두번째부터 비로소 그 사소한 부분까지 보이기 시작하는 것이니, 그것에 대한 이해도 한층 분명하게 되며 정확하게 된다.

그러므로 진실된 근면이란, 현대의 한 유명한 작가가 말했듯이 '오로지 쉬지 않고 일을 계속하라는 것이 아니라, 머리 속에 그려진 목표를 눈에 보이는 모양으로 완전히 표현해 보겠다는 열망을 가지고 일에 전적으로 몰두하는 것이다. 보통 말하는 근면, 즉 상당히 많은 재료를 정복해서 일정 기간 내에 괄목할 만큼 그 일을 진척시키려는 노력은 오히려 당연한 일의 서론에 지나지 않는 것이고, 항상 정력을 쏟아 넣는 보

다 높은 정신적인 근면과 비교한다면 훨씬 못 미치는 것이다.'

우리들은 더 이상 그 개념을 표현할 방법이 없다. 일을 한다는 것을 그렇게 해석한다면 우리들이 이 장의 첫머리에서 말한 최후의 두려움은 사실상 사라질 것이며, 일의 연속성은 필요한 휴식에도 불구하고 또 그 사이에도 성립된다. 그리고 실제로 그 연속성이야말로 진정한 일을 할 수 있는 틀림없는 이상인 것이다.

한번 그 일에 몰두한다고 하는 진실된 근면을 알게 되면, 인간의 정신은 쉬지 않고 계속 활동하게 된다. 그리고 길지 않은 휴식 뒤에는 무의식 중에 일이 잘 되는 것을 보게 되는데 그것은 정말 이상할 정도로 놀랄 일이다.

모든 것이 마치 저절로 명확하게 되고, 수많은 문제점은 갑자기 해결된 것처럼 보인다. 처음에 머리에 입력해 둔 사상은 저절로 뚜렷해서 입체적인 모습을 취하게 되고 표현력도 얻게 된다. 그리고 새롭게 시작하는 일은 이번에는 마치 그 휴식을 취하는 동안에 우리들의 힘을 빌리지 않고 자연 성숙된 것을 힘들이지 않고 거두어 들이는 것처럼 생각되는 일조차 흔히 있게 되는 것이다. 그것이 바로 일에 대한 보수이다. 그 밖에 사람이 정당하게 일했을 때의 또다른 혜택은 일을 한 사람만이 진짜 즐거움과 휴식의 맛을 알 수 있다는 것이다.

첫째 아무 일도 하지 않는 휴식은 식욕이 없는 식사와 마찬가지로 즐거움을 맛볼 수 없다. 가장 유쾌하고 가장 보람이 있고 그러면서 가장 좋은 시간소비법은 언제나 일을 하는 것이다.

또한 오늘의 사회실태를 보면 또다시 사회개혁이 일어나서 현재 일하고 있는 사람들이 지배계급이 되리라는 것을 기대하는 것이 틀림없다고 생각된다. 그것은 마치 지난 19세기 초에 일어난 사회혁명에서 근면한 시민이 게으른 귀족이나 성직자를 억누르고 위에 군림한 것과 똑같다.

그러나 그 시민들도 그들의 선행자들과 마찬가지로 다른 사람의 노동으로 안일하게 살아가겠다는 게으름뱅이가 되어 버린다면 결국 멸망할 수 밖에 없을 것이다.

미래는 일을 하는 자의 것이고, 이 사회의 주인은 어떤 시대를 불문하고 언제나 근로하는 자의 것이다.

영혼의 자유를 찾은 에픽테투스*

쿠올 사범학교 교장선생!

금번 귀하의 청탁에 의해서, 고대의 한 스토아철학*자에 관한 논문을 기고하는 바이지만, 소생은 평소에 그의 학설에 특히 교육적인 가치를 인정하고 있기 때문에 이 글이 귀하의 학교 기관지의 일반적인 경향에 모순되는 점은 없다고 믿고 있습니다.

귀하도 사실은 '튜이러'의 예를 모방해서 인간적, 교육적인 수업법에 중점을 두고 있는데, 그것은 이 철학자도 똑같은 학설의 입장에서 에픽테투스가 말한 불순하고 불성실한 인간의 학문은 불결한 통에 담겨 있는 포도주처럼 쓸모가 없다고 한 것과 같습니다.

또한 현재의 교육제도 전반에 관한 나 자신의 의견을 한 마디로 줄여서 말한다면, 무엇보다도 먼저 교사나 학생의 개성 육성에 더욱 노력을 기울여야만 된다는 것입니다.

교사라는 직업은 최하급에서 최상급에 이르기까지 모두가 충분히 개성을 발달시키고 생기발랄한 인격을 갖추는 것이 가장 필요하며, 이렇게 함으로써 다른 미숙한 정신 소유자들도 감화시켜서 똑같은 인격자로 키울 수 있게 되는 것입니다.

오늘날은 자주독립의 인격이 매우 결핍되어 있고 차츰 현대의 특징이 되어가고 있습니다. 자의식이 발달된 자, 학교 교육을 받은 자, 또한 그만치 생활능력, 또는 적어도 직업능력을 갖춘자는, 오늘날 확실히 과거의 어느 시대보다도 그 수효가 많을 것이라고 생각됩니다. 그러나 개인의 독창성은 결여되어 있을 뿐만 아니라, 그런 경향은 차츰 전체에 파급되고 있습니다. 그 독창성이야말로 우리들이 다른 나라 국민과 다

---

*에픽테투스 Epictetus : 인간의 진정한 행복, 영혼의 자유, 마음의 평정에 이르는 길을 걸었던 에픽테투스는 스토아철학의 대가이다. 그는 서기 55년 로마에서 노예의 아들로 태어나 다리마저 저는 장애인이었지만 어릴 때부터 탁월한 지적 재능을 보임으로써 교육받을 기회를 얻고 노예 신분에서 벗어났을 뿐만 아니라, 『명상록』의 저자로 유명한 마르쿠스 아우렐리우스 황제의 스승이 되어 모든 사람들로부터 추앙을 받기에 이르렀다.

그러나 그는 권력, 부, 명예를 멀리한 채 조그만 오두막에서 소박하게 지내며 오직 자신의 사상을 펼치고 실현하는 데에만 몰두했다. 스스로 생각과 말과 행동을 일치시켰던 그는, 신성한 자연의 질서와 조화를 이루며 일관된 삶을 살다가 135년 경 그리스의 니코폴리스에서 세상을 떠났다.

*스토아 철학 : 기원전 3세기 초, 아테네에서 제논(Zenon)이 제창한 철학으로, 이성적 행위를 강조하였으며, 영혼의 평정(Apatheia)을 주장하였다. 이 철학사상은 로마인의 적성에 맞아, 상류계급의 실천윤리가 되었다. 『마음의 평정에 대하여』등 저서를 남긴 세네카, 소아시아의 노예 출신이며 『명상록』을 쓴 에픽테투스, 그리고 철인 황제로 유명한 마르쿠스 아우렐리우스 등이 스토아 철학의 대표자였다.

른 점이고 국민적인 발전의 주요 조건이라고 생각합니다.

예를 들면 19세기 초기의 '그라우뷴덴주(州) 전서(全書)'의 정치적 또는 국민 경제적 논문과, 그러한 과도기적인 시대에 복간돼 나온 정치적 팜플릿 종류(1887년)나 '정치연감'에 기재된 '평화의 천사', 1814년에 나온 '34인의 농부의 대화'를 오늘의 정기간행물과 비교해 보십시오.

그러한 예는 결코 드문 것이 아닙니다. 스위스에서 발간된 문고 중에 기록된 당시의 보고서와 제안 등의 대부분을 처음부터 끝까지 누구나 흥미깊이 읽어갈 수 있습니다.

그 중에는 찬란한 정신과 견식으로 인해 읽는 사람의 생기를 약동시키지 않는 것은 한 편도 없습니다. 오늘날의 주보(州報)가 백년쯤 지났을 때에도 그런 가치가 있을지 나는 지금은 언급하지 않겠습니다. 그것은 확실한 개성의 매력인 만큼 사회에서는 언제나 그것을 수긍하지 않을 수 없을 것입니다.

가능한 한 많은 인격자를 육성해 낸다는 것, 그것이 본래의 우리들 교직자의 본분이라고 나는 믿고 있습니다.

그러나 그것을 어떻게 달성할 수 있을까. 물론 그것은 학교 교육만으로는 안 됩니다. 만약 그렇지 않다면 우리들은 현재 사회에서 그러한 인격자를 과거 어느 시대보다도 많이 가지고 있을 것입니다. 그런데 사실은 교육이 진보된 나라에서는 비교적 그것이 소수인 것입니다. 그 이외의 사람은 모두가 단순한 '당파'라든가 '집단'일 뿐이어서 오직 머리 수효만 많을 뿐입니다.

학교의 입장에서 본다면 내 생각이 아마 역설적이라 할 것입니다. 즉 인격은 자기 교육과 모방에 의해서 형성되는 것이니 스스로 획득해야만 되며, 가르치고 전해지는 것은 아닙니다. 그리고 자기 교육을 달성할 수 있는 단 두 가지 '방법'은 스토아주의와 그리스도교인 것입니다.

그리스도교는 신학자들이 다룰 문제이므로 지금 여기서 상세한 설명을 하고 싶지 않습니다. 개인적인 견해에 의하면 골든 파샤와 같은 평민이 그 당시 영국의 전체 성직자들보다도 훌륭한 설교를 하고 있었다고 봅니다. 그의 저서인 '팔레스티나에 있어서의 성찰'은 매우 어려운 형식을 취하고 있지만 칼뱅*의 저서에서보다도 그리스도교에 대한 해석을 훨씬 정확히 하고 있습니다.

그와 반대로 스토아주의는 현재 상태와 비슷한 시대의 소산이어서, 이 세상에 있어서의 행복, 만인의 행복은 과연 가능할까, 또한 그것은 어디서 오는 것인가라는 물음에 대한 절박한 필요성에서 고심 끝에 생긴 것입니다. 그리고 그 문제는 오늘날에도 수많은 사람들을 괴롭히고 있습니다.

스토아주의는 본래 어떤 초자연적인 것은 아닙니다. 또 어떤 신앙의 형식을 요구하는 것이 아니고 언제나 보통 상식에 호소하고 있을 뿐입니다. 그리고 그것은 현대의 우리들과 똑

---

*칼뱅 : 프랑스 종교개혁자·신학자. 파리 느와용 출생. [복음주의로의 전향] 변호사의 아들로 일찍부터 우수한 교육을 받았다. 파리대학에서 가톨릭 성직자를 목표로 스콜라학을 공부하였으나 뒤에 아버지의 뜻에 따라 법학으로 전환하여 부르주·오를레앙대학에서 공부하였다.

같은 사람들의 욕구에서, 즉 상류사회에 있어서는 단순한 미적 향락, 하층사회에 있어서는 끊임없는 탄식과 마음의 고통을 겪어야만 되는 '호구지책 문제', 그것보다는 조금 높은 차원의 것에 대한 욕구에서 생긴 것입니다.

*독자의 이해를 돕기 위해 스토아주의에 대해 몇마디 덧붙여 두겠다.

어쨌든 순전히 동물적인 존재 영역을 초월한 인간은 대부분 현대에 이르러서도 당시의 고대 말기와 마찬가지이다. 이 세상에는 어떤 형태이든 도덕 규율이 존재하므로 그에 의해서 비로소 각 개인의 고유의 가치와 인류의 공동생활의 가능성도 성립된다. 또 그것이 항상 여러 민족의 문화적인 가치를 측량하는 척도가 된다고 하는 생각도 가지고 있다.

그러나 그 도덕의 규칙이 어떤 것인지, 또한 그것은 어디서 권위를 인정받을 것인지 하는 문제에 대해서는 이미 의견이 구구한 바가 있다. 거기다가 더욱 나쁜 점은 현재의 도덕률의 일부가 이

---

*10계명 : 하나님이 시내산에서 모세를 통해 이스라엘 백성에게 내려준 10개조의 계율. 2장의 석판에 새겨져 있었다고 하며, 「모세의 십계」라고도 한다. 유대교와 그리스도교의 종교·윤리의 근본원리를 간결하게 나타낸 것으로, 『구약성서』의 「출애굽기」 20장과 「신명기」 5장에 거의 같은 형태로 나와 있다. 전문(前文)에 「나는 너를 애굽 땅 종 되었던 집에서 인도하여 낸 너의 하나님 여호와로라」라고 기록되어 있으며, 이 계율이 하나님의 택함을 받고 이미 구원함을 얻은 공동체에 대한 지침이라는 것이 명시되어 있다. 「너는 나 외에는 다른 신들을 네게 있게 말지니라」라고 하여 유일신에 대한 신앙을 요구하는 첫째 계명, 우상숭배를 금하는 둘째 계명, 하나님의 이름을 망령되이 일컫는 것을 금하는 셋째 계명 등은 다신교적인 고대 여러 종교 가운데 그 유례를 찾아볼 수 없는 것이다. 이어 안식일의 성수(聖守), 부모의 공경, 살인·간음·도적질·거짓증거[僞證]·탐욕 등의 금지가 단언적인 형태로 표시되어 있다.

론적으로는 확실히 존경받고 있지만 실제적으로는 절대적으로 지켜야만 된다고는 결코 생각하지 않고 있다는 점이다.

그것이 얼마나 지독한가 하는 점은 가장 잘 알려지고 있는 두 가지 도덕률, 즉 모세의 10계명* 및 그리스도의 산상수훈(山上垂訓)*과 이 세상의 관습을 비교해 보면 가장 잘 알 수 있다.

오늘날 이 세상 사람들이 어떤 신(神)을 섬기고 있는 지는 잘 알 수 없다. 아니 쉽게 해석할 수도 없다. 가장 경건한 신사숙녀에 대부분은 일주일에 6일 간 일하는 것은 다만 하층계급 사람들에게만 적합한 것이라고 생각하고 있다. 산상수훈의 복음에 대해서도 확신적으로 이해하고 있는 그리스도교 신자는 매우 드물다.

또 그 수훈 중에서 특히 적극적으로 명령되어 있는 것도 사실 국법에서는 그 것을 금한 것이 아니지만 오늘날 일반의 논조는 태연히 그것을 금하고 있다(실례는 마태복음 5장 32·39·42·44절, 6장의 16·34절 참조). 그리고 사도 바울이 로마인에게 보낸 편지 제12장 16절과 21절에 쓰인 처세훈을 우리들은 여기에 인용하고 싶지는 않다. 어떤 사람이든지 '교만한 생각을 가지지 않으며

---

*산상수훈 : 『신약성서』「마태복음(5~7장)」에 기록되어 있는 예수의 설교. 예수가 산(갈릴리 호수 북쪽 타브가와 가버나움 사이에 있는 한 야산이라고 전한다) 위에서 군중과 제자들에게 설교한 데서 비롯된 명칭이며, 산상설교 또는 산상보훈(寶訓)이라고도 한다. 「누가복음(6:20~49)」에도 이와 비슷한 예수의 설교가 있으나 그 장소는 「평지」이다. 산상수훈은 평지수훈보다 훨씬 길고 「마태복음」 전체의 구성에서 중요한 위치를 차지한다. 설교 내용으로 「여덟 가지 행복」, 「땅의 소금, 세상의 빛」, 「주기도문」, 「공중의 새, 들의 꽃」, 「돼지에게 진주를 던지지 말라」, 「구하라, 그러면 얻을 것이다」, 「좁은 문」 등 잘 알려진 주제와 구절이 들어 있는데, 유대인들의 옛 율법 전통과 잘 대조되어 나타나며, 마지막에서 참된 신앙생활의 내면적 본질을 비유적으로 나타내고 있다.

도리어 신분이 미천한 사람과 사귄다'고 하는 것일까. 그런데 그런 것이 사실은 인간의 행복의 한 가지 근본 조건인 것이다.

일반 문화와 질서정연한 법치상태에 기초를 둔 일반적인 도덕이 내면적인 윤리 역할을 대신하고 있다. 그것은 마치 로마제국 초기의 몇 세기 동안의 실정과 똑같아서 오늘날도 수많은 교양이 있는 사람들은 일면적인, 또는 편협된 세계관을 초월한 일반적인 문화의 진보가 있는 것이라고 믿고 있다.

다만 유감인 것은 그런 인간관계의 기초가 확대되었음에도 불구하고 그것이 아직은 충분하고 확실한 것이 아니기 때문에, 보통 그런 문화시기에서 기대되는 일반적인 복지가 개인에게나 사회전체에도 주어져 있지 않았던 것이다. 오히려 대다수 사람들은 오만과 공포 사이에서 언제나 흔들리고 있다. 그런 실정에서 고지식한 사람들은 숨겨져 있는 진정한 행복의 원천을 다시 발견하려고 애쓰고 있다. 거기서 스토아적인 경향의 철학과 종교부흥이 나타나게 되는 것이다.

스토아 철학은 지금 기술한 두 가지 인생관, 세계관(미적 향락과 실리주의)과 대립되는 것입니다. 그리고 그 철학은 우리들의 생각이 미칠 수 있는 모든 경우에 있어서, 그 운명의 변천에서 초연할 수 있는 내면적인 확고하고 훌륭한 인격을 실제로 교육할 수 있다는 것을 적어도 두서너 명의 인물을 들어 실증할 수 있게 되었습니다.

그러한 주목할 만한 인물 중에서 가장 흥미있는 것은 황제

마르쿠스 아우렐리우스*와 노예 에픽테투스인 것입니다. 그들이 특히 흥미있는 인물이라고 지목되는 것은 두 사람이 아주 다른 처지에 있었으면서 똑같이 이 철학의 사상을 나타내고 있을 뿐만 아니라 그들의 견해를 기술한 참으로 깊이 생각해 볼 맛이 있는 독창적인 문장을 남겼기 때문입니다.

황제의 저서는 오늘날 『자성록』이라고 하는데 주로 자기 반성을 위해서 쓰인 일종의 잠언집이고, 그가 죽은 다음 그가 입었던 옷소매에서 발견되었습니다.

그 책은 이미 세상에 널리 알려져 있으며 쉽게 접할 수 있지만, 그러나 그것은 황제의 바쁜 생활 중에서 매일 우연히 떠오르는 사상을 체계적이지도 않고 질서도 없이, 또 전혀 교훈적인 목적도 없이 써 모은 것에 지나지 않습니다.

그와 반대로 노예 에픽테투스의 어록은 그리 널리 알려져 있는 것이 아닙니다. 과연 그 책이 독일어로 번역된 것이 있

---

*마르쿠스 아우렐리우스 : 로마황제(161~180). 스토아파의 철학자이며 5현제의 한 사람. 조부로부터 엄격한 교육을 받고 M.C. 프론토 H. 아티쿠스 등을 스승으로 하여 배웠다. 하드리아누스황제의 뜻에 따라 안토니누스 피우스황제의 양자가 되고 145년 황제의 딸 파우스티나와 결혼하였다. 146년부터 피우스황제와 공동으로 통치하였으며, 140·145·161년 3번에 걸쳐 집정관에 취임하였다. 161년 피우스황제가 죽은 뒤 뒤를 이어 제위에 올라 161~169년은 루치우스 베루스와 공동으로 통치하였다. 통치 중 전란·전염병이 잇따라 발생하였으며, 특히 165년 파르티아와의 전쟁 때 전염병이 돌아 수많은 사망자를 냈다. 175년에는 전동방속주(全東方屬州)의 총독격이었던 A. 카시우스가 게르마니아에서 반란을 일으켜 진압에 나섰으나 카시우스가 부하에게 암살되자 동방의 평정과 사찰을 위해 안티오키아, 알렉산드리아, 아테네를 순방하였다. 공정하고 깨끗한 정치를 추구하였으나 스토아적 입장에서 그리스도교도를 박해하였다. 그가 진영에서 집필한 『명상록』은 이 시대 문학·철학 작품의 걸작으로서, 그 속에서 경건에 대해 논하고 우주의 이성에 따르는 것을 군주의 이상으로 삼고 있어 엄격하고도 사색적인 성격이 나타나 있다. 전쟁이 계속되고 속주에 대한 부담이 증대되어 제국에 위기가 닥쳐오자 코모두스에게 제위를 넘겨 주었다.

는지는 알 수 없고 지금 내 장서 중에 있는 것은 겨우 융켈의 불완전한 번역본(1826년 간)과 슐테스의 번역서(1778년 간), 그리고 슐츠에 의한 이리아노스의 담화를 필기한 번역(1808년 간)이 있을 뿐입니다. 그런데 다음에 소개하는 것은 졸자가 번역한 것으로 오늘날 남아 있는 그의 저서의 주요 부분을 귀하의 독자를 위해서 쉬운 독일어로 옮겨 본 것입니다.

*그런데 그의 최신 번역본 중의 한 가지를 내가 이 논문을 쓰고 난 다음에 우연히 볼 기회가 있었다. 그것은 1884년에 간행된 H 슈티히의 번역으로 나온 것인데, 그의 '제요'의 번역 이외에 그의 말이라고 전해지고 있는 두서너 마디 잠언이 실려 있다. 그것은 다른 고대의 저작자, 특히 스토페우스에 의해서 기술된 것이다.

그 잠언 중에는 창의적인 것이 있다. 예를 들면, '포도주에는 세 개의 줄기와 같은 방이 있다. 첫째 것은 쾌락의 방, 둘째 것은 명정의 방, 셋째 것은 범죄의 방을 달고 있다.' 또 '이 지상에서 가장 작은 것은 탐욕, 쾌락, 호언장담이고, 가장 큰 것은 관용, 유화, 자비인 것이다.'

그 다음 것은 '금전, 쾌락, 또는 명예를 사랑하는 자는 사람을 사랑할 수 없다.'는 것이어서 철저히 진실된 의미를 나타내고 있다.

이 철학가의 생활상태에 관해서는 몇 마디 말로 다 할 수 있습니다. 근대에 와서 작고한 작가의 경우에는 그들의 내면생활의 가장 깊은 핵심이라든가, 그의 중요한 발전에 도달하기 위해서 그가 걸어온 길 등 우리들이 그들에 대해서 알고 싶은 것을 얻기까지는 언제나 새로 발간된 전기나 편지, 일기 등을 읽어야 하는데, 에픽테투스의 경우는 그런 노고가 필요치 않습니다.

이와 마찬가지로 오늘날 전해지고 있는 에픽테투스의 철학적인 교리 또한 지극히 간결한 것입니다. 그리고 그것은 그의 철학의 실천적인 효과를 극대화시키고 있습니다. 인간이란 철학의 길에서나 종교에서도 많은 지침을 필요로 하지 않습니다. 그보다 중요한 것은 자기가 가진 지식을 진실로 믿고 과감하게 실천에 옮기는 것입니다.

참으로 걸출한 인물의 내면생활의 역사를 살펴 볼 때, 그들이 수많은 다른 사람들보다 훌륭한 이름을 떨칠수 있었던 것은 참다운 철학 또는 종교의 매우 적은 부분이지만, 확고한 원리를 가지고 있었기 때문이며, 또 일부는 유전에 의하고, 일부는 자기 반성과 결심에 의해서 얻은 좋은 습관의 선물이라는 것을 우리들은 반드시 깨달을 것입니다.

그런데 보통 사람들이 철학이라든가 종교라고 하는 것은 총체적으로 말해서 사람들의 장식물일 뿐 그 실천생활에 그다지 직접적으로 영향을 줄 수도 없는 작은 지식에 불과합니다. 만약 그렇지 않다면 가장 박식한 철학자나 종교인인 신학자는 무조건 착한 인간이 아니면 안 될 것이 아니겠습니까.

에픽테투스는 위에서 말한 류의 인격자였던 것 같습니다. 우리들이 그에 대해서 확실히 알고 있는 것은 그가 서기 1세기인 유류수가(家) 말기의 황제시대에 프리지어 히에라포리스의 미천한 집안에서 태어났지만 이미 젊은 시절부터 네로 황제의 호위병이었던 포악한 자 에바프로디토스의 노예가 되어 끊임없이 육체적인 학대를 받다가 나중에 해방이 되었다는 것입니다. 학대 후유증으로 그는 평생 한쪽 다리를 못쓰는 불구의 신세였습니다. 해방된 뒤에도 그의 극빈생활은 나아지지 않아 그의 재산은 의자 한 개와 베개 그리고 램프뿐이었다고 합니다.

그런 생활이었기에 그는 노년기에 접어 들어서 비로소 결혼했지만 그것도 주로 한 친구의 유아(遺兒)의 뒷바라지와 교육에 도움이 되기 위한 것이었다고 전해 집니다. 어떠한 그럴 듯한 이유로 철학자를 미워한 도미니아누스 황제 시대에 에픽테투스도 또한 로마에서 그리고 이탈리아에서 추방되었고, 그 이후는 에피루스의 니코포리스에 체류했는데 도미니아누스의 사후에도 귀국이 허락될 때까지 그곳에 머물렀습니다. 또 다른 설에 의하면, 그는 하도리아누스 황제의 친구였고 마르쿠스 아우렐리우스 황제 시대까지 살았으므로 110세에 죽었다고 합니다. 그가 죽었을 때의 기록은 명확하지 않으나 오늘날 잃어버린 아리아노스의 전기의 표제에서 추측할 때 그것에는 뭔가 특별한 사정이 있었던 것으로 생각됩니다.

* 에픽테투스의 제자인 니코메디아의 아리아노스(하드리아누스 황제 치하에서 카바드시아의 지사였음)에 의해서 씌어진 그의 '생애와 죽음'에 대한 상세한 기록은 지금 전해지지 않고 있다. 이 사람은 에픽테투스의 '제요'의 필자이다. 그는 또 에픽테투스와 그의 제자들 사이의 '대화'집도 기록해 두고 있는데 그것은 훨씬 많은 양이지만 그러나 내용은 그다지 흥미가 없으며 그것도 8권 중에서 4권은 잃어버렸다.

* 그리고 '제요'의 주석을 한 시실리아 태생의 신프리키오스는 제6세기의 욥스티누스 황제 시대에 살았던 사람이고 아테네시에서 철학을 강의했다.

* 앞에서 말한 에픽테투스의 램프는 그가 죽고 나서 부자가 매우 비싼 값으로 샀다고 한다. 그 부자는 아마 철학자의 생존시에는 그를 굶주림에서 구하려고는 꿈에도 생각하지 않았을 것이다. 그런 일은 오늘날에도 흔히 있는 일이다.

그 뒤의 그리스도교의 저작가 중에서도 성 아우구스티누스 등은 세네카와 마르쿠스 아우렐리우스와 더불어 에픽테투스를 반(半) 그리스도라고 일컫고 있습니다. 그의 주인이었던 에바프로디토스는 사도 바울의 골로새인에의 편지와 빌립보인에의 편지에 등장한 사람과 동일인이라는 역설까지 나오고 있습니다(골로새서 제1장 7절, 제4장, 12절의 에바프라스, 빌립보서 제2장

25절의 에바프로데토).

그것이 분명하지 않다고는 하지만, 스토아 철학의 독자적인 정신을 알려면 다음에 번역된 잠언을 한 번쯤 읽어 보는 것이 좋습니다.

그 기풍이 있는 말 중에는 과연 그리스도교의 윤리적인 정신에 접근되고 있지만, 그러나 그 철학은 본래 그리스도교와는 전혀 다른 세계관을 근본으로 삼고 있기 때문에, 그것은 그리스도교의 어린이처럼 순수한 즐거움의 정신과는 통하는 것이 아닙니다.

특히 눈에 띄는 특색은 여러 대목에서 찾아볼 수 있는 분명한 여성 멸시 조항인데 그것은 순수한 그리스적인 것이어서 그리스도교와는 아무런 관계도 없는 것입니다. 그 점만 뺀다면 전체적으로 볼 때, 에픽테투스의 『제요』는 그 윤리적인 내용에 있어서 당연히 최고의 위치를 차지할 만한 것이고, 그리스도교의 윤리적 교리에 가장 가까운 고대의 저서입니다.

그러므로 그 책은 현재보다도 훨씬 더 널리 읽혀질 가치가 있으며, 특히 학교에서 많이 읽혀져야 합니다. 오로지 스토아주의는 향상의 정신이 불타는 수도 중인 청년의 영혼과 성격에 비상한 매력과 고무시켜줄 수 있는 힘을 주는 것이지만, 한편으론 그리스도교는 교육을 마친 사람의 풍부한 인생경험과, 특히 겸손한 마음만을 전제로 하고 있어서 아직 수업 중인 청년에게는 적합한 것이 못된다고 생각됩니다.

에픽테투스는 자신이 직접 쓴 글은 한 권도 남기지 않았습니다. 후세에 전해진 것은 모두 그의 제자들이 필기해 놓은 것입니다. 그 중의 한 가지인 『강화집』 12권은 지금 전해지지 않고, 다른 『담화집』(Diatriben)은 앞에서 말했듯이 그 일부가 남아 있을 뿐입니다. 완전히 보존되고 있는 것은 여기에 번역한 『제요』(Enchiridion Epicteti)뿐인데 그것은 그가 제자들을 위해서 남긴 일종의 스토아주의의 처세훈의 강화 '요강' 또는 초록인 것입니다.

가장 오래된 사람인 신프리오스의 주석에 의하면 그 책은 아리아노스가 집필한 것이고, 그는 그때 '모든 철학 강화 중에서 가장 중요하고 필요한 것, 또는 가장 강렬하게 사람의 마음에 자극을 줄 것만을 선택한 것'이라고 합니다.

이 작은 책자는 지금은 남아 있지 않은 헌사를 첨가해서 안토니우스 피우스 황제 치하의 집정관 마리우스 발레리우스 멧사리누에게 바친 것입니다.

그렇다면 우리들은 그의 존귀한 설교를 듣고, 한편 조목조목 그의 문장에 우리들의 감상을 덧붙이기로 하겠습니다.

1

이 세상에는 우리들의 힘이 미칠 수 있는 것과 미칠 수 없는 것이 있다.

우리들의 힘이 미칠 수 있는 것은 판단, 노력, 욕망, 혐오 등 한 마디로 말해서, 우리들의 의지의 산물 모두를 말한다.

우리들의 힘이 미칠 수 없는 것은 우리들의 육체, 재산, 명예, 관직 등 우리들이 한 일이 아닌 모두의 것이다. 우리들의 힘이 미칠 수 있는 것은 그 성질로 보아 금지될 수도 없고 방해도 받지 않는다. 하지만 우리들의 힘이 미칠 수 없는 것은 무력하고 예속적이며 방해 받기 쉬운 다른 사람의 손 안에 있는 것이다.

*우리들의 힘이 미칠 수 있는 것은 우리들의 의지로서 그것에 관여할 수 있는 모두를 말한다.

그러므로 그대는 본래 예속적인 것을 자유스러운 것이라고 생각하고 다른 사람의 것을 자기 것으로 생각한다면, 그대는 장애를 받게 되고 비통과 불안 속에 빠져서 마침내 신을 원망하고 사람에게 욕설을 퍼붓게 될 것임을 잊지 말라.

그와 반대로 그대가 참으로 자기 소유의 것만을 자기 것이라고 생각하고 남의 것은 남의 것이라고 인정한다면, 어느 누구도 너에게 강압적으로 나온다든지 방해를 하지 않을 것이다. 그대는 아무도 원망하지 않을 것이고 비난하지도 않고 또 어떤 사소한 것도 자기 의사에 반대되는 짓을 할 필요가 없을 것이다. 어느 누구도 너를 해치지 않을 것이고 너는 한 사람의 적도 가지지 않을 것이다. 그러므로 너에게 불리한 일은 모두 일어나지 않을 것이다.

*우리들에게 해를 주는 자만이 참으로 우리의 적인 것이다. 일반적인 의미에서의 적이란 대부분 매우 유익한 존재이고, 때로는 없어서는 안 될 경우마저도 있다. 그런 지혜와 경험은 '적을 사랑하라'고 말한 보편적으로는 곤란한 규칙도 가장 쉽게 풀이할 수 있을 것이다. 플루타르코스*는 그의 저서 『도덕에 있어서의 진보의 징조』 중에서 다음과 같은 디오게네스의 말을 인용하고 있다. '구원이 필요한 사람은 올바른 동지든지 격렬한 적을 찾으면 되는 것이다.'

또 그의 도덕적인 저서 중에는 '적을 이용하는 법'에 관한 독자적인 논문도 있다. 그와 반대로 조사에서 흔히 인용되는 '그는

---

*플루타르코스 Plutarchos 46?~120? : 고대 그리스 말기의 문인. 보이오티아 카이로네이아 출생. 젊은 시절 아테네에서 플라톤주의자 암모니우스에게 수학·수사학 등을 배웠다. 이집트·로마 등지를 여행하였고, 로마의 명사·황실과도 친근하게 되었으나 거의 고향에 머무르면서 시정에 힘썼다. 아테네의 명예시민, 아카이아 주(州)의 지사가 되었으며, 만년에는 델포이의 신관과 가깝게 지내면서 신탁의 부흥에도 힘썼다. 광범위한 저작활동으로 227종의 저서가 있다. 『모랄리아』는 약 70편의 수필집이며, 『영웅전』은 그리스와 로마의 유사한 생애를 보낸 사람들을 대비하여 연구한 23쌍에 다른 4명의 단독전기를 합친 것으로 문학면에서는 물론 고대사의 사료로서도 중요한 전기 저작이다. 인간미가 풍부했던 그는 있는 그대로의 사실을 남김없이 작품 속에 담았고, 사소한 부분도 표현하여 인물의 면목을 잘 드러냈다. 이리하여 『모랄리아』는 옛 수필의 원조가 되었고, 유명한 『플루타르크의 생애(1579)』가 나와 후세에 큰 영향을 끼쳤다.

평생 적을 만들지 않았다'고 하는 문구는 훌륭한 사람에게는 그다지 명예로운 말이 되지 않는다.

그렇다면 그대가 그런 높은 경지를 찾고 싶다면 그대는 웬만한 열성으로 탐구하는 것으로는 절대 부족한 것이니, 많은 것들을 포기하고 그 밖의 것은 일시적으로 뒤로 미루어야만 된다는 것을 잊지 마라. 만약 그대가 그런 높은 경지에 도달하려고 하는 노력과 동시에 그 위에 부귀영화마저 얻고 싶다면 생각컨대 그대는 후자인 보물에도 쉽게 도달하기는 어려울 것이다. 왜냐하면 동시에 전자인 보물도 갖고 싶기 때문이다. 그리고 더욱 확실한 것은 행복과 자유를 얻을 수 있는 유일의 근원이 되고 있는 것을 그대는 모조리 잃어버릴 것이다.

*이상의 글에서 볼 때, 스토아 학자는 진실된 생활에 도달하기 위한 중요한 점을 설교하고 있다. 즉 진실된 생활을 얻기 위해서는 먼저 어느 정도의 열성, 다시 말해 신앙이 필요하다는 것, 그리고 인간은 동시에 두 사람의 주인을 섬길 수 없다는 것을 강조하고 있다.

*유명한 가톨릭의 성녀 제노아의 카테리나 피에스키 아데루노는 이것에 대해서 이렇게 말했다.
'만약 인간이 처음부터 하나님이 착한이에게 무엇을 줄 것인지를 알 수 있었다면, 그는 일만 열심히 하려고 할 것이다. 그렇지

만 하나님은 인간이 이기심에서 착하게 인도되는 것을 기쁘게 여기시지 않고 신앙에 의해서 은총을 입을 것을 바라고 계시는 것이다.'

그러므로 인간은 그 생애중에 눈에 보이는 현실의 재산과 보물은 버리고, 지금 당장은 이해할 수 없지만 나중에 보다 좋은 재산과 보물을 얻게 되리라고 하는 오직 한 가지 믿음으로 살아 나가지 않으면 안 된다. 그것이 스토아 철학과 그리스도교의 공통된 피할 수 없는 좁은 길이지만, 그러나 그것은 모든 인간의 눈에는 그야말로 어리석기 짝이 없는 것으로 보이는 것이다.

*스토아주의의 최고의 행복은 부단한 영혼의 평안함을 얻는 것이다.

그러므로 그대는 모든 불유쾌한 사상에 대해서는 태연히 이렇게 일러주라.

'너희는 네가 현재 있는 것처럼 보이는 것(현실)이 아니라, 단순히 생각만 하고 있는 것(상상)에 지나지 않아!'라고. 그 다음에 너희는 스스로 채택한 원칙, 특히 제일의 원칙에 따라서, 그것이 우리들의 힘이 미칠 수 있는지 어떨지를 살펴보는 것이 좋을 것이다. 그리고 만약 그것이 우리들의 힘이 미치지 못할 것이라면 다음과 같은 말을 준비하라. '그것은 내게는 관계가 없어'라고.

2

 욕망은 내가 갖고 싶은 것을 얻도록 약속하며, 혐오는 내가 싫어하는 것과 부딪치지 않기를 바란다. 그리고 욕망에 기만당한 사람은 불행하지만, 그러나 자기가 참기 어려운 것에 부딪친 사람은 훨씬 더 불행하다는 것을 깨달으라.

 그런데 그대가 다만 네 힘이 미칠 수 없는 것 중에서 마음에 들지 않는 것만을 혐오한다면, 너는 결코 혐오의 대상이 되는 것에 부딪칠 염려는 없을 것이다. 그러나 질병이나 죽음이라든가 빈곤을 싫어한다면 너는 불행하게 될 것이다. 그러므로 그대는 우리들의 힘이 미칠 수 없는 것에 대해서 혐오하는 생각을 가져서는 안 된다. 오직 우리들의 힘이 미칠 수 있는 것 중에서 본성에 머물고 있는 것을 혐오하는 것이 옳을 것이다.

 그러나 욕망은 당장은 그것을 피하는 것이 좋을 것이다. 만약 그대가 우리들의 힘이 미칠 수 없는 것을 원한다면 그대는 반드시 행복을 잃게 될 테니까. 우리들의 능력 안에서 그리고 어느 선까지 욕망을 가져야 하는지 아직은 알 수 없으니까. 욕망이나 혐오나, 그대는 오직 조용히 냉정하게 그대 거취를 결정하는 것이 좋을 것이다.

 *이것은 초보 학자로서는 그렇게 해야만 되는 것이다. 여기서는

일부러 진정 하고 싶은 생각은 숨겨져 있다. 즉 수양의 첫걸음은 항상 인간이 실제로 소유하고 있는 유일의 것이다. 자신의 의지를 자유스럽게 가질 것, 때로는 스스로 봉사해 주고 싶은 사람을 위해서 그 의지를 봉사시킨다는 것에 있다고 하는 생각이 그것이다. 그래서 15세기의 한 유명한 성년 솔직히 말했다.
'자신의 의지는 모두가 죄악이다.' 라고.

3

그대에게 기쁨을 주며 이익을 주는 것, 따라서 그대의 사랑을 받는 것에 관해서는 그것이 본시 어떠한 성질을 가지고 있는지 밝히는 것을 게을리해서는 안 된다. 특히 아주 사소한 일부터 시작하는 것이 좋을 것이다. 만약 그대가 한 개의 항아리를 보았다면, 그럴 때 그대가 볼 수 있는 것은 항아리가 한 개라고 자신에게 일러 두는 것이 좋다. 그것이 깨어지더라도 마음의 평온함이 흔들리지는 않을 테니까. 만약 그대가 아내나 자식을 가슴에 안았을 때도, 그대가 애무하고 있는 것은 한 사람의 인간 뿐이라는 것을 자신에게 일러두는 것이 좋을 것이다. 그렇게 해 두면 그 사람이 죽더라도 그다지 낭패될 일은 없을 것이다.

4

 무슨 일을 해보려고 마음먹었을 때는 우선 그것이 어떤 종류의 일인지 정확하게 생각해 보라. 만약 그대가 대중 목욕탕에 갈 때는, 목욕탕에서는 보통 어떤 일이 일어나기 쉬운지를 미리 생각해 두는 것이 좋을 것이다.

 남을 밀어붙이는 사람, 성미 급하게 욕탕에 텀벙 뛰어 들어가는 사람, 욕지거리 하는 사람, 또는 남의 귀중품을 훔치는 사람도 있을 것이다. 그러므로 그대는 미리 그런 일들을 머리에 새겨 둔다면 한층 자신만만한 태도로 목욕을 즐길 수 있을 것이다. 즉 '나는 지금 대중 목욕탕에 갈 작정이다. 그리고 거기서는 어디까지나 이성에 적합한 태도를 지닐 것이다' 라고.

*이런 태도는 오늘날 여행을 할 때 적용된다고 생각된다.

 그 밖의 다른 어떠한 일에 대해서도 이와 같은 처신을 하는 것이 좋을 것이다. 그렇게 하면 목욕을 할 때 어떤 일이 생길 경우에도 그대는 그 자리에서 이렇게 생각할 수 있을 것이다.

 '나는 단지 이 일(목욕 등등)만을 하고 싶었던 것은 아니다. 또 나의 자유와 품성을 지키고 싶었다. 그런데 지금 이 일 때문에 분통을 터뜨린다면 나는 나의 신념을 지킬 수 없게 되리라.'

5

 사람을 불안하게 만드는 것은 사건 그 자체에 있는 것이 아니라, 오히려 그것에 관해서 사람이 어떻게 생각하느냐에 따라서 생긴다. 그러므로 죽음이란 본시 그 자체는 두려운 것이 아니다. 그렇지 않다면 소크라테스 같은 철인도 죽음을 두려워했을 것이다. 죽음이란 두려운 것이라고 하는 선입견적인 생각이 오히려 두려운 것이다.

 그러므로 우리들은 어떠한 일 때문에 방해를 받고 불안감을 느낀다든지 또는 고민거리가 생겼을 때 결코 남을 탓해서는 안 된다. 오히려 책망할 대상은 우리들 자신인 것이고, 그 일에 관한 우리들의 생각 탓인 것이다.

 자기가 불행하다고 해서 남을 책망하는 것은 교양이 없는 사람이나 취할 태도이고, 자기 자신을 책망하는 것은 미숙한 사람이 취할 방식이며, 자기자신도 다른 사람도 책망하지 않는 것이 교양이 있는 사람, 완전한 교육을 받은 사람이 취할 자세인 것이다.

6

 그대 자신의 것이 아닌 아름다움을 자랑해서는 안 된다. 만약 말과 같은 짐승이 자랑스럽게 '나는 아름답다'라고 말했다면, 그건 그런 대로 보아 넘길 수 있다. 그러나 그대가 '나는 아름다운 말을 가지고 있다'고 자랑한다면, 그대는 말의 아름다움을 자랑하고 있는 것이 된다. 그럴 때, 도대체 무엇이 그대 것이란 말인가. 사고방식에 있어서 잘못이 없다면, 그 때 비로소 그대는 충분히 자랑해도 좋을 것이다.

왜냐하면 그럴 경우 그대는 참으로 자신의 것이라고 할 수 있는 좋은 성질에 관해서 자랑할 수 있기 때문이다.

* 위에서 말한 것처럼 외면적인 우연한 일을 자랑한다는 것은 확실히 교양이 부족한 사람들의 특징이다. 특히 청년의 교육에 있어서는 그런 자랑거리를 철저히 제거해 버리지 않으면 안 된다. 현대의 재능이 있다고 평가받고 있는 성직자 '춘델'은 다음과 같은 매우 정당한 의견을 말한 바 있다.

즉 '고귀한 것, 아니 가장 외적인 표현으로, 예를 들면 아름다운 의복과 같은 것마저도 쉽게 인간을 '어리석게 만드는' 힘을 가지고 있다는 것이다. 그러므로 대체적으로 말한다면 정신생활에 있어서는 특별히 '상류계급'이라는 계급의식에 사로잡힌 생활을 하기 보다는 오히려 하층계급의 사람들, 즉 일반 대중과 교제하는 편이 훨씬 유익한 것이다.

그런 교제방식은 자신의 정신의 폐쇄라든가 국한된 것을 어느 정도까지는 구원해 주기 때문이다. 그런 교제는 처음부터 정해져 있는 관용이 조건이 되고 있는 만큼, 그 정신은 사상의 빈곤에서 모면할 수 있는 것이다. 그러나 그러한 사상의 빈곤은 좁은 교제에서 처음에는 그런 것이 아니지만 세대를 거듭하게 될 때는 반드시 나타나게 되는 것이다.

최근에는 국민의 병역의무 덕택으로 여러 계급의 접촉이 쉽게 이루어지고 있는데, 그것은 특히 상류 인사들에게는 매우 유익한 영향을 주고 있다. 예를 들면 현재 어떤 나라의 왕실의 인기 등도 그런 것에 속한다.

7

항해를 하고 있을 때, 때로는 배가 항구에 도착해서 그대가 식수를 길을 목적으로 상륙을 했다면 도중에서 조개껍질이라든가 수석 등을 줍는 것은 좋겠지만, 그러나 그럴 때에도 그대는 항상 생각이 배에서 떠나서는 안 된다. 배에서 급한 용무로 누가 찾지 않을까 자주 뒤를 돌아보지 않으면 안 된다. 그리고 만약 누가 부를 때는 즉시 모든 것을 팽개쳐 버리지 않으면 안 된다.

그렇게 하지 않을 때는 한 마리 양처럼 묶여서 순종하지 않는 또는 도망친 노예처럼 배 안에 갇혀 버릴 것이니까. 그와 마찬가지로 그런 인생에 있어서는, 가령 그대에게 아내와 자식이 생겼다면 그 일을 즐기는 것은 탐이 아니다. 그러니 배에서 상급자가 부를 때는 모든 것을 버리고 황급히 배로 돌아가야지 결코 어떤 것도 돌보고 있어서는 안 된다는 것이다.

그대가 나이를 먹어 노인이 되었다면, 무조건 배에서 멀리 떨어져 있어서는 안 된다. 배에서 부를 때 배를 타지 못하고 쩔쩔 매는 일이 없도록.

8

이 세상의 모든 일들이 그대 생각 대로 되기를 바란다는 것은 잘못이다. 오히려 이 세상에서 일어나는 일들은 일어날 테면 일어나라고 바라고 있는 편이 마음 편할 것이다. 그러면 그대는 행복할 것이다.

*이런 생각은 오로지 스토아적인 체념이다. 그러나 이러한 체념은, 종교적인 바탕이 없다면 특별한 경우를 제외하고는 정신적인 이완을 면할 수 없을 것이다.

이런 교지는 결과에서 본다면 그리스도교와 비슷하지만, 그러나 도달하는 과정은 다른 것이다. 진실로 인생을 진지하게 살아가려고 하는 두 가지 인생관, 즉 그리스도교와 스토아주의와의 차이는 간단히 말하면 이런 것이다.

스토아주의는 인생의 고난을 부정하고, 항상 훌륭한 정신력으로 그것을 멸시하려고 노력한다. 그런데 그리스도교는 인생의 고난을 현실적인 존재로서 그것을 충분히 인정하지만, 그와 동시에 어떤 힘을 인간에게 주어서 보다 높고 보다 내적인 행복을 약속하며, 그것에 의해서 그런 고난을 견디기 쉽게 해주는 것이다. 아니 오히려 그것을 무의미하게 해주는 것이다.

대부분 개인적인 사물은 그리스도교에 있어서는 중요한 문제가 아니며, 바야흐로 건설된 영혼의 왕국이라는 것이 진실로 중요하다. 그러한 위대한 사업에 있어서는 행복 따위는 사소한 것에 불과하고, 희생이 된다고 해도 별 문제가 아닌 것이다.

이 두 가지 구원의 길과 언제나 함께 비교되고 있는 불교는 오로지 필연적인 고난을 참아 가면서, 모든 고통의 감각이 한 번은 반드시 끝나는 날이 올 것을 가르치고 있으니, 이미 인생에 있어서의 즐거운 활동에 의해서 고난을 극복하라고 권하고 있는 것은 아니다.

이상과 같은 종교나 주의 중의 한 가지에 의해서 자신과 인류를 위해서 염세주의와 취생몽사(醉生夢死)에서 피할 수 있는 길을 걷게 된 사람들은 그 나름대로 존경할 만한 인물들이다. 결국 위와 같은 여러 도(道)가 옛날부터 인류가 걸어온 길이다. 그런데 유감스러운 것은 그 최후의 취생몽사의 생활방식이 가장 많은 사람들이 걸어가는 길인 것이다.

그리고 우리들이 유태교에 관해서 여기 말하지 않는 것은 우리들은 유태교를 그리스도교의 자연적, 역사적 근간으로서 존경과 애정을 가지고 보기 때문이며, '또한 부자연스럽게 중단된 유태교의 발전은 오히려 앞날에는 반드시 회복이 되리라고 믿고 있기 때문이다. 튄덴돌프백작의 시구인 '오, 유태인이여! 우리들은 당신들을 사랑하고 있으며 당신들의 인생을 기뻐하고 있으니'라고 한 것은 그런 사상을 나타낸 것이다.

그러나 오늘날 그런 사상은 기묘한, 특히 그리스도교의 입장에서는 전혀 이유가 없는 적의에 이따금 자리를 양보하고 있다. 그런데 올바르지 않은 도(道)와 마찬가지로 다만 중도에서 중단해 버리는 도 또한 곤란한 것이다.

그리고 벤겔의 '에스겔서에 관한 단상' 제12장 및 요한복음 제15장을 보라.

'마음이 변하지 아니하고 올바른 그리스도교 신자는 포도나무 가지가 사람들에게 큰 이익을 가져다 주듯이 대단히 유익한 것이다. 그러나 그리스도교 신자이면서 다시 속세에 돌아간 자는 이미 이 세상에서 쓸모가 없으니, 마치 포도나무에서 떠난 가지가 불에 태워지는 것 이외에 쓸모가 없는 것과 마찬가지니라.'

9

병은 육체에 장애를 일으킨 것이지 의지에 장애를 일으킨 것은 아니다. 의지가 스스로 질병을 불러 들이지 않는 한 절름발이는 다리가 병신이지 의지의 병신은 아니다. 어떤 일이 그대 신변에서 일어날 때는 반드시 그렇게 타일러 주라. 그러면 어떤 일이 일어나더라도 그대에게 장해를 가져오지 않는다는 것을 알게 될 테니까.

10

 모든 사고에 임해서 스스로 반성한 다음 그 일에 대항할 어느 정도의 능력이 자신에게 있는지를 깊이 생각해보는 것이 좋을 것이다. 아름다운 사람을 만났을 때, 그대는 그것에 대항할 수 있는 힘으로서의 자제력을 자신에게서 발견하게 될 것이다. 곤란한 일에 부닥치면 끈기를, 모욕을 당했을 때는 인내력을, 그렇게 자신을 단련시킨다면 그때는 잡다한 생각 때문에 마음이 산란하게 되는 일은 없을 것이다.

11

 어떤 일에 관해서도 '나 자신은 그것을 잃어 버렸다'고 말해서는 안 된다. '나는 그것을 돌려 주었다'고 말해야 된다. 그대의 아들이 죽었다면 그것은 돌려 준 것이 된다. 그대의 재산을 빼앗겼다면 그것 또한 돌려 준 것이 된다. 그것을 뺏아간 사람은 틀림없이 악인이다. 그러나 준 사람이 누구의 손을 통해서 그것을 되돌려 가던 그대에게 무슨 상관이 있단 말인가. 그가 그것을 너에게 맡겼을 동안은, 그것은 다른 사람 것을 맡아 있었다고 생각하라. 하루 밤만 자고 떠나는 나그네가 여관을 거쳐 간 것이라고 생각하라.

12

그대가 올바른 지혜를 발전시키고 싶다면 다음과 같은 잘못된 생각을 먼저 제거해야 한다.

'자기의 재산을 조심해서 다루지 않으면 머지않아 생계의 방도를 잃게 될 것이다. 자기 자식에게 벌을 주고 싶은 사람은 악인이 될 것이니라.'

항상 불안한 상황에서 호화방탕하게 살아가는 것보다는 두려움과 걱정거리없이 죽는 편이 더 낫다. 자기가 불행하게 되는 것보다 자식이 악인이 되어 버리는 것이 낫다.

그러므로 가장 작은 것부터 시작하는 것이 좋을 것이다. 그대가 가진 기름이 흘러 내리거나 또한 포도주를 도적맞았을 때는 이렇게 말해 줄 것이다. 그 정도의 값으로 마음의 평안함을 산 것이다. 그 정도의 값으로 영혼의 평화를 살 수 있었느니라 하고. 어떤 물건도 공짜로는 살 수 없는 것이다.

만약 그대가 사환을 부를 때는, 동시에 이렇게 생각해 보는 것이 좋다. 혹 그는 내가 부르는 소리를 듣지 못했는지도 모른다. 또는 들었다고 하더라도 그대가 바라는 대로 움직이지 않을지도 모른다. 그것은 사람으로서는 취할 태도가 못된다. 그러나 그대에게 있어서는 그 사람 때문에 마음을 어지럽게 해서는 안 되는 것임을 알아두라.

*위의 글에서와 같이 스토아주의적인 견해에는 반드시 수반되는 철학적 이기주의가 나타나고 있다. 우리들은 오로지 우리 자신만을 위해서 살아가고 있는 것은 아니다. 또 우리들은 자기 완성만을 위해서 살아가고 있는 것도 아니다. 그뿐만 아니라 자기 완성이라는 것은 본시 다른 사람에 대한 배려가 없이 성립되는 것이 아닌 것이다.

그런데 고대 철학의 뿌리에 대체적으로 어떻게 하면 생활에서 자기를 위해 최고의 행복을 찾을 수 있을까 하는 문제가 항상 감추어져 있는 것이다. 개인의 최고의 성장이라는 문제도 고대 철학에서는 이미 인염이 멀어진 문제이고, 단지 행복의 수단으로서만 고찰되어 왔을 뿐인데, 그리스도교 사상은 그것과는 큰 차이가 있다. 그리스도교는 원래 개인의 행복은 안중에 없고, 또한 개인의 완성이라는 것도 문제시하지 않고, 오히려 이 땅 위의 왕국, 또는 그 재산과 보물과는 전혀 다른, 영혼의 왕국을 실현시키기 위해 일을 한다는 것을 주안점으로 삼고 있다. 그리고 그것은 인간의 내면성격을 변화시키므로써만이 달성할 수 있는 것이지만, 그러면서도 그 변화마저도 자기가 할 일은 아닌 것이다. 그와 반대로 고대의 철학자는 이성적인 여러 원리의 획득과 또 그것에 의한 끊임없는 훈련에 의해서, 모든 것을 자기 힘으로 성취시켜 보려고 애썼던 것이다. 따라서 그들의 행복은 오히려 소극적이어서, 인생에는 반드시 따르는 재난을 주관적으로 될 수 있는 대로 적게 하는 것이 오직 행복이라고만 생각했다.

그러므로 어떠한 위대한 사업에 참여함으로써 비로소 얻어질 수 있는 것과 같은 자주적인 커다란 행복감에 비추어 본다면, 분명히 존재하는 이 세상의 모든 고민도 별 것이 아니라고 생각되는 행복감(히브리인에의 편지 제11장)은 아닌 것이다.

또한 고대의 철학자가 겸손해 보이는 것은 일종의 오만인 것이어서 그것이 조그마한 허영보다는 나을지 모르지만 그러나 겨레에게는 반드시 호감을 줄 수 있는 것은 아니었다. 소크라테스의 한두 번의 변명 연설 따위도 확실히 좋은 예라고 하겠다.

그러므로 그리스도교의 가르침은 다음과 같은 요구에서 시작된다.

'때가 찼고 하나님 나라가 가까왔으니 회개하고 복음을 믿으라' (마가복음 제1장 15절). 그것은 당신들을 행복의 터전으로 초청해서 그러한 자격을 얻게 하고, 그리고 생활의 고생도 이미 돌아볼 필요도 없는 것이 되리라.

우리들이 결코 등한시 해서는 안 될 것은 그리스도교의 근본적인 사고 방식에 따른다면, 구원은 어떤 교리에 의해서 행해지는 것이 아니라 단 한 번 일어났던 역사상의 명확한 사실에 기초를

＊요한복음 제11장 25～27절 : 예수께서 마르다에게 말씀하셨습니다. "나는 부활이요, 생명이니 나를 믿는 사람은 죽어도 살고 살아서 믿는 사람은 영원히 죽지 않을 것이다. 네가 이것을 믿느냐?" 마르다가 예수께 했습니다. " 주님, 주님은 세상에 오신 오실 그리스도요 하나님의 아들이심을 제가 믿습니다."
＊요한복음 제6장 47절 : 내가 진정으로 진정으로 너희에게 말한다. 믿는 사람에게는 영원한 생명이 있다.
＊고린도전서 제15장 17절 : 그리스도께서 다시 사신 것이 없으면 너희의 믿음도 헛되고 너희가 여전히 죄 가운데 있을 것이요
＊요한복음 제5장 1절 : 그 후에 유대인의 명절이 있어 예수께서 그 예루살렘에 올라가시니라
＊사도행전 제16장 31절 : 가로되 주 예수를 믿으라 그리하면 너와 네 집이 구원을 얻으리라

두고 있다는 것이다. 이것은 요한복음 제11장 25~27절, 제6장 47절, 고린도전서 제15장 17절, 요한복음 제5장 1절, 사도행전 제16장 31절*을 보라.

사실에 기초를 두지 않은 종교적인 견해는 모두 철학이다. 다소나마 인간이 멋대로 구성한 것이지, 인간은 그것을 수긍해도 되고 수긍하지 않아도 된다. 그리고 수긍하지 않을 경우에는, 그 사람에게 있어서는 그것은 전혀 존재하지 않았던 것과 마찬가지이다. 그렇지만 역사상의 사건은 인간이 그것을 수긍하건 말건 관계없이 엄연히 존재하고 있는 것이다.

근대철학은 행복보다는 오히려 힘을 요구하고 있다. 그것은 힘의 근원인 만물에 대한 이해와 지식, 특히 빨리 도달하기 위한 열쇠를 발견하려고 노력하고 있다. 추상적인 철학은 그 점에서 지금까지 기만적이었다는 것을 스스로 노출시켜 버렸기 때문에, 지금 그 열쇠는 자연과학과 통계학에서 찾아내려고 하고 있다. 철학에서 위안과 희망을 바란다는 것이 헛된 일임을 현대의 대표적인 철학가인 하트만 등이 스스로 선언하고 있는 것이다.

13

만약 그대가 충분한 지혜가 발전되기를 원한다면, 외면적인 일 때문에 사물을 분간할 수 없는 어리석은 자라고 생각하는 것을 끝까지 참고 견디지 않으면 안 된다. 누구나가 그대를 박식하다고 생각하는 것을 바라지 마라. 설사 다른 사람이 상당한 인물이라고 생각하더라도 그대는 그것을 믿지 말라.

그대는 내적인 결의와 외적인 사물이 두 가지를 다 동시에 확보한다는 것은 쉽지 않다는 것을 알고 있어야만 된다. 오히려 그 한 가지만을 열심히 추구하는 사람은 반드시 다른 것은 잠시 잊어 버리고 있어야만 된다.

14

만약 그대가 가족이나 친구가 영원히 산다는 것을 바란다면 그대는 어리석은 사람이다. 왜냐하면 그대는 그대의 힘이 미치지 못하는 것을 그대의 힘이라고 생각하며, 그대의 소유가 아닌 것을 그대가 가지고 싶다고 생각하기 때문이다.

그와 마찬가지로 그대의 자식들이 아무런 잘못을 저지르지 않기를 바란다면 그대는 어리석기 짝이 없는 사람이다. 즉, 그대는 잘못이 아니고 무엇인가 다른 이유 때문이었으면 하는 생각을 하고 있기 때문이다. 그와 반대로 자기가 할 수 있는 것만을 할 때, 그대는 어떤 일도 잘못을 저지르지 않고 목적을 달성할 수 있는 것이다.

만물의 창조주라고 일컫는 것은, 자기가 갖고 싶은 것을 얻을 수 있고, 자기가 겪고 싶은 것은 피할 수 있는 자를 말한다. 누구나 자유를 얻고 싶은 사람은 다른 사람의 영향력 안에 있는 것을 탐해서는 안 되며 또 겁을 내서도 안 된다. 그렇게 하지 않으면 그는 다른 사람의 노예인 것이다.

*절대 자유는 오직 하나님을 섬기며 다른 모든 것을 섬기지 않는다는 것이다. '하나님을 섬기는 것을 자유라고 한다.'

15

잊어서는 안 될 것은, 그대는 인생 향연 석상에서 취하는 태도를 지키라는 것이다. 맛있는 음식 접시가 그대 앞에 돌아오면 손을 내밀어 그중에서 얌전하게 조금씩 덜어오라.

그대가 좋아하는 음식을 제대로 날라다 주지 않는다고 해서 굳이 그것을 요구해서는 안 된다. 오히려 그것을 그대에게 가져다 줄 때까지 기다려야 한다. 아내나 자식, 지위라든가, 재산 등에 관해서도 마찬가지 태도를 취해야 한다. 그리하면 언젠가는 신들의 손님 대우를 받을 수 있을 것이다.

그런데 그대에게 가져다 준 음식을 조금도 먹지 않고 태연히 바라보기만 한다면, 그대는 다만 신들의 손님이 될 뿐만 아니라 오히려 신들과 함께 나라를 통치하는 자가 될 수도 있을 것이다.

그렇게 행동함으로써 디오게네스*, 헤라클리투스*, 그 밖의 여러 사람들은 그들에게 주어진 신들의 이름에 적합한 진정한 가치를 가졌던 것이다.

16

어떤 사람이 그의 아들을 먼 곳에 여행을 시킨 후에, 또는 그의 재산을 잃어버린 후에 슬퍼하고 있는 것을 보고 그 사람이 외적인 사물을 잃었기 때문에 불행한 처지에 놓이게 된 것이라고 멋대로 생각해서는 안 된다. 오히려 그대는 마음 속으로 이렇게 말하도록 다짐해야 한다.

'그를 괴롭히고 있는 것은 그런 불행한 사정이 아니다(왜냐하면 그 사람 외에는 수많은 사람들이 그런 일 때문에 괴로워하지 않으니까). 그 일에 관해서 그가 지닌 관념 때문에 괴로워하고 있

---

*디오게네스 Diogenes : B.C. 400~323. 그리스의 철학자. 흑해 연안의 시노프 출생. 퀴닉학파의 대표적 인물이며, '통 속의 디오게네스'로 알려졌다. 젊어서 화폐 위조죄로 고향에서 쫓겨나 아테네로 망명했는데, 그 뒤로도 정신적인 의미에서의 가짜돈 주조 즉 공인된 가치와는 다른 가치의 창조를 지향했다. 안티스테네스의 학통을 이어받아 온갖 물질적 허식을 배제하고 최소한의 생활필수품만으로 사는 자연상태야말로 인간에게 최고의 행복이라고 주장했다. 옷도 걸치지 않고, 신발도 신지 않으며, 들개처럼 길거리에서 잠자고, 통 속을 집 삼아 사는 등 그 자신도 빈곤·무지를 바탕으로 한 자족(自足;autarkeia)의 생활을 보냈다. 그 때문에 개라는 별명이 생겨, 그 일파는 견유학파라고 불리게 되었다. 그가 통 속에서 일광욕을 하고 있을 때 알렉산드로스 대왕이 찾아와 곁에 서서 "소원이 있으면 말해 보시오" 하고 말하자 "내게 그늘이 지지 않도록 비켜주는 것이오"라고 한 이야기는 매우 유명하다. 부끄러움을 느끼지 않고 제거함으로써(anaideia) 온갖 인습과 권위로부터 해방되는 것, 이것이 영혼의 자족을 지향하는 그의 철학적 실천이었다. 그의 제자 크라테스(테바이)는 이 같은 스승의 학설을 널리 펴서, '무소유'야말로 모든 고통·갈등으로부터 벗어나는 비결이라고 주장하여 뒷날 스토아학파의 탄생을 예고했다.
*헤라클리투스 Heraclitus : B. C. 544~483. 그리스의 철학자. '만물유전'이란 말로 유명. 강물이 끊임없이 흐르기 때문에 강의 이름을 얻듯이 만물은 끊임없이 변화하여 하나의 법칙을 세운다 하여 '만물은 하나'라는 로고스 사상을 세웠으며, 불이 생명의 주체라고 하였다. 이 불과 로고스는 플라톤의 우주론 그리고 스토아 학파의 신성의 불꽃이라는 개념을 낳았다.

는 것이다.'라고. 설사 그와같이 울지 않으면 안 될 때라도 이성적인 말로서 그를 위로해야 한다. 다만 명심할 일은 그대도 똑같이 마음속 깊이 탄식해서는 안 된다는 것이다.

17

그대는 어떤 희곡 작품에서, 작가가 그대를 등장시켜서 연출하려고 하는 일정한 역할을 맡는 인물이라는 것을 잊어서는 안 된다. 그 역할이 짧으면 짧은 역할을, 그 역할이 길다면 긴 역할을 그대가 연기해야만 되는 것이다.

작가가 그대에게 가난한 자의 역할을 연기시키려고 한다면 그 역할을 훌륭하게 해야만 된다. 그 역할이 절름발이이건 관리이건 보통 시민이건 마찬가지이다. 왜냐하면 그대가 할 일은 그대에게 주어진 역할을 훌륭하게 연기하는 것이고, 그 역할을 선택하는 것은 다른 사람이 할 일이기 때문이다.

18

까마귀가 울어서 불행한 일을 알려 주었다면, 그대는 그 일에 대한 상상을 이것저것 함으로써 자기 자신을 불안하게 해서는 안 된다. 오히려 잘 분간해서 이렇게 확고한 신념을 가져야 한다.

'내 자신에 대해서는 아무 일도 구체적으로 알려온 것이 없지 않은가. 다만 차츰 늙어가는 나의 육체라든가, 나의 얼마 되지 않은 재산이라든가, 또는 나의 보잘 것 없는 명예라든가, 나의 아내나 자식들에 대해서 무엇인가 알려주고 있는 것일지도 모른다. 내가 그 일을 그렇게 해보겠다고 생각한다면, 그 일은 내게 있어서 모두가 행복의 예언이 될 수도 있을 것이다. 왜냐하면 가령 어떤 일이 일어나더라도 그 일에서 소득되는 것을 찾아낼 수 있는 능력이 내게는 있기 때문이다.'

* 이러한 일에 대해서 셰나의 로테도 비슷한 말을 남겼다.
'용기있는 사람에게 있어 행복과 불행은 오른손과 왼손과 같은 것이다. 그는 그 양손을 다 쓸 수 있는 것이다.'

19

이길 자신이 없는 전쟁을 일으키지 않는다면 그대는 질 염려가 없다. 그대가 대단히 존경하고 있는 인물, 굉장한 세력을 가지고 있는 사람, 또는 그 밖에 명성을 떨치고 있는 사람을 볼 때 자기 나름의 상상을 멋대로 해서 그들은 행복할 것이라고(질투심에서) 생각하지 않도록 조심해야만 된다. 진정한 행복은 우리들의 힘이 미치는 범위 내에만 있는 것인 만큼,

질투라든가 선망은 무의미한 것이다.

그대는 장군이나, 시장, 집정관이 되려고 하는 것이 아니라 오히려 자유를 얻고 싶은 것이 아닌가. 하지만 자유를 얻는 방법은 우리들의 힘이 미치지 않는 것은 모조리 경시하는 데 있다.

20

그대를 학대하는 것은 그대를 욕하고 구타하는 사람이 아니라 그 일을 굴욕적인 것이라고 생각하는 그대의 관념인 것이다. 누군가가 그대를 화나게 했다면 그것은 다만 그대 자신의 관념이 그대를 자극한 것이다. 그러므로 무엇보다도 사건이 일어난 순간, 그 관념 때문에 정신적 혼란을 가져 오게 해서는 안 된다. 나중에 깊이 생각할 여유가 생겼을 때 그대는 반드시 자기 자신을 억누를 수 있게 될 것이다.

> *이것은 진실이다. 모욕을 당했을 때 증오심이 영혼에까지 침투하게 해서는 안 된다. 나중에 그것을 억누르는 것은 아주 간단하고 쉽다. 그러나 한번 영혼에 증오심을 뿌리깊게 심게 되면, 다시 그것을 뿌리째 뽑아버리는데 대단한 노력이 필요하다. 보통 '적이라고 하는 것은, 보편적으로 적대시함으로써 흥분했을 순간에 생각되는 것처럼, 그것은 그다지 해로운 존재는 아니다.' 라

고 하는 것은, 친구도 그다지 유익한 존재가 아니듯이 약간의 사회적인 경험이 있는 사람이라면 누구라도 보증할 수 있다. 그들은 스스로 독자적인 행동을 취하고 있는 것 같지만 사실은 단순한 악의 도구일 뿐, 이쪽에서 그들의 증오를 상대하지 않는다면 그들은 그러한 악의를 조금밖에 실행할 수 없는 것이다.

21

죽음이라든가 추방 등 두렵다고 생각되는 모든 것을 바로 눈 앞에 그려보라. 그렇게 해본다면 비굴한 생각도 떠오르지 않을 것이고, 심한 욕망도 끓어 오르지 않을 것이다.

22

그대가 지혜를 배우고 싶다면, 사람들의 놀림감이 되리라는 것, 특히 열 사람들이,
'저 녀석, 갑자기 철학자가 되어 버린 것이 아닐까. 건방지게도 어릴 때부터 그 녀석을 잘 알고 있는 우리들에게 아주 으시대는 저 꼴은 꼴불견이야' 라고 비양하면서 놀려댈 것임을 미리 각오해야만 한다.
그대는 결코 오만스런 태도를 취해서는 안 된다. 단지 그대

가 최선이라고 인정되는 것을, 마치 하나님이 지시하신 제 자리를 찾아가듯이 그 자리를 굳게 지키는 것이 옳다. 그리고 그 자리를 지키면서 동요하지 않을 때, 처음에 그대를 비웃던 사람도 나중에는 반드시 감탄하고 인정하게 될 것임을 확신하라. 그러나 그들에게 양보한다면, 그들은 그대를 이중으로 비웃게 될 것이다.

*큰 소리로 비난하거나 비웃을 때, 자기 속마음의 동요를 슬며시 숨기려고 하는 의도 밖에는 다른 도리가 없을 때가 이따금 있다. 그런 구별은 노년기에는 자연스럽게 할 수 있지만 젊은 사람으로서는 매우 어려운 것이다.

23

그대 마음이 만일 그대를 떠나서 외부를 향하여 이 세상 분위기와 영합하려는 마음이 생긴다면, 그럴 때는 이미 그대 자신의 올바른 정신상태는 잃어버린 것이다. 항상 철학자가 된 것을 만족스럽게 생각하라. 그대가 철학자로 인정받고 싶다면, 우선 그대 자신이 그렇게 생각하는 것이 좋다. 그것으로 충분하다.

24

 '나라는 인간은 명예도 없고 세력도 없이 한 평생을 헛되이 보내지 않으면 안 된다'라고 하는 생각으로 그대 자신의 마음이 흔들려서는 안 된다. 명예를 얻지 못했다는 것은 한 가지 불행이라고 하더라도 누구건 그대를 불행의 구렁텅이로 빠뜨릴 수 없다는 것은 오욕에 빠뜨릴 수 없는 것과 마찬가지이다.

 명예로운 지위를 얻는다든가, 향연에 초대받는 것이 그대에게 그렇게 중요한 것일까. 아니다. 결코 아니다. 어찌해서 그것이 그대의 불명예란 말인가. 또 그대가 그야말로 그대의 힘이 미칠 수 있는 것에 대해서는 세력을 펼칠 수 있고, 그 범위 내에서 최대의 명예를 취득할 수 있는 한 어찌 그대 생활이 무력한 것이라고 말할 수 있겠는가.

 그렇다면 나의 친구들은 나의 도움을 받을 수 없지 않은가라고 너는 말하겠지만, 그렇다면 도움을 받는다는 것은 도대체 어떤 일을 말하는 것일까. 물론 그들은 그대로부터 금전을 얻을 수는 없을 것이다. 또 그대는 그들을 로마시민으로 만들어 줄 수는 없을 것이다. 하지만 그런 일이 그대 힘이 미치는 것이고 다른 사람의 힘에 속하는 것이 아니라고 누가 말했던가.

 또한 자기 자신이 갖지 못한 것을 어떻게 다른 사람에게 줄 수 있겠는가. 그러므로, 다른 사람에게도 줄 수 있을 만큼 재산을 만들어 두지 않으면 안 된다고 그대는 말하겠지만, 양심이라든가 정직으로 고상한 마음에 상처를 입히지 않고 재산을 만들 수 있을까. 있다면 제발 그 방법을 내게 좀 가르쳐 주게. 나도 재산자가 되고 싶으니까.

 그러나 정당한 재물이 아닌 것을 얻기 위해서 내게 정당한 재물을 버리라고 말한다면, 그대들은 그대들 자신이 얼마나 부조리하고 사리분별도 못하는 인간이라는 것을 스스로 알 수 있을 것이다. 금전과 성실한 친구 중 그대들은 그 어느 편을 택할 것인가. 그러므로 나를 돕는다 셈치고 후자를 택하여라. 그리고 나에게 그러한 특질을 잃어버리도록 감히 실행하라고 내게 강요하지 말아라.

 그러나 그렇게 한다면 나의 조국은 나로부터 받을 수 있는 원조를 받을 수 없게 될 것이라고 그대는 말할 것이다. 그 말에 나는 그대는 어떠한 원조를 말하고 있느냐고 대답할 것이다. 과연 조국은 나로부터 큰 전각이나 목욕탕을 얻을 수는 없을 것이다.

 하지만 그것이 어떻다는 말인가. 그러나 조국은 대장간에서 신발을 얻을 수 없고 신발가게에서 무기를 얻을 수 없을 것이다. 그대가 조국을 위해서 다른 사람을 충성스러운 시민으로 기르는 일이 조국을 위한 것일까. 그렇다. 그것은 틀림없이 조국을 위한 것이다. 그렇다면 그대는 조국에게 결코 쓸모없는 존재가 아니다.

그렇다면 자신은 조국에 있어서 어떤 지위를 차지하면 좋을까 하고 물을 것이다. 그대가 충성심과 양심에 비추어서 만족할 수 있는 지위를 차지하면 된다고 나는 대답할 것이다. 그렇지 않고 그대가 철면피하고 충실하지 못하다면 어찌 조국에 대해 이득이 되는 일을 할 수 있을 것인가.

*위에서 가볍게 언급되고 있는 사상은 사실은 깊은 의미를 지니고 있는 것이다. 실천적으로 보아서 스토아학파의 학설 중에서 가장 잘못된 것이라고 우리들이 생각하고 있는 것은 그 마음 속에 언제나 평온함을 유지하는 방법일 것이다. 그러나 스토아 철학이 끊임없는 마음의 평온을 최고의 선이라고 인식하고 있는 것은 결코 잘못이 아니다.

스토아학파의 현자들은 그런 목적을 달성하기 위해서 철학적인 자기 향상을 성실하게 노력하고 있다. 하지만 대부분의 경우 오만한 것처럼 보였다. 그러므로 그들은 고대에 있어서도 수 없이 비난을 받았다. 그와 동시에 그들은 또한 자신의 감정을 철저하게 억누르려고 애썼지만, 그것은 극단적인 경우에는 시니즘에 빠지기도 했다. 또한 이 세상과는 완전히 멀리 함으로써 그렇게 하려고도 했던 것이다.

그러나 인간의 심리를 알고 있는 자라면 그렇게 해서 얻어지는 만족은 모두가 단순한 철학적인 만족, 즉 끊임없는 반성, 이를테면 스스로는 만족하고 있다고 설명하려고 하는 부단한 결심에 의해서 도달될 수 있다는 것을 부정하지 않을 것이다.

인생에 있어서 실제의 객관적인 행복과 자연스러운 안정된 심정과는 어떠한 봉사의 생활, 무엇보다도 먼저 병역의 의무와 비교될 수 있는 봉사의 생활에 의해서 비로소 얻어질 수 있는 것이다.

즉 적당한 시기에 그의 한 평생을 어떤 위대한 일 그리고 진정한 사업에 바치는 것이다. 그것은 인간에게 창조적인 활동을 가져오게 하는 것이어서 그런 활동 없이는 진실된 행복은 기대할 수 없다.

그것은 박해를 당했을 때라도 침착한 행동을 취하도록 하며, 혐오에 대항할 수 있는 의지력을 갖게 해 주며, 공포, 이 세상 최고의 폭군에 굴하지 않고, 단호하게 자신의 의견을 굽히지 않으며, 고생을 싫어하지 않고, 또한 자기 자신의 과실에 대해서는 참을성이 있게 해주는 것이다. 그렇게 하는 것은 사람이 자기가 맡은 일에 충실하다면 별 문제가 아니다.

그렇게 해서 사람들은 확실하고 틀림없는 자기 판단에 도달할 수 있게 되지만, 그러한 자기 판단이야말로 모두 위대한 사업에는 반드시 수반되는 광기에서 사람들을 구원해 준다. 그것에 의해서 사람들은 또한 자기 일신을 바치는 일의 적이 되기도 하고 동지가 되기도 하는 모든 사람들과의, 또는 사회와의 적당한 접촉을 유지할 수 있게 되고, 또 노년기에 남긴 어떠한 명확한 성과를 평생 되돌아 보고 마음 편하게 노후를 즐길 수 있게 된다.

라사루는 그의 희곡의 주인공인 조킹의 입을 빌려서 이렇게 말하고 있다.

'우리들은 우리들의 인생을 저 위대한 목적에서 빌리고 있다. 실제로 그 공장에서는 인류는 단지 노동자에 지나지 않다. 나는 내가 할 수 있는 것만을 했던 것이다. 그리고 정직하게 부채를 갚아준 사람처럼 몸이 가볍고 자유로운 것을 느낀다.

이것이 근대의 스토아주의 사고방식이다. 그리스도의 사명을 올바르게 이해한 최초의 인물은 이스라엘의 성직자가 아니라(당시의 최고 성직자마저도 그를 어떻게 했으면 좋을지 몰랐다), 오히려 로마의 장교(백부장)였다는 것은 결코 우연이 아니다(마태복음 제8장 9절과 제11장 3절).

근대의 민중 지도자 중에 틀림없이 가장 곤란하고 가장 위험한

---

*크롬웰 Oliver Cromwell : 1599~1658. 영국 청교도혁명 지도자. 헌팅던 출생. 케임브리지대학의 시드니칼리지에서 공부하면서 퓨리터니즘의 영향을 받았으나 1617년 아버지가 사망하자 소유지 경영을 위해 대학을 중퇴하였다. 그 뒤 23년 동안 헌팅던에서 농업경영에 전념하였고, 치안판사로서 펠랜드 간척에 반대하던 농민들을 보호하며 베드퍼드공작의 대리인과 싸웠다. 28년 하원의원, 40년 케임브리지에서 단기의회 및 장기의회 의원으로 선출되자 국왕 반대파 입장에서 논진을 폈다. 42년 국왕 찰스 1세와 의회 사이에 무력항쟁이 시작되자 국왕군에 맞서서 동부 여러 주에서 열렬한 청교도들을 모아 엄격한 훈련을 실시해 스스로 기병을 이끌고 싸웠다. 44년 마스턴무어와, 45년 네이즈비전투에서 승리하여 「철기대」라는 명칭을 얻고 제1차내전이 끝나자 가장 유력한 의회파 지도자의 한 사람이 되었으며, 군대를 배경으로 당시 하원의 실권을 장악하고 있던 장로파와 대립하게 되었다. 46~47년 H. 아이어턴이 제안한 「제안요강」을 지지하고 장로파 및 레벨러즈(수평파)와 대결하였다. 1653년부터 죽을 때까지 호국경으로 권력을 장악하여 안으로는 「성자」에 의한 정의에 바탕을 둔 관용적 지배를 베풀면서 지방 유력자들의 지지를 규합, 동의에 바탕을 둔 지배를 실시하려 하였다. 대외정책으로는 잉글랜드 국위를 선양하는 동시에 영국·네덜란드전쟁의 유리한 해결, 다른 여러 프로테스탄트 국가들과 우호관계를 확립하였으나 국내는 좀처럼 안정되지 않았다. 즉 성자는 사회의 소수파였기 때문이다. 57년 의회가 크롬웰에게 제출한 「겸허한 청원과 권고」는 그가 왕위에 오르기를 요구하였으나 이를 거부하였고, 58년에 죽었다. 그는 시대에 따라 국왕에 대한 반역자 또는 청교도혁명의 영웅으로 보여지나 토지소유자의 이해를 지키면서 교회국가체제를 타파하고 영국에서 지주과두제 지배의 길을 열었으며 영국 근대사회의 문을 열었다고 평가받고 있다.

위치에 있었던 크롬웰*은 1655년 1월 22일, 제2혁명의 의회에서 이렇게 말한 것이다.

'설사 어떤 고난을 겪더라도 우리들은 하나님의 힘에 의재해서 그것과 대항할 수 있을 것이다. 나는 하나님 덕택으로 고난을 극복했다. 하나님을 믿기 때문에 아직은 배신 당한 적도 없다. 나는 그런 일을 여러분이나 그 밖의 어떤 사람에게나 얘기할 때 마음 속으로 웃고, 또한 노래도 할 수 있는 것이다.'

이러한 크롬웰의 말은 또 한 가지 다른 점에서 주목할 만하다. 모든 '봉사정신'은 그 자체로는 본시 엄격한 것인데, 만약 남을 위로하고 부드럽게 대하는 요소가 그것에 가미되지 않는다면 실제로 남에게 엄격하게만 대하게 되는 것이다. 그리고 그 요소야말로 그러한 위인으로 하여금 모든 고난을 겪으면서도 오히려 속으로는 웃고 노래도 할 수 있게 했던 것이다.

반대로 그 요소의 결핍이 저 18세기에 있어서의 최고의 '국가의 종복'(프리드리히대왕)에게, 그의 활동적이고도 훌륭한 생애의 마지막에 '나는 노예를 지배하는데 지쳐 버렸다'고 하는 비명을 지르게 했던 것이다. 인류에게만 봉사한 고귀한 사람들은 모두 굉장히 지쳐 버리는 것이다.

그것은 즉, 본시 그 행위 자체는 대단히 존경할 만하며, 경우에 따라서는 숭고하다고 할 수 있는 사고방식, 그것이 곧 〈휴머니즘〉의 결점이다. 구약성서에 등장한 예언자 중 몇사람은 이미 그 당시에 그러한 사상을 훨씬 분명하게 기술하고 있다(예레미야서 제17장 5~9절, 이사야서 제40장 29~31절, 오세아서 제14장 4절).

대단히 곤란한 일이 꽉 찬 이 세상에서 활동적인 공적 생활을 견디어 나간다는 점에서는, 현대사회의 실정이 전체적으로 볼 때 고대사회보다도 훨씬 어려운 것이다. 하긴 현대의 가장 훌륭한 철학자들은 벌써 교수의 직책을 맡고 있는 것이 아니라, 오히려 대부분이 카페나움의 선조(앞에서 말한 백졸의 장)의 예를 본받아서 군복을 몸에 걸치고 있는 것이다.

25

연회석상에서 인사를 한다든가 또는 누가 상의하려고 할 경우 누군가가 그대보다 먼저 시킬 수도 있을 것이다. 그렇게 하는 것이 정말 잘한 일이라면 그렇게 존경받을 인물을 위해서 경의를 표하고 축하해 주는 것이 옳다. 그러나 그렇게 한 것이 잘못되었을 경우에도 그대는 그러한 대우를 받지 못했다고 해서 조금도 슬퍼할 일은 못된다.

어찌 되었거나 자기 실력의 범위 안에 없는 것을 얻었을 경우, 다른 사람이 한 행동과 똑같은 행동을 하지 않고 다른 사람과 똑같은 보수를 얻을 수 없다는 것을 항상 잊지 말라.

다시 말해 지위가 높은 분을 찾아가서 문안드리지 않았던 사람이 문안을 드린 사람과 똑같이, 높은 분을 수행하지 않았던 사람이 수행한 사람과 똑같이, 또 아첨을 하지 않았던 사람이 아첨을 한 사람과 똑같이 어떻게 그의 은총을 받을 수 있을 것인가.

  물건 값을 지불하지 않고 공짜로 그것을 얻을 생각을 한다면 그대는 부정한 자이고 또한 탐욕스러운 자인 것이다.

  *그런데 오늘날에도 지극히 수많은 인간들이 그와 똑같은 짓을 하고 싶어 한다.

  샐러드는 얼마 정도로 팔고 있을까. 아마 그로센 정도라고 본다. 그렇다면 어떤 사람이 가지고 있던 1그로센을 지불하고 그 대신 샐러드를 얻었다고 하자. 그대는 가지고 있는 돈을 주지도 않았으니 아무것도 얻을 수 없었다고 하자. 그러나 그대는 그 사람보다 결코 적게 가지고 있는 것은 아니다.

  그는 그가 돈을 주고 산 샐러드를 가지고 있고, 그대는 네가 가지고 있던 돈을 가지고 있다. 그것은 다른 일에서도 마찬가지이다. 그대는 어떠한 사람의 초대를 받지 못했지만, 그러나 그대는 초대를 받을 만한 것을 초대한 사람에게 주지 않았기 때문에 그렇게 된 것이다. 그는 실질적으로 찬사를 해준다든가, 그를 위해서 애를 썼다든가 하는 것에 대해서 보답으로 초대를 하는 것이다. 그렇게 초대를 받는 것이 유리하다면 그대도 그 대가를 지불하면 된다. 그런데 아무것도 주지 않고 받고자 한다는 것은 그대가 탐욕스러운 어리석은 자인 것이다. 그렇다면 그대는 초대를 받지 못한 대신에 아무것도 가진 것이 없는가. 아니다. 그대는 확실히 칭찬하고 싶지 않은 자를 칭찬하지 않았다고 하는 것을 가지고 있는 것이다.

*위와 같은 일에는 다음과 같은 사상이 숨겨져 있다. 즉 보통 사람은 자연스럽게 자신의 이익을 기대하지만, 그들의 사고방식이나 행동도 손해에 대한 공포나 향락에 대한 호기심에 의해서 결정된다.

그러한 행동의 동기가 정신직으로 의식적인 것인가, 무의식적인 것인가, 외형적으로 조잡한 것인가, 멋진 것인가는 그다지 중요하지 않다. 그것은 오히려 그들의 행동의 비자주성의 정도의 차이를 나타내는 것에 지나지 않는다. 가장 성가신 것은 의식적으로 선택된 동기, 즉 철학적 이기주의인 것이다.

진정한 철학도 종교도 그러한 이기주의에서 인간을 해방시킬 것을 목적으로 삼고 있다. 철학은 자체의 힘과 이성적인 반성에 의해서 또는 종교는 외부의 힘에 의해서 그것을 달성하려고 한다. 그리고 외부의 힘에 의한 신앙은 먼저 자신의 의지를 그것에 바치고 신앙 때문에 완전히 자기의 의지를 소멸시키는 것을 전제로 하고 있지만, 사람들은 대부분이 그런 용기와 결과에 대한 믿음이 결여되어 있다.

그러므로 복음에는 '믿으면 반드시 구원을 얻을 것'이라고 가르치고 있다. 대부분 의지를 포기하지 않는 신앙은 인간의 완성을 위해서는 전혀 무가치한 것이어서 인간을 자연 그대로의 상태에 머물게 한다. 올바른 신앙이라는 것은 본래 하나의 선물과 같아서 끊임없는 의지적인 충성에 대한 보수인 것이다.

인간은 어떤 노력을 하더라도 자기 자신에게 신앙을 심어줄 수는 없다. 우리에게 신앙심을 '주입하라'고 하는 현대의 종교교사의 노력이 얼마나 쓸모없는 것인지 잘 알 것이다. 그러나 인간이 신앙을 가지지 않는다는 것은 지식을 갖지 않는 경우보다 한층 고도로 작자의 책임이라고 해도 좋다. 왜냐하면 그 사람은 자기가 모처럼 그 때문에 가지고 있는 자력(資力)을 이용하지 않고 그 대가를 지불하려고 하지 않기 때문이다.

그런 의미에서 신앙이라는 것은 역시 자기 자신의 행위인 것이고 올바른 회심은 모두가 자신의 행위에서 시작되는 것이다. 그것을 분명히 하는 것이 효과적인 종교교육의 임무이다. 사람이 의지를 포기할 때는 그 때마다 반드시 우리들이 오히려 설명할 수 없는 인간 본성의 불가사의한 법칙에 따라서 하나의 새로운 분명한 인식과 확신이 자연적으로 생기게 된다.

그런 방법에 의해서만 진정한 내적인 인식이 얻어진다. 그것이 스웨든보르그가 말한 '깨달음'이고, '학자는 이해할 수 없는 것이다.' 다시 말해 그러한 과정은 자동 저울과 비슷하다. 효과를 틀림없이 나타나게 하고 싶다면 반드시 그 한 조각의 자아를—다른 것은 절대로 안 된다—우선 던져 넣지 않으면 안 된다(요한복음 제5장 30·44절, 제9장 25·39절, 제11장 40절, 제7장 17절 참조).*

26

우리들이 의심할 여지가 없는 사건에 있어서는 이성의 소리를 분명히 들을 수가 있다. 예를 들면 남의 자식이 항아리를 깬 행동에 대해서 누구든지 즉시 마음 속으로 그런 일은 흔히 있을 수 있다고 말할 것이다. 그러므로 그대 집 항아리가 깨어졌을 때라도 남의 집 항아리가 깨어졌을 때 취하는 태도와 똑같은 태도를 취해야만 된다. 그리고 그런 자세를 다른 중대한 사고에도 적용시켜보는 것이 좋다. 남의 집 아내나 자식이 죽을 때 사람들은 '그것은 인간의 운명이니 하는 수 없다'고 말한다.

그런데 자기집 가족 중에 누가 죽었다면 누구라도 '아 슬픈 일이다. 나는 왜 이렇게 불행한 일을 당하지 않으면 안 되는가' 하면서 슬퍼할 것이다. 그러하니 우리들은 이와 비슷한 일이 다른 사람의 신상에 생겼을 경우, 어떤 감정으로 그것을 받아들일 것인지 한 번 깊이 생각해 보라.

---

*요한복음 제5장 30절 : 내가 아무것도 스스로 할 수 없노라 듣는 대로 심판하노니 나는 나의 원대로 하려 하지 않고 나를 보내신 이의 원대로 하려는고로 내 심판은 의로우니라
*요한복음 제5장 44절 : 너희가 서로 영광을 취하고 유일하신 하나님께로부터 오는 영광은 구하지 아니하니 어찌 나를 믿을 수 있느냐
*요한복음 제9장 25절 : 대답하되 그가 죄인인지 내가 알지 못하나 한 가지 아는 것은 내가 소경으로 있다가 지금 보는 그것이니이다
*요한복음 제9장 39절 : 예수께서 가라사대 내가 심판하리 이 세상에 왔으니 보지 못하는 자들은 보게 하고 보는 자들은 소경되게 하려 함이라 하시니
*요한복음 제11장 40절 : 예수께서 가라사대 내 말이 네가 믿으면 하나님의 영광을 보리라 하지 아니하였느냐 하신대
*요한복음 제7장 17절 : 사람이 하나님의 뜻을 행하려 하면 이 교훈이 하나님께로서 왔는지 내가 스스로 말함인지 알리라

27

사격장의 과녁은 그것을 맞추지 않기 위해서 세워진 것이 아닌 것처럼, 불행도 또한 사람이 그것을 피하게 하기 위해서 존재하는 것은 아니다.

*명언 중의 명언으로 앞에서 말한 셰나의 카타리나*의 말과 일치된다. 사람들은 불운이라든가 실패이라고 일컬어지는 것에 대해 어리석은 공포감에 싸여 살고 있으므로 그것이 얼마나 좋은 약이 될 수 있다는 것을 깨닫지 못하고 있다.

도대체 무엇이 행복인가, 그것을 어떻게 알 수 있는가에 대해서는 여러 가지 의견이 있지만 가장 실용적인 것은 다음의 두 가지이다.

(1) 매일 기꺼이 자신의 운명을 따를 수 있는 사람은 행복하다.

(2) 매일 밤 잠자리에 들 때, 내일 아침 눈을 뜰 수 있다는 것을 기쁘게 생각할 수 있는 사람은 행복하다.

---

*카타리나 Catharina : ? ~?. 4세기 무렵 이집트 알렉산드리아 순교자, 가톨릭 성녀. 생애에 대해서는 전설적인 자료만 남아 있다. 귀족 출신으로 뛰어난 교육을 받았으며, 18세 때 황제 앞에서 이교도의 철학자와 토론하여 그들을 개종시켰다. 그 뒤 황후에게 그리스도교도가 되도록 권유한 죄로 차열형을 받았으나, 기도를 하자 마차바퀴가 부서져 결국 참수형으로 순교하였다고 전해진다. 그녀에 대한 숭배·존경은 일찍이 그리스정교회에서 시작되었으며 로마가톨릭교회에서도 10세기 이후 성행하게 되었다. 그녀는 회화의 제재로 사용되어 서적(지식)·왕관(귀족 출신)·마차바퀴(순교)와 함께 그려진 것이 많다. 축일은 11월 25일이다.

28

 다른 사람이 그대 육체를 자유롭게 할 수 있는 힘을 멋대로 누구에게든지 준다면 그대는 당장 분개할 것이다. 그런데 그대가 사소한 일로 싸움을 시작해서 그것 때문에 마음이 산란하고 불안하게 된다. 그렇게 그 상대방에게 그대 마음을 자유롭게 할 수 있는 힘을 준다는 것을 그대는 싫어하지 않겠는가.

29

 어떤 일을 시작할 때는 반드시 무엇을 먼저 손을 댈 것인가 또는 그 일과 더불어 어떤 일이 생길 것인가를 먼저 정확하게 조사한 다음에 비로소 착수하는 것이 옳을 것이다. 그렇게 하지 않고 필연적인 결과를 잘 고려해두지 않았다면, 그대는 처음엔 기꺼이 착수하겠지만 곤란한 일에 부딪치면 부끄럽지만 손을 떼지 않을 수 없게 된다.

 예를 들면 그대가 올림픽경기*에서 입상하고 싶은 의욕이 불타고 있다. 그것은 명예로운 일이기 때문에 나 또한 어떻게 해서든지 그렇게 하고 싶다.

 그러나 그런 일에는 무엇이 먼저 할 일이고 어떤 일이 생길 것인지 미리 심사숙고한 후 임해야만 한다.

그대는 고된 훈련을 계속하며 강제적인 규칙에 따라서 식사도 하고 모두 미식을 피하고 엄중한 명령에 따라서 정해진 시간에는 덥고 춥고를 가리지 않고 연습을 하지 않으면 안 된다. 결코 찬 음식을 먹지 않고 포도주를 과음하지 않는 등 한마디로 말해서 그대 몸을 의사에게 맡기듯이 지도자에게 맡기지 않으면 안 된다. 그런 후에 그대는 투기장에 나가야만 한다.

출전을 했을 때 손이나 발목을 삐인다든지 많은 먼지도 들이마시게 되고, 때로는 승리 대신 패배의 잔을 들게 될지도 모른다. 그러한 일을 충분하게 고려한 다음 그래도 의욕이 발동한다면 그때 비로소 선수가 되는 것이 옳다. 그러지 않으

---

*올림픽경기 : 고대 그리스 제전경기의 하나인 올림피아제. BC 13세기부터 시작되었던 인도~유럽어족 이동 제 2진이 펠로폰네소스반도에 정착하던 무렵부터 올림포스산의 신들에 대한 봉납제전에 변화가 일어났다. 트로이전쟁 이후 영웅의 장례나 군대 진영의 위안을 위하여 군기경기가 벌어졌으며, 이것이 제전의 행사에 덧붙여졌다. 올림피아에서 주신 제우스를 모신 올림피아제는 BC 776년에 부활되었다고 하는데, 그 기원은 오랫동안 도리스인이 올렸던 제의라는 것이 정설이다. 올림피아제는 AD 393년 로마의 속주시대까지 계속되었다. 제전은 이유가 명확하지는 않지만 4년마다 벌어졌으며, 뒤에 시칠리아의 티마이오스(BC 356?~BC 260?) 등이 이 4년을 1올림피아드라고 이름붙였다. 대회는 그 첫해에 열렸고, 기록이 있는 것으로는 293회가 계속되었다. 처음에는 단거리경주 1종목이었고, BC 724년부터 중거리경주, 장거리경주, 5종경기(멀리뛰기·원반던지기·단거리경주·창던지기·레슬링), 레슬링, 복싱의 차례로 점차 늘어났으며, 영웅시대부터 성행하였던 전차경주나 경마는 BC 7세기가 되어서야 시작되었다. 그 뒤 판크라티온(레슬링과 복싱을 합성한 것 같은 경기), 무장경주, 나팔수경기, 전령경기를 겨루었다. 육체를 단순한 영혼의 노예라고 경시한 초기 그리스도교가 로마제국 안에서 착실히 기반을 닦아 4세기 말에 테오도시우스 1세는 그리스도교를 국교로 정하고 다른 종교를 이단이라 하여 탄압하여 올림픽은 사라졌다가 쿠베르탱에 의해 근대올림픽으로 다시 살아나게 되어 지금은 4년마다 한 번씩 열리고 있다.

면, 어떤 때는 장사를, 어떤 때는 검사를, 어떤 때는 나팔수를, 어떤 때는 배우의 연기를 흉내내는 어린이와 마찬가지 행동을 취하게 될 것이다.

지금 그대는 장사가 되기도 하고 검객이 되기도 한다. 또 열변을 토하는 웅변가가 되고 그 다음에는 철학자가 되는 그런 기분을 만끽하겠지만, 그러나 진짜는 아무것도 아니고 다만 원숭이가 흉내만 내듯이 그때그때 듣고 보는 것을 흉내낼 뿐이니, 잇따라 그대 눈에 띄는 것에 호기심이 끌리는 것이다.

즉 그대는 확신과 올바른 견해를 가지고 일을 시작한 것이 아니라 경솔하게도 즉시 깨어버릴 욕망만으로 시작했던 것이다. 만약 몇 사람이 어떤 고명한 철학자를 만났다든가, 또는 '유프라테스*는 정말 웅변가이군!' 한다든가 '그래서 변론으로는 그를 따를 자가 없다'고 말하는 것을 들었다면 그들은 당장 자기도 또한 철학을 연구하겠다는 생각을 하게 된다.

잘 생각해 보라. 그대는 어떤 일이 무엇을 요구하는 것인지를 미리 상세한 검토를 해서 그 다음에는 과연 그대가 견디어 낼 수 있을 것인지를 스스로 관찰해 보아야만 될 것이다. 그대가 5종 경기(원반던지기, 단거리경주, 멀리뛰기, 창던지기, 레슬링)의 선수라든가 다른 종목의 선수가 되고 싶다면 그대 자신의 팔이나 다리와 허리를 자세히 살펴보라. 어떠한 사람이든 모

---

*유프라테스 : 시리아의 스토아 철학자로 에픽테투스와 동시대를 살았다. 강의가 뛰어난 인물로 알려져 있으며, 「논설」이 있다.

든 것에 적합할 수 있도록 타고 나지는 않았다.

또는 그대는 철학자가 되고 싶다고 해 놓고는 지금까지 해 온것처럼 마시고 먹고 화를 낼 수 있다고 생각하는가. 그것보다도 그대는 밤낮으로 공부하면서, 친구도 사귀지 않고, 노예로부터도 경멸당하며, 모든 것에서 즉 명예, 자유, 불굴의 의지를 얻고 싶은 것인지를 깊이 고려해 보라.

그렇게 하지 않으면 그대는 어린이와 마찬가지로, 또는 철학자로, 또는 재무관리나 웅변가가 되고 싶어하다가 최후에는 로마제국의 지방군수도 되고 싶을지 모른다. 그러나 그런 지위는 한 사람이 모조리 할 수는 없는 것이다.

그대는 악인이든 선인이든 한 개인으로의 똑같은 인간이 될 수밖에 없다. 그대는 자기 자신의 가장 우수한 부분(오성, 이성, 정신)을 완성시키든, 외적인 방면을 완성하든, 내부를 고려하든지, 외부를 고려하든지, 즉 철학자가 되든지 속인이 되는 수밖에 없다.

30

의무라는 것은 인간과 인간과의 관계에서 정해지는 것이다. 인간은 부모를 공경하고 어떤 일이거나 부모에게는 양보해야만 되는 만큼 설사 부모가 매질을 하거나 꾸짖더라도 참지 않으면 안 된다. 하지만 그럴 때 아버지는 악인이라고 그대는 투덜댈 것이다. 운명이 그대에게 한 사람의 어진 아버지를 점지해 주지 않았던가. 아니 그런 것이 아니라 단지 한 사람의 아버지를 준 것 뿐이다. 그대 형제가 그대에게 부정행위를 했다면, 그들에 대한 그대와의 관계를 생각해 보라. 그가 무슨 짓을 하든지 보지 마라. 오히려 그대가 어떻게 하면 이성적인 행동을 할 수 있을 섯인지를 노력하라.

그대가 괴로워하고 싶지 않을 때는 어느 누구도 그대를 괴롭힐 수는 없다. 그대가 스스로 괴롭다 생각할 때만 그대는 괴로움을 느낄 것이다. 그와 마찬가지로 이웃사람, 같은 시민, 지도자 등의 명칭이 무엇을 의미하는 것인지를 생각하는 습관을 터득한다면 그대는 그러한 사람들에 대한 의무를 자각할 수 있을 것이다.

*다른 사람과 의좋게 생활할 수 있는 사람은 오로지 다른 사람에 대해서는 전혀 무관심할 수 있었던 사람이든가, 복음서에서 말했듯이 7번의 70배 정도는 다른 사람을 용서하겠다고 굳게 결심한 사람일 것이다.
첫째의 경우는 사람의 마음이 두꺼운 갑옷 속에 갇혀서 살고 있는 것이고, 둘째의 경우는 아래와 같은 반성을 되풀이하다가 차츰 습관화되어 사람의 마음은 상처를 입지 않게 되는 것이다.
즉 '화를 냈다가도 곧 그만두지 않으면 안 되는 경우에도 또 다시 화를 낸다는 것은 바보같은 짓이다.'
위의 두 가지 행위의 중간 길은 모두가 어리석은 짓이다.

31

 종교에 관해서 가장 중요한 것은 하나님에 대한 올바른 관념을 지녀야만 된다는 것을 알아두지 않으면 안 된다. 즉, 하나님은 존재한다는 것, 그리고 이 세상을 잘 지배하고 또한 올바르게 이끌어 가고 있다는 것과, 그대는 하나님을 따르도록 정해져 있다는 것, 하나님의 지시는 최고의 결의된 명령이기 때문에 그대는 하나님의 명령을 받아들여서 기쁘게 따라야만 된다는 것 등이 그것이다.

 그렇게 된다면 그대는 하나님으로부터 버림받는 것처럼 하나님을 비난하거나 경시하지는 않을 것이다. 다만 그러한 것은 그대가 우리들의 힘이 미치지 못하는 것은 단념하고 다만 우리들의 힘이 미치는 범위 내에서 선악을 식별한다는 것만이 가능한 것이다.

 왜냐하면 그대가 만약 어떤 일에 관해서 그 선악을 판단할 때 자기가 희망하는 것을 얻을 수 없을 경우, 또는 자기가 바라지 않는 일에 부닥칠 경우 반드시 그대는 창조주를 비난하고 증오하지 않을 수 없기 때문이다.

 그 이유는 모든 생물은 자신에게 해로운 것과 그 원인이 되는 것은 회피하며 혐오하는 반면, 자신에게 유리한 것 및 그 원인을 찾아내어 그러한 손해를 끼치게 한 사람라고 생각되는 사람에게 만족감을 느낄 수 없는 것은 마치 손해 그 자체를 기뻐할 수 없는 것과 마찬가지이다.

그러므로 가령 아버지라고 하더라도 그가 그 자식에게 재산이나 보물이라고 생각되는 것을 주지 않으려고 거부할 때는 자식의 원망을 듣게 되는 것이다. 포리니케스와 에테오크레스가 서로 원수 사이가 된 것도, 요는 그들의 독재권리가 하나의 보물이라고 생각하고 있었기 때문이다.

그러므로 농부나 선원이나 상인 그리고 처자를 잃은 자가 하나님에 대해서 불평을 늘어 놓게 되는 것이다. 그들의 마음 속에는 행복과 종교가 동거하고 있다. 올바른 욕구와 올바른 혐오감을 가진 자만이 진실한 종교를 가질 수 있는 것이다.

*우리들은 무엇보다도 먼저 하나님의 존재—라고 하는 한 가지 사실을 오직 실제로 믿고 있으면 된다. 그런 사실은 아마 우리들이 알 수 없는 것이고 또 알아서도 안 된다. 왜냐하면 소위 하나님의 존재의 증명은 어쨌든 불충하기 때문이다.

여기서 출발해서 그리스도교이거나 또는 염세주의와 허무주의로 논리가 필연적으로 분리되어간다. 인간은 천성의 선량성과 허약성 때문에 대부분 자연 그러한 양극단의 어딘가에서 그 일생을 보내게 되는 것이다.

에픽테투스도 또한 수많은 사람들이 무엇 때문에 하나님을 믿을 수 없는 것인지 그 진짜 이유를 설명하고 있는 것이다. 위의 글의 마지막 한 구절이 앞뒤가 연결이 안 되는 것은 아마 아리아노스가 자기의 지혜로 덧붙여 쓴 것 같다.

32

그대가 점쟁이에게 점치러 가게 된다면, 그 사건의 결과가 어떻게 될 것인지를 모르기 때문에 그것을 점쟁이에게 물으러 간 다는 것이 된다. 그런데 그대가 철학자라면 그대는 점쟁이에게 가기 전에 사건이 대부분 어떤 것이라는 것을 이미 알고 있다.

왜냐하면 그것이 우리들의 힘이 미칠 수 없는 일 중의 한 가지라면 그것은 필연적으로 흉사도 길사도 아니라는 것이 된다. 그러므로 점쟁이를 찾아가더라도 유쾌한 것도 불유쾌한 것도 아니다. 그것을 안다면 그대는 그를 찾아가는 것을 주저할 것이 틀림없다. 오히려 어떤 일이 그대 신상에 일어나리라는 예언을 들어도 태연할 것이고, 설사 그것이 어떠한 일이거나 그대와는 관계없다는 확신을 지니고 가는 것이 좋을 것이다.

그 이유는 그대 신상에 일어날 수 있는 일을 그대가 좋게 해석하는 것을 그 누구도 방해하지는 못할 것이기 때문이다. 조언자를 찾아가는 심정으로 하나님을 찾아가라. 그러나 그럴 때, 그대에게 어떤 도움의 말을 주었을 때, 그대가 어떤 조언자를 찾아갔는가를 깊이 생각하고, 또 그 조언을 따르지 않을 때는 누구의 말에 순종하지 않았는가 하는 것을 생각해 보라.

*' 우리가 알거니와 하나님을 사랑하는 자 곧 그 뜻대로 부르심을 입은 자들에게는 모든 것이 합력하여 선을 이루느니라.' (로마서 제8장 28절)

그러나 점쟁이에게 가도 좋은 경우는 소크라테스의 법칙에 따라서 사건이 우연한 것이고 그 앞 일을 판단하는데 있어서 이성도 경험도 쓸모가 없을 때에 국한되는 것이다. 그러므로 그대가 친구의 일이나 또는 조국을 위해서 위기에 부닥치지 않으면 안 될 때에 어떻게 해야만 될지의 여부는 미리 점쟁이를 찾아가서 물어볼 필요는 없다.

왜냐하면 만약 점쟁이가 그대에게 흉칙한 조짐이 나타나고 있다고 말한다면 그것은 죽음이거나, 손발이 잘라지거나, 아니면 멀리 추방되는 것을 의미하는 것이겠지만, 그러나 그와는 달리 그럴 때 이성은 친구를 돕고, 조국을 위해 용감하게 위험을 무릅쓰고 신명을 바치라고 명령하기 때문이다. 그러므로 더욱 위대한 예언자 아폴로를 존경하라. 그는 자기 친구가 살해당했을 때, 즉시 구원하러 가지 않았던 사람을 그의 신전에서 쫓아 냈던 것이다.

*분명하게 의무가 있는 경우에 여러 사람들에게 의논한다든지 찾아간다는 것은 도망칠 궁리를 하고 있는 허식된 태도이다.
오늘날 그리스도교 신자 중에도 자칭 독신자가 있어서 무엇을 어떻게 해야만 된다는 것을 잘 알고 있으면서도 엉뚱하게 성경을 펴보면서 궁리를 한다든지 목사를 찾아가서 물어보는 사람이 있다.

*친구가 위급한 처지에 있을 때 구원하러 가지 않았던 쓸모없는 친구가 하나님의 조언을 구했을 때, 그는 이러한 신탁을 명령받았다.

'죄인이여, 그대가 더럽힌 이 성스러운 땅에서 떠나라. 그대는 거기서 죽어가는 친구를 구하지 않았기 때문이니라.'

33

여기에는 여러 가지 올바르고 짤막한 처세훈이 담겨 있다.

(1) 그대는 모범이 될 만한 인물을 마음 속에 그리면서 사적생할이나 공적생활에 있어서 그 인물을 거울로 삼아 생활하라.

(2) 웬만하면 침묵을 지켜라. 그렇지 않을 때는 필요한 것만 말하라. 그럴 때도 될 수 있는 대로 군소리는 빼고 말하는 것이 좋다.

*모든 종파 어떠한 시대이든 진정한 성자는 항상 두 가지 특성을

지니고 있다. 그들은 매우 단순하고 또한 친절하다.

성녀 테레사*는 그녀의 자서전 중에 그런 성자의 한 사람인 알칸타라의 페토르르에 관해서 특색있는 기록을 남기고 있다.

'내가 그를 처음 만났을 때 그는 굉장히 늙은 사람이었다. 그런데 그의 몸은 나무뿌리처럼 뒤틀려서 뼈와 가죽만 남은 것처럼 쇠약해져 있었다. 그래서인지 매우 신성하게 보였고 또 대단히 친절했다. 그리고 이쪽에서 말을 걸지 않는 한 침묵을 지키고 있었다. 그는 뛰어난 이성의 소유자였으므로 그의 이야기는 무엇보다도 즐거웠다.'

그는 테레사가 심적으로 가장 곤경에 빠져있을 때 그녀를 잘 이해해 주었고 도움을 아끼지 않은 또 한 사람의 성자였다.

그러나 어느 시대를 막론하고 그러한 성자 이외에 오히려 무뚝뚝하고 신경질을 잘 내는 성자 또는 사치스러운 성자도 있었다. 그 따위 성자는 믿어서는 안 된다. 그들은 기껏 잘 보아주면 반

---

*테레사 Mother Teresa : 1910~1997. 가톨릭교 수녀. 마케도니아 스코플레 출생. 본명은 아그네스 곤자 보야주. 1928년 아일랜드의 로레토수도회에 들어간 뒤 자원해 인도로 건너갔다. 1946년 하느님의 부름을 받고 '가난한 사람 중에서도 가장 가난한 사람들을 위해 일생을 바칠 것'을 결심하였다. 48년 인도 국적을 얻고, 로레토수도회를 떠나 의료지식을 습득한 뒤 혼자 캘커타의 빈민가에서 활동을 시작하였다. 50년에는 「하느님의 사랑 선교회(Missionaries of Charity)」를 창립, 그 뒤 '마더 테레사'라고 불리게 되었다. '죽음을 기다리는 사람의 집', '고아의 집', '나병구제활동' 등의 시설을 인도 각지에 개설하였고 세계 각지로 시설을 넓혀 활동하였다. 79년 노벨평화상을 수상하였다. 81년 5월 한국을 방문하였다. '빈자들의 어머니' 마더 테레사는 교황 요한 바오로 2세에 의해 2003년 10월 19일 바티칸 성 베드로광장에서 30만의 인파가 모인 가운데 복자(福者)로 선포되었다. "테레사 수녀는 예수님의 발자취를 따라 산 착한 사마리아 사람의 표상이었으며, 사랑과 봉사의 여정을 받아들였다"고 치하한 교황은 마더 테레사가 선종한 9월 5일을 '테레사 축일'로 선포했다.

정도의 성자라 할까.

그 이유는 그들은 아직 그들 스스로가 찾고 있는 죽음의 경지를 완전히 터득하지 못하고 있기 때문이다. 그렇지 않다면 그들은 죽음이 얼마나 곤란한 것인지를 알고 있어야만 되며 만사 인내력이 강해야만 했던 것이다. 그들 자신을 위해서 가장 좋은 길은 그들은 언제까지나 이 세상에 알려지지 않고 입을 꼭 다물고 생활하는 것이 좋을 것이다.

그리스도교 문헌 중에는 요한계시록 제3장 1~2절*에서 그들에 대한 말이 잘 표현되고 있다.

(3) 특히 필요한 경우 이외에는 될 수 있다면 대화에는 참여하지 않는 편이 좋다. 그 화제도 시사 문제, 시합, 경마, 경기, 음식 등 보통 화제가 되는 것은 피하고, 특히 다른 사람에 관한 것은 칭찬이나 헐뜯는 것, 또는 비교하는 경우 등 모두 관여하지 말아야 된다.

＊오늘날 연극, 정치, 선거, 신문기사 등이 여기 해당된다.

(4) 가능하면 그대 입을 통해서 그대 동지들을 언제나 고상한 화제로 이끌어 가는 것이 좋을 것이다. 또 전혀 안면이 없

---

*요한계시록 제3장 1~2절 : 사데 교회의 사자에게 편지하기를 하나님의 일곱 영과 일곱 별을 가진 이가 가라사대 내가 네 행위를 아노니 네가 살았다 하는 이름은 가졌으나 죽은 자로다 너는 일깨워 그 남은 바 죽게 된 것을 굳게 하라 내 하나님 앞에 네 행위의 온전한 것을 찾지 못하였노니

는 사람들이 모였을 때는 듣기만 하고 침묵을 지키는 것이 바람직하다.

(5) 가능하면 웃지 마라. 웃는다는 것 중에서도 지나친 웃음은 금물이다.

(6) 가능하면 맹세는 절대로 하지 않는 것이 좋다. 그렇게 할 수 없을 때는 최소한으로 줄여서 하라.

(7) 속된 무리와 교양이 없는 사람들과의 모임은 피하라. 그러나 그런 기회를 도저히 피할 수 없을 경우에는 저속한 말을 쓰지 않도록 조심해야 한다. 왜냐하면 그 중에 한 사람이라도 불순한 사람이 있을 때는 그와 사귀는 사람은 아무리 순결하더라도 필연적으로 더럽혀지기 때문이다.

(8) 음식, 의복, 주택, 사용인 등 모든 육체에 관계되는 것은 다만 필요한 경우에만 이용하라. 사치성이 있는 것은 모두 그것을 피하라.

*참으로 멋진 인생의 쾌락은 그전 것과 관련이 없다는 것을 언제나 염두에 둔다면 그것은 더욱 쉽게 알 수 있을 것이다.
'우리들의 진정한 기쁨은 참으로 필요한 것을 충족시킬 수 있을 때에만 생긴다.'

(9) 성교는 가능하다면 억제하라. 그렇게 할 수 없다면 법률상 허락된 방법에 의해서만 행하라. 그러나 그런 행동을 하는 사람에 대해서 불쾌하게 대한다든지 비난을 해서도 안 된다. 또한 그대가 그것을 억제하고 있다는 것을 자랑해서도 안 되고 자랑할 필요도 없다.

*이 말은 분명하게 이 문제의 중대성에 관해서 올바른 관념을 못 가진 이교도의 주장이다. 다만 부분적으로는 마태복음 제19장 11~12절*과 일치된다.
그와 반대로 교회의 독신제도는 단순한 위선의 위험성 뿐만 아니라 오만의 위험성도 내포하고 있다. 즉, 본래 그다지 중요한 것도 아닌 한 가지 덕을 대단히 큰 공적처럼 생각하고 그 밖의 것은 숨겨 버리고 있기 때문이다.

(10) 누군가 그대에게 '누구 누구가 그대 욕을 하더라'고 알려 주었을 때, 그 사람에게 변명을 하지 말고 오히려 이렇게 대답해 주는 것이 좋을 것이다.

'그는 나의 그 밖의 결점을 모르고 있었던 것이다. 그렇지 않다면 단지 그 한 가지만을 욕하지는 않았을 것이다.'

---

*마태복음 제19장 11~12절 : 예수께서 가라사대 사람마다 이 말을 받지 못하고 오직 타고난 자라야 할지니라 어미의 태로부터 된 고자도 있고 사람이 만든 고자도 있고 천국을 위하여 스스로 된 고자도 있도다 이 말을 받을 만한 자는 받을지어다

*이 말은 자만하지 않는 사람들에 있어서는 험담이나 비난성 때문에 고민하지 않는 가장 좋은 방법이다. 칼라일*은 그의 예리한 어투로 이렇게 말하고 있다.

 '마음으로 만족을 얻을 수 있는 최상의 방법은, 자기라는 인간은 교수형을 받아 마땅하다고 스스로 인정하는 것이다. 그리고 그것은 정말일지도 모른다. 그렇게 한다면 만족감은 자연히 생기게 된다.'

오늘날 일반에게 널리 퍼져 있는 불평불만은 확실히 이러한 올바른 자기평가를 하지 못한 데서 비롯된 것이다.

(11) 유난히 극장에 자주 가는 것은 필요한 것이 아니다. 그러나 부득이한 사정으로 그곳에 가게 되더라도 특별한 흥미를 표시해서는 안 된다. 거기서 행해지는 것 이외에도 어떤 일도 소망해서는 안 되고 실제로 이길 수 있는 사람이 승리하도록 내버려 두는 것이 좋다. 그대는 (극장에서도) 그대의 철학적인 견해에 아무런 지장을 받지 않을 것이다. 연기자의 이름

---

*칼라일 Thomas Carlyle : 1795~1881. 영국 평론가·역사학자. 스코틀랜드 출생. 청교도 가정에서 성장하였고 1809년 15세로 에든버러대학에 입학하였다. 대학 졸업 후 잠시 학교의 교사를 지내면서 문학에 뜻을 두어 『런던 매거진』에 연재한 『실러전』을 출판해 독일 낭만주의 소개자로서 자리를 굳혔다. 그는 대자연은 신의 의복이고, 모든 상징·형식·제도는 가공의 존재에 불과하다고 주장하면서 경험론과 공리주의 철학에 도전하였다. 그 뒤 역사에 관심을 가져 34년 『프랑스혁명』을 완성하였다. 39년의 『차티즘』과 43년의 『과거와 현재』에서는 노동자 계급의 생활을 동정하면서도 올바른 영웅의 지배와 중세와 같은 질서있는 경제생활만이 유일한 구제수단으로 보고 보통선거와 자유방임경제를 비판하였다. 그 뒤 『크롬웰의 서간과 강연집』 편집과 『프리드리히 대왕전』 등을 저술하였으며 65년 에든버러대학 명예총장에 취임하였다. 물질주의와 공리주의에 반대, 영혼과 의지의 힘을 존중한 그의 세계관은 반민주주의적 견해로 그 시대의 주요 흐름을 이루지는 못하였다.

을 소리질러 불러 본다든지 웃거나 박수치는 등 흥분하는 짓은 모두 삼가해야만 된다. 또 집에 돌아와서도 자신의 수양에 도움이 되지 않는 한 장내에서 일어난 것에 관해서 얘기를 많이 해서도 안 된다. 왜냐하면 그렇게 하지 않으면 결국 그대는 연극을 찬미한 것이 되기 때문이다.

*남자배우나 여배우에 대해서 개인적인 흥미를 표시하지 말라는 것이다. 그러나 오늘날 교양이 있다는 사람들 중에도 흔히 행해지고 있는 일이다.

(12) 유명한 많은 사람들의 강연회에 무턱대고 경솔하게 가서는 안 된다. 그러나 그런 장소에 갔을 때는 진지하고 품위 있는 태도를 취하고 언제나 다른 사람에게 폐를 끼치지 않도록 조심하지 않으면 안 된다.

*궤변학자라든가 수사학자*를 지칭하는 것이다. 오늘날 많은 강연자나 '강단설교자'도 포함시키지 않으면 안 된다.

(13) 그대가 어떤 때에 고귀한 사람과 대화를 나누려고 할 경우 소크라테스라든가 제논은 어떠한 태도를 취했던가를 상기하는 것이 좋다. 그렇게 한다면 그대는 바로 눈앞의 일에 응해서 당황하는 일은 없을 것이다.

*즉 비굴하게 되지도 않고, 또한 상황에 따라서는 더욱 곤란한 일이기는 하지만 걸맞지 않는 교만한 태도를 취하지 말고, 그리고 상대의 신분에 상응한 존경심으로 대해야만 한다.

제논은 고귀한 사람과 교제할 때는 언제나 교양이 있는 사람처럼 완성된 기품을 갖추고 있었다. 그러므로 안티고노스왕은 그의 생에서 단 한 번 이 철학자와 대화를 했을 때 낭패했다고 고백하기도 했다.

제논은 기원전 340년에서 260년 경까지 생존한 인물이고, 280년 이후는 철학교사로서 또는 스토아학파의 건설자로서 아테네에 살고 있었지만 그는 그리스인은 아니고 키프로스섬의 항구 거리인 키티온에서 태어난 페니키아 사람이었다. 그는 모든 점에서 스토아학파의 현인 중에서 모범이라고 인정되고 있었으며, 아테네인이 그를 위해서 세운 기념비에는 '그의 생활은 그

---

*궤변 詭辯 sophistry : 억지 이론을 끌어내는 일. 궤변은 BC 5세기 무렵 그리스의 소피스트(sophist;지혜로운 자라는 뜻)들이 많이 사용했다. 그들은 아리스토텔레스(Aristoteles)에 의하여 변증법의 아버지라 불리던 제논(Zenon) 등 엘레아학파의 논법을 그들의 능변술로 삼았다. 궤변은 논리적 반성의 성립과 때를 같이 했고 논리적 반성의 성립은 직접적인 일상 현실을 떠나 새로운 것을 말하게 되었다.

*수사학 修辭學 rhetoric : 어떠한 생각을 특별한 방법으로 전달하려 할 때에 표현과 설득에 필요한 언어의 표현기법. 그리스 · 로마에서 구두산문의 표현기술을 가리킨 것으로, 이런 뜻에서 웅변술 · 변론술 · 변사학이라고도 한다. 넓은 뜻의 수사학은 BC 5세기 시라쿠사의 코락스로부터 비롯되었다고 하며, 이어서 프로타고라스 · 고르기아스 등, 아테네 소피스트의 활동이 있었고, BC 4세기 아리스토텔레스의 『수사학』에서 비로소 체계화되었다. 그 후계자 테오프라스토스 · 데메트리오스 등을 거쳐 수사학은 로마시대에 바로 · 키케로 · 세네카 · 퀸틸리아누스 등에 의해서 크게 발전하였다. 고대 수사학은 의회에서의 연설, 재판에서의 논쟁, 나아가 평상시의 좌담 등에서 청중을 매료시켜 상대를 설득하기 위한 기술의 연구로서, 처음에는 대체로 발성법 · 몸짓 등을 포함한 언어표현 양식의 분류였으나, 시대가 흐름에 따라서 분류법과 이해가 정교하고 치밀하게 되었으며, 시학(詩學)과 연관성을 지니면서 영감과 연설자의 개성, 청중에게 주는 심리적 효과 등도 분석하기에 이르렀다.

의 가르침과 완전히 일치된다'고 하는 비명이 새겨졌을 정도였다. 그는 자신의 신념대로 고령에 이르러서 자살로 일생을 끝마쳤다고 전해진다.

(14) 그대가 어떠한 고귀한 인물을 방문하려고 할 때, 그가 혹시 집에 없을지도 모른다는 것과 면회사절을 할지도 모른다는 것, 문이 꼭꼭 잠겨 있을지도 모른다는 것, 또는 그가 그대를 그다지 대수롭지 않게 생각할지도 모른다는 것 등을 미리 각오해 두는 것이 좋다.

그럼에도 불구하고 그를 방문하는 것이 그대 의무라고 생각된다면 어떤 푸대접도 참을 수밖에 없는 것이다. 그리고 결코 방문한 보람이 없었다는 따위의 말을 해서도 안 된다. 그것은 겉으로 보이는 사실에만 구애받는 교양없는 사람의 말버릇인 것이다.

(15) 모임에서 그대가 취한 행동이나 모험에 관해서 여러 번, 그것도 실증이 날 만큼 얘기를 하지 않도록 조심하는 것이 좋다. 왜냐하면 자기가 겪은 위험한 일을 회상하는 것은 그대에게 있어서는 유쾌한 일일지 모르지만 다른 사람이 그것을 듣는 것은 그다지 유쾌한 일이 아니기 때문이다.

(16) 남을 웃긴다는 것도 삼가하는 것이 좋다. 왜냐하면 그것은 쉽게 비천하게 보이며 그대 친구의 존경심을 없게 하는

나쁜 버릇이기 때문이다.

(17) 고상하지 못한 화제에 열중하는 것 또한 위험한 것이다. 만약 그대 앞에서 그런 이야기가 나온다면 사정이 허락하는 한 그 이야기의 책임자에게 심한 욕설을 해도 좋다. 만약 그렇게 할 수 없다면 침묵을 지키든가 얼굴을 붉힌다든지 또는 기분 나쁜 내색을 하여 그런 이야기에 대한 그대의 불만을 표시하는 것이 좋을 것이다.

34

어떠한 육체적인 욕망의 환상이 그대 마음에 떠올라 온다면, 그 밖의 육체적인 상상을 하는 경우와 마찬가지로 그것에 정신을 빼앗겨서는 안 된다. 오히려 그 실행을 잠시 연기해야만 된다.

그리고 깊이 생각한 다음 두 가지 중요한 시기, 즉 그대가 쾌락을 즐길 때와 그 쾌락 다음에 뉘우치게 될 때, 그대 자신을 심하게 비난하게 될 때를 잘 생각해 보는 것이 좋다.

그렇게 하지 않고 그대가 그것을 억제할 수 있었다면 그대 자신은 기뻐하게 되고 스스로 칭찬하게 된다는 것을 생각해 보라.

그럼에도 불구하고 그 일을 실행해도 지장이 없다고 생각될 때라도 그 감미로운 매력에 정신을 잃지 않도록 조심하라. 오히려 유혹과 싸워서 이길 수 있었다는 자아의식 쪽이 얼마나 잘 한 것인지를 냉정히 생각해 보라.

35

그대가 만약 그것을 하지 않으면 안 된다고 하는 확고한 신념을 가지고 어떤 일을 할 때, 대중들이 그 일에 대해 다른 생각을 하고 있더라도 공공연히 그 일을 하는 것을 주저할 필요는 없다.

그대가 만약 올바른 행동을 하지 않았다면 그 행동은 삼가하는 것이 옳겠지만, 만약 올바르게 행동한다면 그대를 부당하게 비난하는 사람에 대해서 무엇을 주저하겠는가.

*특히 공화국 국민에게 그것은 가장 좋은 교훈의 한 가지이다. 공화국을 주로 정략가들의 수중에 맡기지 않을 수 없는 최대의 원인은 동지끼리는 뒷전에 서로 비난하면서도 감히 공공연하게 반항하려고 하지 않는 선량한 국민들의 우유부단한 자세에 있는 것이다. 그러므로 철면피라고 말할 수 있는 소수의 사람들이 다수인원을 지배하게 되는 것이다.

36

*이 구절에는 꽤 번잡한 철학적인 삼단론법*과 그것의 매우 통속적인 응용이 포함되어 있다. 예를 들면 연회석상에서는 자기 배를 채우며 기분좋게 마실 뿐만 아니라 주빈이나 합석한 손님에 대한 예의도 고려해야만 된다는 것을 기술하고 있다. 그러나 이러한 실례를 보더라도 일반적인 예의범절의 진보를 분명히 알 수 있는 것이다.

37

만약 그대가 자신에게 적합하지 않은 역할을 맡게 된다면, 그 때문에 그대는 불명예스럽게 될 뿐만 아니라 더구나 명예롭게 수행할 수 있었을 다른 역할까지도 방치하게 된다.

*이 말은 확실히 진리일 뿐만 아니라 또한 인생에 있어서 자주 일

---

*삼단논법 : 2개의 전제에서 하나의 결론을 이끌어내는 논리적 추론. 간접 추리를 포함한다. '모든 동물은 생물이다', '모든 인간은 동물이다' 라는 2개의 전제에서 '모든 인간은 생물이다' 라는 결론을 얻는 추론은 전형적인 삼단논법이다. 아리스토텔레스식 삼단논법에서 항과 항의 결합에는 전칭긍정판단(全稱肯定判斷), 전칭부정판단, 특칭긍정판단, 특칭부정판단의 4가지가 있다. 이것들을 서양 중세의 전통에 따라 A판단, E판단, I판단, O판단이라 한다. 그리고 각각 '모든 A는 B이다', '모든 A는 B가 아니다', '어느 A는 B이다', '어느 A는 B가 아니다' 라는 꼴로 표현된다. 이처럼 삼단논법은 기본적으로 자연언어의 논리이다.

어나는 일이다. 어떤 사람이든 그의 생애의 적당한 시기에 자신에게 적합한 역할을 발견하게 된다면 반드시 중요한 일을 할 수 있게 될 것이다.

16세기의 프랑스의 성자라고 불리운 한 사람은 이 점에 관한 수많은 사람들의 비슷한 결점을 다음과 같은 말로 표현하고 있다.

'우리들을 구속할 수 있는 것은 우리가 맡고 있는 일을 변경함으로써 이룰 수 있는 것이 아니다. 이것은 주로 지금까지 우리들 자신을 위해 일만 하고 있었지만 하나님을 위한 일에 정성을 다함으로써 성립되는 것이다.'

38

우리들은 길을 걸을 때 못을 밟는다든지 발을 삐이지 않도록 조심을 한다. 그것과 마찬가지로 그대의 자아의 최선의 부분을 손상하지 않도록 주의하지 않으면 안 된다. 만약 우리들이 우리들의 모든 행동에 있어서 항상 그렇게 조심을 한다면 우리들의 행동은 한층 더 안전하리라.

*'가령 그대에게 이 세상 전체를 다 준다고 하더라도 그대가 목숨을 잃는다면 무슨 소용이 있겠는가'(마태복음 제16장 26절). 그러나 이와 같은 일이 빈번히 일어나는 것은 아니다. 그런데 이 세상 사람은 대부분 영혼의 문제보다는 호구지책을 훨씬 더 중요

시하고 있다.

39

  육체의 욕구가 소유의 척도인 것은 발이 신발의 척도인 것과 마찬가지이다. 그것을 깨달으면 그대는 절도를 지킬 수 있게 될 것이다. 그러나 한 번 탈선을 해버린다면 그대는 그 깊은 수렁에 빠질 것이 틀림없다.

  예를 들면 신발에 관한 것도 그 경우와 마찬가지인 것이다. 한 번 다리의 요구에서 도를 지나치게 된다면, 첫째 도금된 신발, 다음은 붉게 물들인 신발, 그 다음은 또 자수를 한 신발의 순서가 될 것이다. 왜냐하면 사물은 한 번 척도를 넘어 버린다면 그때는 한도를 지킬 수 없기 때문이다.

*그러나 우리들은 의식이 풍족하면 일에 싫증을 내고 다른 것을 넘어다 본다.
 '이 이상의 것은 모두 인위적인 욕구이기에 그것은 본래 척도가 없는 것이어서 한정된 돈으로 당치도 않은 곳까지 올라 가려고 하는 것이다.' (바이에른왕 루드비히 2세의 말). 이것이 사치생활의 최대의 위험신호이고, 또한 사치생활은 반드시 인간을 내면적으로 손상을 입히는 원인이 된다.

40

 여성은 14세가 되면 벌써 남자들로부터 숙녀 취급을 받는다. 그녀들은 자신의 아름다움 이외에는 자랑삼을 것이 없다는 것을 알고 있기 때문에 화장에 열중하며 모든 희망을 외모의 매력에 의지하려고 한다.
 그러므로 예의범절이라든가, 얌전하다든가, 그 밖에 숙녀가 갖출 버릇을 터득하지 않고는 그녀들이 명예를 얻을 길이 없다는 것을 자각하도록 하는 것은 당연한 일이다.

*여성이 일반적으로 많은 남성에게 잘 보이려고 하는 생각은 당연한 일이다.

*중세기의 그리스도교적인 스토아주의자인 토머스 켐피스는 그의 저서에서 그리스도를 본 받아서, 인간은 여성과의 모든 교제를 피해서 '오로지 모든 경건한 부인만을 하나님의 길로 인도하라'고 충고하고 있다.
그러나 그것은 그리스도의 가르침을 저버린 것이다.
다만 다음과 같이 말하는 것이 정당하다. 즉 우리들은 다른 사람에게는 올바르게 호의를 보여야만 되고, 그 사람의 선량한 점을 찾을 때에만 어느 누구와도 해치지 않고 사귈 수 있다.
그런 마음의 자세가 아닐 때에는 어떤 교제든 자기의 정신에 불리한 결과를 가져온다. 그런 전제 아래에서는 아주 젊은 사람들은 예외로 하고, 보통 사교적인 교제에서는 남녀의 성별은 그다지 중요하지 않다. 허영심이 많고 경박한 사람들과의 교제는 평생 그것을 피하도록 노력하는 것이 좋을 것이다.

41

지나치게 육체에 관계되는 것, 예를 들면 음식이나 그 밖의 여러 가지에 신경을 쓰는 것은 품성이 야비하다는 것을 나타낸다. 그런 것들은 모두 예외의 것으로 취급하지 않으면 안 된다. 시간과 노력은 오로지 정신을 위해서 쓰여야 된다.

42

누군가가 그대에게 심술궂은 짓을 한다든지 험담을 한다면 이렇게 생각하라. 그는 스스로 옳다고 생각하기 때문에 그따위 행동을 취하고 함부로 지껄여대는 것이다. 그는 그대 생각에 따르는 것이 아니라 그 자신의 생각에 따랐던 것이다. 만약 그의 생각이 잘못이라면 그는 스스로를 기만함으로써 스스로 손해를 입게 될 것이다.

왜냐하면 어떤 사람이 옳은 결론을 잘못이라고 생각한다면 그것은 그와 같은 추론을 해치지 않고, 오히려 잘못을 저지른 그 사람을 해칠 것이다. 그대가 항상 그런 것을 명심하고 있다면 그대에게 모욕적인 말을 한 사람에 대해서도 부드러운 태도를 취할 수 있을 것이다. 그러므로 그럴 경우에는 언제나 그는 그렇게 생각했겠지라고 말하는 것이 좋다.

*그 사람의 말이 옳다든가, 또는 어느 정도 옳다면 그 일 때문에 화를 낼 만한 이유는 없으며, 또 그의 행동이나 말이 잘못이라면 그는 오히려 불쌍한 인간이라 하겠다. 여러분이 그 일에 마음이 흐트러지지 않는 한 그것은 조금도 여러분을 해치지 않을 것이다. 적을 부드럽게 그리고 정당하게 대우해 주었기 때문에 어제의 적이 오늘에는 동지나 친구가 된 예가 매우 많다.

43

모든 사물은 그것을 취할 수 있는 두 가지 이유가 있다. 한 가지 이유는 그것은 견디기 어려운 것이지만 다른 측면에서 할 때는 견딜 수 있는 것이다. 예를 들면, 그대 형제 중에서 그대에게 어떤 잘못을 저질렀다면, 그가 그대를 모욕했다는 측면에서 그 잘못을 취급해서는 안 된다.—그것은 그의 핸들인 만큼 그대가 붙잡아서는 안 되는 것이다.—오히려 그대는 그대의 형제이고 어릴 때부터 함께 자랐다고 하는 측면에서 생각하지 않으면 안 된다. 그렇게 한다면 그대는 가질 수 있는 것(핸들)으로 그 일을 잡은 것이 된다.

44

다음과 같은 논리는 잘못이다.
'나는 너보다 부자다. 그러므로 나는 너보다 잘난 사람이다. 나는 너보다 능변이다. 그러므로 나는 너보다 훌륭한 사람이다.'
올바른 논리는 다만 다음과 같은 것뿐이다.
'나는 너보다 부자이다. 그러므로 나의 경제 상태는 너보다 낫다. 나는 너보다 능변이다. 그러므로 나의 화술은 너보다 낫다.'
그렇지만 그대 자신은 재산이 될 수도 없고 말을 잘하는 것도 아니다.

45

어떤 사람이 평소보다 빨리 목욕을 했다고 하자. 그럴 때 그가 한 짓을 잘못이라고 말해서는 안 된다. 오히려 그는 빨리 목욕을 했다고 하는 것이 옳다. 어떤 사람이 포도주를 많이 마셨다고 하자. 그럴 때 그의 행동을 잘못이라고 말해서도 안 된다. 그는 술을 많이 마신다고 해야만 된다.

왜냐하면 그를 그렇게 하도록 만든 이유를 모르고는 그의 행위가 잘못이라는 것을 어찌 그대가 알 수 있을 것인가. 그렇게 함으로써 그대는 다만 사물의 일부분만을 명확한 관념을 가지고, 다른 부분은 맹목적으로 따르는 것을 모면할 수 있을 것이다.

> *이 문장의 의미는 다음과 같다. 즉 그렇게 함으로써만이 너는 충분히 알지도 못하는 사물에 관해서 경솔한 판단을 내린다는 것을 모면할 수 있을 것이다.
>
> 지나치게 많은 심판은 심판을 맡은 사람에게도 큰 재앙이다. 그러므로 재판을 맡은 사람은 그들이 의무로서 속박을 받지 않을 경우에는 언제나 마태복음 제7장 1절의 말을 고맙게 읽어보라. '비판을 받지 아니하려거든 비판을 하지 마라. 그대의 비판하는 그 비판으로 그대가 비판을 받을 것이다.'

46

그대는 스스로를 결코 철학가라고 해서는 안 된다. 그리고 속된 인간들과는 철학적인 원리에 관해서 얘기를 나누어서도 안 된다. 오히려 그 원리에 따라서 행동하는 것이 옳다. 예를 들면 연회석상에서는 식사예법에 관해서 얘기하지 말고, 예법에 따라서 식사만 하면 된다. 소크라테스도 또한 그런 방식으로 스스로 쓸 데 없는 변론을 자제했다는 사실을 잊지 마라.

철학가에게 철학을 배우고 싶다는 사람들이 소크라테스를 찾아왔다. 그러자 그는 그들을 다른 철학자들에게 데리고 가므로써 자기가 무시 당하는 일을 감수했다.

속된 인간들과의 대화에서 철학 원리 얘기가 나온다면, 그럴 때는 침묵을 지켜야 한다. 왜냐하면 그대가 아직 완전히 소화시키지도 못한 것을 드러내보일지도 모를 위험성이 있기 때문이다.

그럴 때, 누군가가 그대에게 '아무것도 모르는 친구로군.' 하더라도 그 말에 전혀 신경을 쓰지 마라. 그러면 그대는 이미 올바른 길에 도달해 있게 된다. 목장의 양이 어떻게 풀을 뜯어먹었는지 양치기에 보이기 위해 삼켜버린 풀을 토하게 해서 보이려 하지 말고, 풀을 뜯어먹고 젖을 짜내듯이 그대는 속된 인간들에게 그대 철학의 이론을 설명해 줄 것이 아니라 그 철학이론에서 나온 행위를 실제로 보여 주면 된다.

47

그대가 간소한 생활을 하고 있다고 하더라도 그것을 자랑해서는 안 된다. 그대가 물만 마시고 있다면 어떤 경우에도 나는 물만 마시고 있다고 장담해서도 안 된다. 오히려 가난한 사람들은 어떤 곤궁한 생활을 하고 있으며, 그들은 얼마나 어려운 고비를 참고 견디고 있는지 그 정상을 상상해 보는 것이 좋다.

그대가 고생을 참고 견딘다면, 그것은 아무도 모르게 할 것이지 여러 사람에게 보여서는 안 된다. 또한 소상(消像)을 안는 것도 안 된다. 몹시 목이 마를 때는 냉수를 한 입 가득히 마신 다음 그것을 다시 뱉어 버려라. 그리고 그렇게 했다는 것을 누구에게도 발설하지 마라.

*명성을 얻고자 하는 스토아학자는 엄동설한에 소상을 안고 그들이 얼마나 추위를 견딜 수 있는 가를 세상에 알려주려고 했다.

48

철학자가 아닌 속된 사람의 사고방식은, 모든 이해득실을 자기에게 그 원인이 있는 것이 아니고 언제나 외부에서 생기는 것이라고 생각한다. 철학자의 사고방식은, 모두의 이해는 자기 자신에게서 발생한다고 생각한다. 어떤 사람의 지혜가 진보되었다는 표시는 대체로 이런 것이다.

즉 그는 어떠한 사람도 비난하지 않으며, 칭찬도 하지 않고, 그 누구에게도 불평을 털어놓지 않는다. 자기는 어떤 사람이고 무엇을 알고 있는 것처럼 남에게 얘기하지 않는다. 어 떤 장애에 부딪치거나 저항을 받더라도 그 책임을 자신에게 돌린다.

누군가가 그를 칭찬하면 뒤돌아서서 혼자 그 칭찬한 사람을 웃기는 사람이라고 생각해 버린다. 남이 그를 비난하더라도 자신을 변명하지 않는다. 그는 마치 회복기에 들어선 환자가 지금 겨우 회복된 몸을 아직 안심할 수 없으니 다시 악화되지 않도록 조심하는 것처럼 조심스럽게 자기의 길을 걸어갈 뿐이다.

그는 모든 욕심을 버린 것이다. 그리고 오직 우리들의 힘이 미칠 수 있는 것이고, 더구나 그 본성에 되돌아 갈 수 있는 경우에만 그것을 혐오하는 것을 스스로 허락하는 것이다. 그의 의지나 활동은 항상 절도를 지키고 있다. 자기가 어리석은 사람이고 아무것도 모르는 사람이라고 남이 생각하는 것을 전혀 상관하지 않는다. 한 마디로 말한다면 그는 자기 자신에게 대해서 마치 적을 대하듯이, 배신자를 대하듯이 늘 경계하기를 게을리하지 않고 있는 것이다.

＊내적인 진보에 대한 이러한 시는 플루타르코스도 그의 스토아 학자를 반박한 논문 '인간은 자신의 도덕적인 진보를 어떻게 알 수 있을까' 라는 조항에서 언급하고 있고, 또한 크롬웰의 군목인 리처드 박스터도 여러 나라 말로 번역된 그의 유명한 저서 『성자의 영원한 평화』에서 똑같이 설명하고 있다.

고대로부터 전해지고 있는 '메네더므스'의 말은 한층 간결하게 그 요점을 해설하고 있다. '아테네의 고등학원에 인생철학을 배우려고 온 초학자는 스스로를 현자라고 생각하다가 나중에는 자신을 철학자—지혜를 사랑하는 자—라 부르고 그 다음에는 변론가, 최후에는 단순한 인간이라고 일컫게 된다.' 이 말은 거의 정곡을 찌르고 있다.

내적인 진보를 매우 실천적인 징표라고 처음 가르친 사람은 제논이었다. 그의 말에 의하면 꿈이 바로 그것이니, 꿈 속에서는 부정을 용납하지 않으며, 스스로의 뜻대로 행할 수 없고, 또한 그것을 기뻐하지 않는 사람은 덕이 있는 사람이고, 그 상상력도 감수능력도 이성에 의해서 완전히 정화되고 있는 것이다.

49

크리시푸스의 저서를 이해할 수 있고 그것을 해설할 수 있다는 것을 자랑하는 사람이 있다면 그대는 이렇게 말하라. 크리시포스의 글이 만약 난해한 것이 아니라면 그는 아무것도 자랑할 것이 없느니라.

그러나 나는 어떻게 하는 것이 좋을까. 자연을 배우고 그것에 따르는 것이다. 그래서 나는 나에게 자연에 대해서 설명해 줄 수 있는 사람을 찾는다. 그 결과 크리시포스야말로 바로 적임자라는 말을 듣고 그 사람을 따르기로 했다. 그런데 나는 그의 글을 이해할 능력이 없다.

좋아, 그렇다면 나를 위해서 그의 글을 해설해 줄 수 있는 사람을 찾아가 보자. 여기까지는 아무런 자랑거리가 있을 수 없다. 그래서 해설할 수 있는 사람을 찾아냈다면 그의 해설을 이용하지 않으면 안 된다. 그렇게 하는 것만이 중요하다 그러나 내가 단순히 그의 해설 자체에만 감탄한다면 그리고 그의 해설에 대한 기술만 습득한다면 그것은 단지 문법을 터득한 것이지 결코 철학가가 된 것은 아니다.

단지 다른 것은 호메로스 대신에 크리시포스를 해설할 수 있다는 것에 불과하다. 누군가가 크리시포스의 글을 강의해 달라고 한다면 나는 그의 격언에 대해 근사한, 또는 그것과 일치되는 행동을 보여줄 수 없다면 오히려 얼굴을 붉히고 물러서는 편이 좋겠다고 생각했다.

*크리시포스는 난해한 글로 유명한 스토아학자 제논과 크레안테스의 제자였고, 그의 저서는 8백 권이나 된다고 전해지지만 오늘날까지 남아 있는 것은 겨우 단편적인 것뿐이다.

특히 그는 유명한 간증 목사여서 하나님이 변증법을 필요로 하게 된다면 그것은 크리시포스의 간증법 이외에 더 훌륭한 것은 없을 것이다고 일컬어질 정도이다.

50

 여기서 가르치고 있는 스토아파의 교리를 법률을 준수하듯이 굳게 지켜라. 가령 그것을 지키지 않는다면 큰 죄를 저질렀다고 생각하라. 그런 만큼 다른 사람이 어떻게 생각하건 개의치 말고 모두 신경을 쓰지 마라. 그것은 그대와는 아무런 관련도 없는 것이다.

 자기 자신을 가장 착한 사람이라고 생각해서 비이성적으로 행동하는 짓을 고치지 않고 언제까지 미루고 있을 것인가. 그대는 수신할 수 있는 교리를 이미 들었고 그것을 수긍했다. 그런데 그대는 다시 어떤 자격을 가진 교사가 필요하다는 말인가. 그리고 그런 스승을 만날 때까지 자기 개선을 연기하겠다는 것인가.

 그대는 이제 청년이 아니라 당당한 어른이 아닌가. 그대가 여전히 자기 앞가림도 하지 못하고 매일매일 허송세월하면서 언제나 내일로 미루고 계획만 거듭하다가 그날이 오면 그때 비로소 자기 자신을 다듬겠다고 하는 정신으로 하루 하루를 연기해 나간다면, 그것이 습성화되어 아무런 진보도 없이 몰상식한 교양없는 자로서 한 평생을 끝마치게 될 것이다.

 그러므로 그대는 완전한 인간으로서 또한 나날이 진보하는 사람으로서 생활할 자격을 가지고 있는 자기 자신이라고 생각하는 것이 좋다. 그대가 옳다고 생각하는 것은 그대로서는 어길 수 없는 법률이라고 믿고 있으라.

곤란한 일이나 모욕을 당했다면, 지금이야말로 싸움은 벌어졌으니 이미 올림픽경기는 시작되어 이제는 일 초의 여유도 용납되지 않으리라고 생각하라. 그리고 진다든지 중단한다면 그대의 발전은 저해되고, 그 반대의 경우는 더욱 더 촉진된다는 것을 명심하라.

그래서 소크라테스는 어떤 일에 직면했을 때, 오직 외골수로 이성에만 의존하려고 노력을 거듭한 나머지 마침내 한 사람의 완전한 인간이 되었던 것이다. 비록 그대는 소크라테스와 같은 성인은 될 수 없다고 하더라도, 소크라테스처럼 되려고 노력하는 사람의 자세로 생활하지 않으면 안 된다.

* '여러 가지 다른 교훈에 이끌리지 마라… 유익함을 얻지 못하느니라' (히브리서 제13장 9절). 즉 마음에 어떠한 결심을 한다는 것은 참으로 좋은 태도이다. 이 말에 승복하지 않는 사람은 없을 것이다. 어찌 되었거나 어떤 결심을 한다는 것은 누구라도 일시에 그렇게 되는 것이 아니라 몇 단계를 거쳐서 하게 되는 것이다. 그러나 생활이 어떠한 가치를 가지지 않는 한 그것은 어느 곳에서든지 반드시 한 번은 일어나는 것이다. 이런 경우 중요한 것은 확실한 결심이 서 있어야만 되는 것이지, 단순히 머리로만 이론을 받아들일 수는 없다. 인간의 가장 깊은 확신은 송두리째 천성이 되어야 하고 언제까지나 조작된 것이어서는 안 된다. 그렇지 않다면 자신에게 만족을 주지만 다른 사람에게는 감화를 주게

할 수는 없다.

그러나 이 신앙은 그리스도교의 견해에 따르면 어떤 것이든 간증이나 거기서 나온 식견의 결과가 아니라 무엇보다도 먼저 하나님에게로 마음이 기울어지고(여호수아기 제25장 23절) 더욱 나아가서는 하나님에 대한 의지의 결정이 있고 나서, 거기에서 자연스럽게 생기는 결과인 것이다.

그러한 이유에서 그리스도교적인 세계관에서는 모름지기 의지를 갖는 사람에 대해서 그의 불신앙을 개인의 책임으로 돌리고 있다. 의지 없이 책임 문제는 일어나지 않기 때문이다.

출발점에 있어서 그리스도교와 스토아철학은 완전히 일치되고 있다. 스토아철학 역시 의지는 우리들의 힘이 미칠 수 있는 것이라고 말하고 있다.

이것을 부정한다면 모든 도덕 관념은 모조리 무의미한 것이 되고, 따라서 그런 문제에 관한 모두의 논의가 끝이 나 버리기 때문이다. 그와 반대로 그리스도교는 그 위에 오히려 각 개인의 자력에 의한 신앙이 아니라 오직 하나님에의 '회심만을 요구하는 것이다' (이사야서 제45장 22~24절). 이 회심이 실제로 인간에게 도움을 주기 위해서는 어디까지나 정직하고 성실하지 않으면 안 된다.

골든장군은 수단에 체류하고 있을 때 모진 고생을 겪으면서도 영국의 노예금지협회의 한 회원에게 보낸 훌륭한 편지 중에서 이렇게 쓴 바가 있다.

'나의 친구여, 당신의 생활을 진실로 그리스도교의 가르침에 일치시켰다면, 그것은 필시 당신을 만족시킬 것이오. 대다수 사람들이 그리스도교는 천박하고 무력한 것이어서 쓸모가 없다고 하오. 그들에게는 화려한 오찬이 오히려 더 중요한 것입니다…〈오! 가엾은 노예들이여!〉라고 말한 다음 그 입으로 〈연어를 한 토막 더 드릴까요〉라고 먹는 일에 신경을 쓰는 것입니다. 그려.'

*요한복음 제13장 17절 '그대가 이것을 알고 행하면 복이 있으리라', 제7장 17절 '사람이 하나님의 뜻을 행하려고 하면 이 교훈이 하나님께서 왔는지, 내가 스스로 말함인지 알리라.'

처음 진리로서 인식한 조그마한 일이라도 즉시 실행에 옮길 것, 그것도 이 커다란 것을 인식하게 되는 유일의 방도인 것이다. 먼저 모두 이해하고 나서 그 다음에 거기에 따라서 비로소 실행하려고 하는 사람은 결국 시작하지 않은 것이 된다.

---

*고백록 告白錄 Confessionum libri tridecim : A.아우구스티누스의 대표작의 하나. 397년에서 400년에 걸쳐 집필한 13권으로 된 저서이다. 1~9권은 자서전으로 유년시대의 회상·학업·독서·교유·마니교의 입신과 이탈, 32세 때의 회심, 그 후 어머니 모니카의 죽음 등을 기록하였다. 이 자서전은 자기 죄를 통회하며 신의 사랑과 인도를 기구하고 찬미하는 내용이기 때문에 『참회록』 또는 『찬미가』라고도 한다. 후반의 10~13권은 신에 대한 인식을 주제로 한 사색을 담고 있다. 여기 나오는 기억론이나 시간론은 현대 철학에서도 언제나 돌이켜 보는 중요한 이론으로 '시간이란 무엇인가, 아무도 묻지 않을 때 나는 알고 있다. 그러나 다른 사람이 나에게 묻게 되어 설명하려 하면 나는 모른다(11권 14장)'라는 구절은 유명하다. 11~13권은 『구약성서』 「창세기」 1장의 해석으로서, 이는 신과 세계의 이원론을 주장하는 마니교와 대결하여, 그리스도교의 신관을 명백히 밝히려는 도전적인 내용으로 되어 있다. 이 책은 단순한 자서전이 아니고, 죄 사함을 받은 산 체험을 통하여 우주와 역사의 지배자인 신을 찬미함과 동시에 그리스도교와 마니교의 서로 다른 점을 밝히려는 의도에서 저술되었다. 특히 회심사건은 수도사의 시범적인 본보기로서 단순한 기록이 아닌 고도의 문학성을 지닌 작품으로 평가되고 있다.

아우구스티누스는 그의 『고백록』 제8권 제12장에서 그러한 유예의 양상을 확실히 묘사했다. 그러한 유예는 마음의 방향을 단연코 전환시키므로써만 제거할 수 있다. 그러므로 종교의 첫째 요구도 역시 이해하라, 또는 배우라고 하는 것이 아니고 의욕을 가지라, 당신의 정신을 지난날과는 다른 방향으로 돌리려고 하는 것이다.(이사야서 제45장 22,55절, 마태복음 제3장 2,4,17절.)

51

철학의 제일 중요한 부분은 행동의 규칙을 포함한 부분이다. 예를 들면 '거짓말을 해서는 안 된다'는 것을 말한다. 제2의 부분은 그 규칙을 증명하는 부분인데 '왜 거짓말을 해서는 안 되는가'라는 것을 말한다. 제3의 부분은 위의 두 부분을 증명하고 설명하는 부분인데, 예를 들면 왜 그것이 증명이 되는 것인가, 증명한다는 것은 어떤 것을 일컫는가, 또는 추론이란 것은 무엇을 뜻하는가, 모순이란 것은 어떤 것을 일컫는가, 무엇이 올바른 판단이고 무엇이 잘못된 판단인가 하는 것을 말한다.

그러므로 제3의 부분은 제2의 부분을 위해서 있는 것이고, 제2의 부분은 제1의 부분을 위해서 있는 것이므로 가장 중요한 것은 물론 제1의 부분이다.

그러나 우리들은 그것을 전도하고 있다. 우리들은 보통 제3

의 부분에 몰두하여 모든 노력을 여기에 집중시킨 나머지 제1의 부분은 전혀 방치해 두고 있다. 그래서 우리들은 거짓말을 해서는 안 된다는 것을 알고 있으면서도 거짓말을 하게 되는 것이다.

정말 옳은 말이다. 철학의 연구는 오로지 헤겔 이래 그러한 전도된 생각 때문에 고통받고 있다. 그러므로 우리 시대에는 철학연구에 싫증이 나서 오히려 그것을 경시하게 된 것이다. 동시에 법학이나 신학도 그러한 형식적인 구성으로 기울어져서 진정한 법률도 참된 신학도 손해를 입고 있는 것이다.

---

*헤겔 Georg W. F. Hegel : 1770~1831. 독일 철학자. 뷔르템베르크주 슈투트가르트 출생. 신플라톤학파의 철학과 르네상스 이래의 근대사상을 독자적 관점에서 논리학·자연철학·정신철학의 3부로 체계화하였다. 「독일 관념론」의 대성자로 알려졌으나 독일 관념론을 창시한 J.G. 피히테에 관한 계통적인 연구가 진척됨에 따라 헤겔을 피히테의 계승자로 규정하기가 어려워졌다. 경건한 프로테스탄트 가정에서 자라나 1788년 튀빙겐대학에서 철학·신학을 공부하고 J.C.F. 횔덜린 및 F.W. 셸링 등과 사귀었다. 처음에는 베른·프랑크푸르트 등에서 가정교사를 하며 독자적인 인생철학에 바탕을 두고 그리스도교를 비판하는 글을 썼다. 1801년 예나대학의 사강사(私講師), 1805년 원외교수가 되었고 이때 셸링의 사상에 동조하여 그와 공동으로 「철학비판잡지」를 출판하였다. 그러나 점차 셸링의 입장을 벗어났으며 예나대학이 나폴레옹군에 점령된 상황 아래에서 1807년 최초의 저서 「정신현상학」을 내놓아 독자적인 입장을 굳혔다. 예나를 떠나 밤베르크에서 신문편집자로 있다가 1808~16년 뉘른베르크 김나지움의 교장이 되었다. 1812년 「논리학」을 출판하였고, 16년 하이델베르크대학 교수가 되었으며 이듬해 「철학체계」를 간행함으로써 사상체계의 개략을 완성하였다. 18년 피히테의 뒤를 이어 베를린대학 교수가 되었으며 「법철학강요」를 간행하였다. 그의 저작 중에서 가장 많이 읽히는 「역사철학」, 「종교철학」, 「미학」 등은 죽은 뒤 제자들이 편찬한 강의록이다.

52

우리들은 다음과 같은 생각을 항상 마음에 준비하고 있지 않으면 안 된다.

(1) '그렇다면 나를 이끌어다오, 오, 제우스여! 오, 나의 운명이여!

그대 눈길이 나에게 가라고 명령하는 곳으로

나는 즉시 따라가리.

만약 따르지 않는다면

나는 비겁자이니라.

그러므로 반드시 따르지 않으면 안 되리니.'

(2) '필연적인 것을 기꺼이 따르는 자 그야말로 현자이고, 하나님을 진실로 알고 있는 자니라.'

(3) '크리톤이여! 그것이 만약 하나님의 뜻이라면,

그대로 맡게 두리라.

아뉴토스와 메리토스는 나를 죽일 수 있을 것이다.

그러나 그들로서도 내게 상처를 입힐 수는 없는 일이거니.'

*이상과 같은 시구 중에서, 첫째는 제논의 제자이자 크리시포스의 스승인 크레안테스의 시구이고, 다음은 에우리피테스의 잃어버린 비극 중의 한 말이다. 마지막 것은 유명한 소크라테스의 말이다. 아뉴토스 메리토스 및 류콘은 소크라테스를 고소한 인

물들이다.

＊영국의 격언은 첫째 시구와 비슷하게 다음과 같이 표현하고 있다.

'독자여, 당신네들이 이미 오래된 이야기를 믿고 있는 만큼, 명령을 받아 참아내지 않으면 안 될 것이라면 자진해서 받아들이고 참으라.'

위의 52항에 걸친 스토아 철학의 여러 원리는, 내 생각 같으면 그다지 설명이 필요없는 것이다. 단지 그 뜻을 알 뿐만 아니라 그것을 스스로 지키기 위해서 생각해보려고 하는 사람들에게 있어서는 특히 그럴 것이라고 생각된다.

주요 명제는 처음에는 무조건 믿음으로써 나중에는 반드시 경험에 의해서 증명이 되겠지만—주요 명제란 것은 대충 다음과 같은 것이다.

덕은 이 세상에 있어서 유일의 복이고, 악덕은 유일의 재난인 것이다.

또한 총체적으로 내적인 재보(財寶)는 결코 잃어버리지 않는 인간의 능력 안에 있는 것이므로 모든 우연성에 맡겨지고 있는 외적인 재보보다는 훨씬 훌륭한 것이다.

덕은 지혜로운 것이고 악덕은 어리석은 것이어서 둘 사이에는 어떠한 과도적 단계도 존재하지 않는다. 인간에게 있어서 최고의 것은 그 도리를 통찰하는 이성(NUS)이며, 다음에는 이것을 실행하고 확보하는 의지력(thynos)이고, 그리고 최후에 그

두 가지 정신력에 의해서 욕구를 한계 내에 머물게 하는 능력이 생기는 것이다.

> *위의 글 중에서 외적인 재보라 함은 'Adiaphora' 즉, 사소한 일을 일컫는 것이다. 또한 제논은 그 이전에 이미 '병은 재난이 아니다'라고 말한 바 있는데, 그런 주장은 반드시 반발을 받을 것을 알고 있었다. 그러나 '굽은 나무를 바르게 하려면 반대쪽으로 굽히지 않으면 안 된다'라고 생각하고 있었던 것이다.

> *위에서 덕에 대해 말했는데 덕은 나중에 4가지 유명한 철학상의 덕(견인, 절제, 용기, 정의)으로 분류되었다.

그러한 고상하고 진실되고 자주적인 견해의 약점은 무엇보다도 다음과 같은 점에 있다. 즉 그러한 견해를 받아들이기 위해서는 이미 고차원의 이성과 의지력을 필요로 하겠지만, 그러나 그것을 평생 실천하는 데는 더욱 더 절실히 필요한 것이다.

더구나 그 힘은 끊임없이 자기 자신 안에서 새롭게 만들어 내지 않으면 안 되는 것이다. 현대식으로 말하면, 기계가 작동하는데 마찰면이 많으면 그것만으로도 효과는 반감된다. 그러므로 사실 스토아주의는 부단의 고통이 따르는 하나의 어려운 수업인 만큼 인생에 대한 절망으로 인간을 빠뜨리게 될지도 모르지만, 그러나 스토아주의자는 그러한 절망을 조금도 잘못된 것이라고 생각하지는 않는다.

'출구는 열려 있는 것이다.'(Exitus Pater, 자살은 용납되고 있다.) 인간이 그 짐이 무겁다고 생각될 때는 언제든지 그것을 던져 버려도 되는 것이다. 그런 난폭한 요구에 대응하는 것으로서 한편으로는 자기 한 사람만이 현명한 사람으로서의 자랑이 있고, 또한 그 요구에 견딜 수 없는 자(많은 어리석은 대중)에 대한 절대적인 경멸과 무시가 있으며, 다시 그 결과로써 다른 사람의 결점이나 의견의 차이에 대한 철저한 완고성에다가 냉담성과 무정함이 있다―하긴 그것은 인정상으로는 항상 사람들이 빠지기 쉬운 것이지만 스토아주의는 마치 한 곳의 철학적인 병사(兵舍)이기에, 거기서는 인류 중에서 가장 우수한 일부 사람들이 항상 엄격한 의무를 다함으로써, 그 보수로서 다른 사람들에 대한 지배와 높아진 계급의식을 가지게 되는 것이다.

그와 반대로 그리스도교는 똑같은 결과에 도달하기 위해서는 전혀 다른 길을 걸어가는 것입니다. 그리스도교는 말하자면 인간이란 교양이 있거나 없거나 자기 자신의 내부에서는 숭고한 힘을 전개할 수는 없다고 생각하고, 오히려 그러한 힘은 어떤 사실에 대한 신앙의 결과로써 외부에서 직접 주어지는 것을 약속하고 있다.

구원을 받는 것은 역사적인 것이지 철학적인 것은 아니며, 다른 역사적인 사실과 마찬가지로 한 번만 일어났던 취소할 수 없는 독립된 순전한 사실에 기초를 두고 있다.

즉 구원을 받는다는 것은 그러한 사실을 승인하는 것이고 신앙이며, 그것을 구하고자 손을 내미는 사람에게는 반드시 주어지는 어떤 사물, 더구나 만인에게 똑같이 교양이 있는 사람이거나 없는 사람이거나, 현명한 자나 어리석은 자나, 상당한 덕이 있는 사람에게나 험상궂은 죄인에게나 똑같이 주어지는 사물이다.

자력에 의한 덕이라는 것을 그리스도교에서는 전혀 인정하지 않는다. 그리고 하나님의 뜻에 따르는 생활은, 그보다는 먼저 본시 이기적으로 되어 있는 자연적인 존재의 완전한 개조를 요구한다. 그런 변화에 의해 이전에는 결실이 없는 노력이었던 것이 이제는 새로운 본성에 순응하함으로써 자연스럽게 되며, 쉬운 것이 되는 것이다.

*예를 들며, 이사야서 제55장, 갈라디아서 제5장, 로마서 제3장 및 제8장, 특히 요한복음 제3장을 참조하라. 로마교회는 그 점에서는 어느 정도 분리되어 있다. 그러나 종교개혁자들은 적어도 그 입장을 완전히 회복하려는 의도였다.

위의 두 교의 견해의 귀결은, 특히 다른 사람들에 대한 태도에서 분명히 볼 수 있다. 그리스도교적인 견해에 의하면 주로 자기 자신의 성숙한 인생관의 소산인 것이고 '인생의 길목 중간에 있어서' 경험한 내적 투쟁의 결과인 것은 부정할 수 없을 것이다.

* '인간 길목의 중간'은 단테의 『신곡』* 지옥편 제1장 참조.

*일요학교에서 교육을 받은 조숙한 그리스도교 소년은 나중의 생활경험에서 신앙이 확정되기 전에 자칫하면 의혹이 생기기 쉽다. 또 고귀하고 오만한 그리스도교 신자라는 것도 비논리적인 기묘한 현상인 것이다.

그러나 그러한 중간시기에, 한편에서는 자각없이 자라난 전체의 소년들에 대해 그리스도교적인 분위기가 그들을 이교적

---

*신곡 神曲 La Divina Commedia : 이탈리아 시인 A. 단테의 대표작. 총 1만 4233행으로 된 장대한 서사시로서 균형 잡힌 구성은 이따금 대성당에 비유된다. 「지옥」「연옥」「천국」 등 3편으로 되어 있으며 각 편을 33장으로, 각 연을 3행으로 구성하였다. 「지옥」의 서두에는 서장에 해당되는 1장이 놓여 있기 때문에 결국 신곡은 1＋33＋33＋33＝100, 곧 100장으로 구성되어 있다. 단테는 삼위일체설을 믿었으며 그의 문학적 표현을 이 장편서사시로 달성하려 했기 때문에 1, 3, 9(=3), 10(=3+1), 100(=10)이라고 하는 숫자(10은 완전수)가 작품 전체에 담겨 있다. 처음에는 『희극(Commedia)』이었으나, 나중에 '신성한(Divina)'이라는 형용사가 추가되었다. 작품의 주제는 살아 있는 단테가 피안의 여행을 성취하는데 있다. 1300년 부활절에 그의 나이 35세로 인생의 중반에 이른 시인은 어두운 숲속을 헤매다, 성 목요일 심야부터 성 금요일 날이 채 밝기 전까지 지옥에 들어가 생전에 죄를 짓고 죽은 자들 사이를 로마의 대시인 베르길리우스의 인도를 받아 지옥의 중심까지 내려가, 대마왕 루치펠로의 허리를 타고 한 바퀴 돌아 연옥의 산까지 도달하는데, 그곳의 지상낙원에서부터는 베아트리체(은혜를 주는 여자)에 의해 천국까지 인도받고, 다시 성 베르나르가 세번째의 인도자가 되어 단테는 천상에 있는 순백한 장미의 형체 속에서 삼위일체의 신비를 보게 된다. 이 여행은 1300년 4월 8일부터 거의 1주일 동안 계속되는데, 독자는 주인공 단테와 함께 3명의 인도자를 따라 삼계(三界)를 돌면서 차츰차츰 영혼의 정화를 이루어 나가므로, 가톨리시즘에 의한 교회의 글이라고 해도 좋을 것이다. 그러나 작품 곳곳에 교황과 성직자들에 대한 치열한 규탄이 형상화되고 있어, 정치적으로는 교황청과 예리하게 대립하는 망명자 단테의 정책이 제시되어 있다. 또 시인의 간절한 소원인 로마제국의 재건, 이탈리아의 정치적 통일, 아랍세계의 과학사상, 그리고 전위적인 시법·신학·사회비판 등 중세 라틴문화를 총결산한 글이다.

인 야비한 악덕에서 보호해 주고 있는 것이지만 한편에서는 그 시기에 이미 고전 철학, 일반적으로는 고전적인 학업이나 사고 방법이 시작되어 부단한 자기 연마와 의지의 단련을 목적으로 하는 자기 교육이 시작된다.

고전적인 교육을 받지 못한 그리스도교 신자는 흔히 그러한 자기 교육을 전혀 받지 못했기 때문에 그리스도교 그 자체가 연약하고 단순히 감정적인, 때로는 정말 가엾은 모습을 보여 주게 된다. 그리고 그 외모 때문에 그리스도교는 자칫하면 의연하고 남성다운, 때문에 한층 자각적인 사람들 눈에는 비난의 대상으로 보여지지만, 그리스도교의 본래의 성격은 결코 그런 것이 아니라 오히려 다른 어떤 종교보다도 남성다운 것이 아니면 안 되는 것이다.

*그리스도교는 자살을 단호히 배격하며 다른 어떤 철학보다도 다른 사람을 위해서 달갑게 희생하는 것을 강력히 권장하고 있다.

그리스도교는 또 인류의 선택받은 사람인 엘리트 뿐만 아니라, 그 전체를 동물적인 상태에서 완전한 자유와 평등의 보다 높은 생활로 향상시키는 것을 약속해 주는 유일의 종교인 것이며, 그리고 그 약속을 고전적인 철학보다 더 높은 척도에서 더 넓은 범위에서 이행하는 것이다.

그리스도교와 스토아 철학과의 공통점은 그 두 가지 가르침이 인간의 의지에다 높은 가치를 두며, 다만 그것만이 본래 인간의 참된 소유인 것, 따라서 그것은 외부에서 강요해서는 선으로 향하게 할 수 없는 것이라고 보고 있다는 것, 그리고 또 어떤 도덕적인 세계 질서의 존재에 대한 굳은 확신을 가지고, 그러한 세계 질서는 그 원리에서 꿈에서라도 떨어져 나가는 것을 용납하지 않으며, 감히 그렇게 하려고 하는 인간의 고집에 대해서는 도저히 억누를 수 없는 반항을 하도록 하는 것이다.

*신명기 제5장 29절, 제10장 12절, 창세기 제4장 7절, 제2장 7절, 이사야서 제44장 제22절 참조.
그리스도교와 스토아 철학의 차이는 단지 스토아주의에서는, 인간의 올바른 의욕은 자기 자신에 대한 강제를 요구한 것이지만, 그리스도교에서는 그것은 인간의 내적인 성격의 변화에 따른 필연적인 것이라는 점에 있다.
그것에 관해서는 또한 모세 5서에 대한 힐슈의 이스라엘 주석을 지적하지 않으면 안 된다. 그것은 우리들의 주석보다도 한층 훌륭한 것이다.

*위의 글 마지막 장의 의미는 실천적인 입장에서 가장 문제가 된다. 그러나 다행스럽게도 그 원리는 각 개인의 체험에 의해서, 또는 역사상의 민족의 경험에 의해서 증명되고 있다. 부정한 행위에 대해서는 벌이, 이를테면 본래의 속성으로서 내재하며, 따

라서 그런 질서를 파괴하는 자에게는 절대적으로 틀림없이 벌이 내릴 것이라고 하는 확신에 한 번 도달하게 될 때는 한 유명한 성서 해설가가 말했듯이, 당장에 '하나님의 명령은 부드러운 인상을 풍긴다'라는 것이 된다. 즉 인간은 바야흐로 하나님의 명령을 준엄한 것이라고 보지 않고, 오히려 그 명령에 의해서 하나님이 독이 되는 것을 제거해 준다고 인식하게 되기 때문이다.(누가복음 제4장)

이렇게 되면 어느 누구나 그의 일생의 중대사가 결정된 것이다. 그는 이미 모든 감정 중에서도 가장 불유쾌한 것이라고 할 공포라든가 걱정거리에 대부분 꼼짝 못하고 있는 일상 생활의 '거칠고 음산하고 어두운 숲' 속에 머물러 있으려고 하지 않는다.

거기서 도망쳐 나올 힘을 찾아낼 수 있을 것 같은 장소를 탐색하는 것이다. 물론 그러한 힘을 찾아내려면 단테의 『신곡』 아름다운 제1의 노래에 있듯이 자신의 내부에서 금전, 명예, 쾌락 등을 즉시 극복하려는 테스트를 해 보아야 한다.

그렇지만 그런 일을 인간이 자력으로 성취시키려는 것은 대단히 곤란하다는 것을 현대의 가장 순수하고 올바른 스토아주의자의 한 사람인 스피노자마저도 그의 인식의 형성에 관한 논문 중에서 이렇게 말하고 있다.

'나는 그것을 나의 사고속에서 매우 명료하게 이해하고 있었음에도 불구하고 악질, 참욕, 육욕, 명예욕을 완전히 버리지 못하고 있다.'

그러므로 '너 자신을 알라'라는 유명한 격언은 인생의 행복에 도달하는 방법으로서는 전혀 효과가 없는 것이다. 동시에 자기 개선의 확실한 수단을 찾지 못하고 자기 자신을 알게 된 사람은 필시 염세주의자가 될 것이 틀림없다.

칼라일은 '네가 할 일을 알고 그 일을 하라'고 말했는데, 그 말이 훨씬 적합한 것이라 하겠다. 만약 사람들이 자기 개선의 강렬한 충동을 스스로 획득하기 전에 하나님의 은총에 의해서 자기 인식을 탈취 당하고, 그 대신 자기 찬미라고 하는 좋은 약을 한 봉지 얻을 수 없었다면 오늘의 염세주의적 세계관은 아마 에픽테투스 시대의 그것보다도 훨씬 더한 것이 되었을 것이다.

스토아 철학과 그리스도교와의 일치점은 실로 위에 서술한 두가지 점에 기초를 둔 것이다. 그것은 그 밖에도 많은 결론으로 나타나고 있다. 특히 위와 같은 두 가지 확신에 대한 공통된 견해, 즉 선하게 될 수 있다는 것(그것은 모든 인간의 진실된 소원이기도 하지만)이 그대로 선에 대한 보수인 것이고, 악을 행하지 않을 수 없다는 것(내심으로의 반항과 두려움이 있음에도 불구하고)은 다름 아닌 이 세상에 있어서의 악에 대한 징벌이라고 하는 견해에서 나타나고 있다.

스토아주의의 도덕은 현대에 있어서는 수많은 사람들에게 종교적인 신앙보다는 훨씬 친근해지기 쉽다. 종교적인 신앙은 사람들이 흔히 그렇게 생각하고 있듯이, 이 지상의 생활에 있어서는 약간 미묘한 빛을 띠고 있어서 말로는 표현하기 어려운 것인 만큼 그것을 굳이 말로 표현한다는 것, 하물며 그것을 체계화한다는 것은 종교의 빛을 흐리게 할 위험성이 있을 것이다. 그런데 도덕의 힘은 일반적인 상식, 공동생활의 자연적인 필요성, 또 인간의 다른 면인 건전한 이기주의에 호소할 수도 있다.

*쇼펜하우어*는 언젠가 이렇게 말했다.

"우리들은 사고에서 말을 찾아내는 동시에 그것은 이미 그 가장 깊은 근저에 있어서 진실을 잃게 된다."

그런 생각 중에는 유감스럽게도 매우 많은 내적인 경험이 포함되고 있는 것이다.

*고대 철학에 대해서 최후의 의문을 제시한 것은 그리스도교의 사도인 요한이다. 아마 에픽테투스가 생존해 있을 때라 생각되는데, 요한은 그의 첫째 편지 제5장 5절에 서술하고 있다.

---

*쇼펜하우어 Arthur Schopenhauer : 1788~1860. 독일 철학자. 그다니스크 출생. 부유한 은행가집안에서 태어나 어린 시절부터 영국·프랑스 등 유럽 여러 나라를 여행했던 일이 그의 세계관·예술관에 영향을 주었다. 또 작가였던 어머니 요한나와의 불화·대립은 그의 여성에 대한 혐오와 멸시의 한 원인이 되었다. 아버지가 죽은 뒤 1809년부터 괴팅겐대학에서 역사·자연과학을 전공했고 또 회의주의자 G.E. 슐체에게서 철학을 배웠다. 그가 배운 플라톤과 I. 칸트의 사상은 인도의 베단타철학과 함께 그의 철학체계를 구성하는 기본적 틀이 되었다. 학위논문『충족이유율의 4개의 근거에 대하여』와 J.W. 괴테의 색채론에 자극받은『시각과 색채에 대하여』라는 저서를 완성했으며, 이어서 주요 저서『의지와 표상으로서의 세계』를 발표했다. 20대 후반부터 30세에 이르러 완성한 이 저서는 그 당시 높은 평가를 받지는 못했으나 이 저서로 인하여 쇼펜하우어는 베를린대학의 강사가 되었다. 베를린대학에서 교수로 있던 G.W. F. 헤겔과 대결하려 했으나 실패하였다. 그가 세상의 인정을 받게 된 것은 51년의『여록(餘錄)과 보유(補遺)』라는 말년의 저서였으며 이에 대한 높은 평가는 1848년 3월 혁명의 패배에 따른 독일의 일종의 폐색상황에 대응하는 것이었다.

"이 세상에서 승자는 누구인가."

이 의문의 충분한 의미는 그리스도교의 신앙의 경향, 즉 말하자면 각 개인을 철학자로 교육할 뿐만 아니라 거칠고 또는 타락한 전 민족마저도 또는 교양있는 사람과 똑같이 어리석은 자까지도 포함해서, 모두 최고의 목적으로 도달시키려고 하는 그런 경향을 고려할 때 비로소 분명하게 되는 것이다.

고대 철학은 그런 의미의 물음에는 대답을 못한 채로 끝나고 말았다. 그러한 철학에 있어서는 언제나 다만 철학자와 그리고 전혀 개선의 여지가 없는 일반 민중이 있을 뿐이었다.

이와는 대조적으로 근대철학은 대체적으로 사도 바울이 '세상'이라고 일컬은 것을 아직 한 번도 정복해 보려고 하지 않았을 뿐 아니라, 아마 그것이 일정한 목적을 가지고 있는 한 이 세상과 박자를 맞추어서 타협하려고 노력할 것이다.

오히려 대부분의 경우 그러한 철학은 세상에서 정복 당하는 것 이상으로는 어떤 것도 요구하고 있지 않을 것이라고 말해도 틀린 말은 아니다. 하물며 에픽테투스의 외로운 투쟁을 모방할 필요는 전혀 없다.

그뿐 아니라 이미 시사했듯이 다음과 같은 물음을 제기하더라도 결코 부당한 것은 아닐 것이다. 몸과 마음이 한창 성장할 시기, 즉 모든 위대한 것, 아름다운 것을 추구하는 열의에 찬 노력, 아니 일종의 야심이 무엇보다도 먼저 청년에게 강렬한 자극을 주어서 단순한 물질적인 것에 타락하는 것을 막아

줄 필요가 있을 시기에 있어서는 오늘날에도 종교보다는 스토아 철학쪽이 유효한 교육 수단임에 틀림없다.

＊특히 '학교의 종교 교육'보다는 유효한 것이 아닐까.
우리들은 오늘날의 종교 교육의 전체를 당시의 우수한 고전적인 교양의 대표자들에게 짊어지우고 있다. 그러나 그것이 최선의 지름길이 아니라는 것을 나도 알고 있다. 트윈첸돌프는 1788년 제1회 백림강연에서 다음과 같은 매우 적절한 인용을 한 적이 있다.

'신앙에의 가장 가까운 길은 그리스도의 말씀을 받아들이는 것이다.'(요한복음 제1장 12절). 현대의 교양있는 사람들 중에서 조작됨이 없이 그리스도의 가르침을 받아들일 수 있는 사람은 그렇게 하는 것이 좋을 것이다. 그러나 단지 교회적인 형식에만

＊마태복음 제19장 10절 : 제자들이 가로되 만일 사람이 아내에게 이같이 할진대 장가 들지 않는 것이 좋삽나이다
＊마태복음 제16장 17절 : 예수께서 대답하여 가라사대 바요나 시몬아 네가 복이 있도다 이를 네게 알게 한 이는 혈육이 아니요 하늘에 계신 내 아버지시니라
＊마태복음 제11장 25절 : 그 때에 예수께서 대답하여 가라사대 천지의 주재이신 아버지여 이것을 지혜롭고 슬기 있는 자들에게는 숨기시고 어린 아이들에게는 나타내심을 감사하나이다
＊마태복음 제7장 21～23절 : 나더러 주여 주여 하는 자마다 천국에 다 들어갈 것이 아니요 다만 하늘에 계신 내 아버지의 뜻대로 행하는 자라야 들어가니라 그 날에 많은 사람이 나더러 이르되 주여 주여 우리가 주의 이름으로 선지자 노릇하며 주의 이름으로 귀신을 쫓아 내며 주의 이름으로 많은 권능을 행치 아니하였나이까 하리니 그 때에 내가 저희에게 밝히 말하되 내가 너희를 도무지 알지 못하니 불법을 행하는 자들아 내게서 떠나가라 하리라
＊마태복음 제22장 11·12절 : 임금이 손을 보러 들어올새 거기서 예복을 입지 않는 한 사람을 보고 가로되 친구여 어찌하여 예복을 입지 않고 여기 들어왔느냐 하니 저가 유구무언이어늘

의존하지 않도록 마음을 써야만 된다.

마태복음 제19장 10절, 제16장 17절, 제11장 25절, 제7장 21~23절, 제22장 11·12절* 참조.

그런 의미에서 천사의 무리는 '파우스트'의 끝막에서 노래하고 있다.

'영혼의 세계의 존귀한 한 분이 악에서 구원을 받았습니다.'

'끊임없이 노력하고 부지런한 사람은 우리들이 구해드릴 수 있습니다.'

자기 본래의 존귀한 천성을 배신하고 비겁하게 살아가려는 사람은 구원을 받을 수 없고 동물의 세계로 타락해서 그것들과 함께 멸망의 운명을 맞아야 하는 것입니다.

고전적인 교양이 청년의 고상한 소질의 발달에 좋은 자극을 준다는 것은 경험에 비추어 보아도 분명한 것입니다. 그럼에도 불구하고, 오늘날 오히려 충분한 적격성과 필요성이 분명히 실용상의 이유에서 강하게 부정되고 있습니다.

그런 시대에도 오히려 교양을 얻고자 노력하는 사람들 앞에 아직 잘 알려지지 않은 이 철인의 모습을 보여 준다는 것은 결코 부적당한 것은 아닐 것이라고 나는 생각합니다.

위인의 생애는 우리들에게 가르침을 준다.
우리들 또한 고귀하게 살아갈 수 있다는 것을,
그리고 그가 죽은 뒤에는,

시간이라는 모래 위에 발자국을 남길 것을.
다른 허약한 의지할 곳 없는 형제는,
인생의 거친 바다를 건너 가면서,
아마 그것을 보게 될 때,
새로운 용기를 불러 일으킬 발자국을.'

악과 싸워 이기는 방법

어떻게 하면 책략을 쓰지 않고 악과 싸우며 살아갈 수 있을까?

오늘날 수많은 사람들, 그 중에서도 매우 깊은 사고력을 가진 사람들까지도 근본적으로 의심할 수 없는 사실이라고 생각하고 있는 일이 있다. 그것은 이상주의는 과연 존경할 만한 사고방식, 특히 청년층의 교육에는 유익하지만, 사회에 진출한 다음의 실생활 면에서는 그다지 쓸모가 없다고 하는 것이다.

그들은 이렇게 말하고 있다. 과연 그런 사고방식은 이론으로서, 또는 교육을 위해서는 아마도 많은 장점을 지니고 있겠지만, 그러나 실제에 있어서는 어떤 일이거나 모두 '서로 격렬하게 부딪치는' 것이어서 이론과는 별개의 것이다. 그래서 그들은 인생을 두 갈래로 나누어서 그 한 가지 부분에서는 아름다운 사상이나 감정에 젖어 있다든가, 오히려 그렇게 하도록 장려하고 있을 정도이지만, 다른 부분에서는 그 아름다운 꿈에서 갑자기 깨어나서 가능하다면 현실과 타협하지 않으면 안 된다고 하는 것이다.

그런데 칸트*는 이미 백년 전에 그의 짤막한 논문에서, 당시 널리 알려졌던 명제, '과연 이론상으로는 정당하겠지만 그러나 실제로는 쓸모가 없다'는 명제는 무엇인가 생각하는 사람에게는 적합하지 않다는 것을 논증했다.

그런데 오늘날의 철저한 '현실주의자'는 이번에는 그러한 생각마저도 버리고 '생존경쟁'이라고 하는 그야말로 야비한 사고방식에 도달했다. 이 경쟁의 세계에서는 이기주의와 양보를 하지 않는 얌체짓까지 허용될 뿐만 아니라 언제나 현실을 토대로 한 합리적인 세계관에 의해서 다소는 명령을 따르지 않을 수도 있는 것이다. 그러므로—현대의 '현실주의자'는 말한다—현재 이 세상에 있는 생활물자는 모든 인간에게 충분한

---

*칸트 Immanuel Kant : 1724~1804. 독일 철학자. 쾨니히스베르크 출생. 18세기 후반 서유럽 계몽사상의 성숙과 프랑스혁명시대에 있어, 이전의 서유럽 근세철학의 전통을 집대성하여 근대인의 사상과 행동을 규제할 '이성(理性)'의 기본적 윤곽을 제시하였으며 그 뒤 낭만파로부터 오늘날에 이르는 철학적 사색을 위한 길을 열어 놓았다. 그는 쾨니히스베르크대학에서 형이상학·논리학·윤리학·자연지리학·인간학 등의 강의를 하였으며 많은 저서를 내놓았다. 칸트가 자신의 사상을 형성하고 학문적으로 활동한 시대는 1740~86년의 프리드리히대왕 치세기간이며, 베를린을 중심으로 G.E. 레싱 등이 활동하였던 독일계몽주의시대 최전성기의 자유스러운 분위기는 칸트를 진정한 '세계시민적' 철학자로 길러냈다.

만족을 줄 수 없는 것이기 때문에, 안락하게 살 수 있는 것은 단지 소수인에 지나지 않고, 수많은 사람들은 싫든 좋든 불행한 생활을 해나가지 않으면 안 되는 부득이한 실정이어서, 그러한 세계질서는 모든 사람들에게 공평하고 잘된 질서인가 아닌가 하는 것은 처음부터 문제가 될 수 없는 것이다.

그것은 냉혹하고 불합리하여 부정한 세계질서라고 말하지 않을 수 없는 것이다. 그러나 그것은 의지할 곳 없이 이 세상에 태어난 개인이 변경시킬 수 없는 것이다. 그러므로 개인은 단지 자신이 망치가 되고 동시에 얻어 맞는 철판이 되지 않도록 노력할 수 밖에 없다는 것이다.

그것이 실로 오늘날 수많은 교양있는 사람들의 처세에 대한 지혜의 핵심이 되는 것이다.

그렇게 되면 결국 도덕 교육의 필요성은 없어지는 셈이고, 학교에서의 종교라든가 도덕의 수업은 모두 그만 두고 선 쪽스트의 독창적인 제안대로 정부의 풍기 단속 명령을 매일 거리마다 게시해 두는 것으로 대신해도 좋을 것이다.

그러한 방식을 취한다면 청년들은 대단히 영리해지고 실제적이 되어서 재빠르게 많이 벌어서 다른 사람을 능가하고 출세하는 것만을 목표 삼아 도리어 방해가 되는 고상한 심성 따위는 팽개쳐 버리고 돌보지 않게 될 것이다.

그러나 실제에 있어서는 그렇게 했기 때문에 그들 대다수는 정신적으로나 육체적으로 또는 도덕적으로 빨리 신세를 망치게 된다. 또 그밖의 사람들도 결국 노력한 대가로 되지 않는 즉 잃어버리기 쉬운 재산을 위해서 귀중한 청춘시절을 잃어버리고 후회를 하게 되지만 이미 그때는 때가 늦은 것이다.

재산이라고 하는 것은 언제나 수없이 많은 경쟁자와 싸우면서 지키지 않으면 안 되고, 더구나 그것이 성공하든 실패하든 어찌 되었거나 통한을 남기게 될 것이다. 그러므로 만족을 느낀다든가 행복하게 되는 사람이 없는 것이 당연한 것이다.

그것이 이른바 '실제적'인 사고 방식이고, 오늘날 이미 표면에 나타나고 있는 최종의 결말이다.

*즈펠만의 저작인 『소돔의 최후』가 그것을 가장 극적으로 표현하고 있다.

우리들로서는 이상주의라는 것은 하나의 신앙이고, 또 하나의 내적인 확신 바로 그것이라고 생각하고 있다. 즉 그 신앙과 확신은 이 세계가 성립하기 위해서는 절대로 필요한 것임에도 불구하고 증명을 할 수 없는 것이고, 또 실제로 그런 확신을 지닌 사람에게 있어서는 본래 아무런 증명의 필요성이 없는 것이다.

또한 어떤 사람이거나 가르침을 받아서 즉, 다만 머리로 이해한다는 방법으로는 도저히 이상주의에 도달할 수는 없다는 것을 우리들은 생각하게 되는 것이다.

그것은 원래 조금도 이상한 것은 아니다. 첫째 인간의 이성의 합리성이라는 것마저도 경험이 있어야만 비로소 증명을 할 수 있기 때문이다.

*이 말에 이해가 가지 않는 사람은 한번 칸트의 '순수 이성 비판'을 잘 읽어 보는 것이 좋겠다. 그 책은 실로 유일의 진실된 기초적인 철학 서적이고, 그 책을 읽으면 반드시 스스로 납득이 될 것이다.

*강조해서 말한다면, 가령 그리스도는 먼저 실행해 보라고 권하고 있다.

그 밖에는 그의 가르침에 대해서 증거도 보여주지 않았고, 그리고 신앙의 방법도 명령하지 않았다(요한복음 제7장 17절).

지금까지도 아직은 이성적인 근거에 의해서 그리스도교를 믿게 된 사람은 없지만 그러나 우리들은 확실히 그 가르침의 진리를 경험할 수는 있는 것이다. 그 시초는 무엇보다도 스스로 실행해 보려고 하는 결심인 것이다. 그리고 그 결심은 확신여부에 관계없이 실행하지 않으면 안 된다. 그렇게 하지 않을 수는 없다.

우선 맨 처음 종교의 진리에 관해서 철학적인 증명을 얻고자 하는 사람은 마침내 그 진리에 도달할 수는 없다. 그 이유로는 신의 존재와 구제에 관해서 현재 이 세상에서 행해지고 있는 철학적인 증명보다도 훨씬 불충분한 것은 있을 수 없기 때문이다.

아우구스티누스의 『고백록』은 그런 철학과 비철학적인 결심과의 싸움을 역사적으로 증명한 뚜렷한 실례라고 해도 좋을 것이다.

그리스도와 니고데모와의 유명한 대화의 제목도 그것과 똑같은 것이다(요한복음 제3장, 제6장 53절, 제9장 25·29절*). 그리한 결심은 물론 교양이 있는 사람보다도 마음이 가난한 사람들 쪽이 한층 쉽게 할 수 있다.

순전한 유물론과 같은 냉혹한, 아무런 위안도 되지 않는 세계관이라든가, 또는 대다수의 사람으로서는 도저히 접근할 수 없는 가장 사기기 어려운 귀족주의적인 철학에 확실한 생각도 없이 몸을 맡기는 것 보다도 오히려 그러한 신앙을 테스트해 보는 것이 좋지 않을까.

그런데 기묘한 것은 오늘날 그리스도교를 무슨 귀족주의적인 것이라고 생각하고 있는 사람이 대단히 많다. 그러나 실제로 그리스도교야말로 가장 순수하고 민주주의적인 진실된 철학적 기초를 가지고 있는 것이다.

'실제생활에 있어서의 이상주의'에 관해서 그런 증언을 짧게 설명하고 있는 것으로는, 괴테*의 청년시절의 친구이고 나중에 러시아의 장군이 되었던 폰 클링거의 논문이 있다. 현재 그다지 많이 읽혀지는 책이 아닌 그의 저서들 중에 위와 같은 표제로 수록되어 있다. 그것은 짧은 문장에 불과하지만 아래

---

*요한복음 제6장 53절 : 예수께서 이르시되 내가 진실로 진실로 너희에게 이르노니 인자의 살을 먹지 아니하고 인자의 피를 마시지 아니하면 너희 속에 생명이 없느니라
*요한복음 제9장 25·29절 : 대답하되 그가 죄인인지 내가 알지 못하나 한 가지 아는 것은 내가 소경으로 있다가 지금 보는 그것이니이다 · 하나님이 모세에게는 말씀하신 줄을 우리가 알거니와 이 사람은 어디서 왔는지 알지 못하노라

와 같은 중요한 내용이 담겨 있다.

※※※

(1) 무엇보다도 먼저 그는 (즉 그런 방식으로 살아갈 생각을 하고 있는 자) 이 세상에서 일컫고 있는 '행복을 잡으려고 한다'는 것에 대해서는 털끝 만큼도 마음을 써서는 안 된다. 엄격하고 굳세고 공명정대한 길을 걸으면서 겁내지 말고, 또한 제 자신을 돌아보지 말고 오직 자신의 의무만을 다함으로써, 스스로

＊괴테 Johann Wolfgang von Goethe : 1749~1832. 독일의 시인·작가. 고전파의 대표자이다. 프랑크푸르트 암 마인에서 출생. 부친에게서 엄한 기풍을, 모친에게서 명랑하고 상상력이 풍부한 예술가적 성격을 이어 받았고, 부유한 상류가정에서 철저한 교육을 받아 뒷날의 천재적 대성을 이룰 바탕을 마련하였다. 라이프치히대학 법과 재학시절 미술과 문학에 심취해 자유분방한 생활을 즐겼으며, 슈트라스부르크로 유학, 여기서 5년 선배인 J.G. 헤르더를 알게 되어 민족과 개성을 존중하는 문예관의 영향을 받았는데, 훗날 「슈투름 운트 드랑(Sturm und Drang)」의 바탕이 되기도 하였다. 71년 변호사를 개업하였고, 이듬해 법무 실습을 위해 잠시 베츨라어의 제국 고등법원에 부임하였으며, 이곳에서 『젊은 베르테르의 슬픔』의 모델이 된 부프를 사랑하였다. 프랑크푸르트로 돌아가서 발표한 역사극 『괴츠 폰 베를리힝겐』, 소설 『젊은 베르테르의 슬픔』 등에 의하여, 「슈투름 운트 드랑」 시대의 중심인물로서 그 이름을 전유럽에 떨쳤고 이때부터 『파우스트』를 쓰기 시작하였다. 슈타인 부인과의 12년간의 긴 연애와 부인으로부터 받은 감화, 86년부터 1년 반 남짓의 이탈리아 여행을 통한 고대 및 르네상스 미술과의 접촉은 「슈투름 운트 드랑」의 어두운 정열에서 벗어나게 하였고, 명징과 질서를 존중하는 고전주의로 전향하게 하였다. J.C.F. 실러와 알게 되어 이들의 우정은 실러가 작고하기까지 계속되었다. 이 10년 나짓한 기간이 독일문학 발전에 크게 기여했다. 만약 실러가 없었던들 『파우스트』 2부와 『빌헬름 마이스터』의 후편을 끝내지 못했을 정도로 이들의 우정은 깊었다. 무려 59년이나 걸린 그의 생애 최고의 대작인 비극 『파우스트』를 완성했다. 그의 종교관은 범신론적이었으나 복음서의 깊은 윤리관을 중시했다. 혁명에 대해선 부정적이었으나, 인류의 진보와 행복에 대해서는 정열을 바쳤다. 그는 문학에서는 낭만주의의 병적 경향을 싫어하여 고전주의로 전향했으나, 만년의 작품에는 다분히 낭만적 요소가 드러난다.

어떤 행위나 사욕에 의한 오점으로 더럽혀지지 않도록 깨끗한 마음을 항상 지니지 않으면 안 된다.

모름지기 정의와 공정에 관한 일의 대소 경중을 가릴 필요가 없다.

(2) 둘째는, 그가 청렴결백한 처신을 하기 위해서는 이 세상에서 빛나는 존재가 되고 싶다는 욕망을 버리고, 천박한 허영심이라든가 마음을 어지럽히는 명예욕과 권세욕을 떨쳐 버리지 않으면 안 된다.

모든 사람들은 언제나 그런 욕망에 쫓겨서 사회라는 무대에서 갖은 어리석은 짓을 연출하고 있으며, 그렇게 함으로써 상대나 동지에게도 깊고 엄청난 상처를 입히고 있으니, 가장 강직하고 순수한 덕행이나, 아니 훨씬 과감한 덕행마저도 도저히 미칠 수 없는 심한 것이 되고 있는 것이다.

(3) 셋째로 그런 심정을 가진 사람은 단지 자기의 의무가 그것을 요구할 경우에만 사회라는 무대에 서지 않으면 안 된다. 그러나 그 밖의 경우에는 한 사람의 은자로서 가족과 소수의 친구들과 어울리거나, 아니면 책을 가까이 함으로써 정신적인 자기만의 왕국에서 살아가지 않으면 안 된다.

그렇게 함으로씨만 그는 사람들이 그다지 대단치도 않은 일 때문에 매일 정력을 송두리째 쏟으면서 악착스럽게 일하고 다른 사람과 충돌하는 성가신 일을 피할 수 있는 것이다.

또한 그렇게 함으로써만 그는 그의 독특한 생활방식을 이 세상 사람들이 수긍할 수 있게 한다. 그 이유는 그는 실제로 여러 사람들과 자리를 함께 하지 않으며, 자신의 가치를 과시하면서 세상을 압박하지 않고, 오직 자기 의무를 다하고 난 다음에는 물러나서 다시 조용한 생활을 즐기고 싶다는 소원 이외에는 이 세상에서 아무것도 바라지 않기 때문이다.

그렇게 하고 나서도 오히려 그가 만약 다른 사람에게 질투심을 일어나게 한다든가 또는 증오심을 싹트게 한다면, 그런 행위는 그 어느 것이나 비난하고 싶은 자가 스스로 그런 심사를 공개하기를 원하지 않는 것이고, 적어도 그에게는 비난할 수 없는 일들에 근거를 두고 있는 것이다.

그렇다면, 그러한 경지에 도달한 사람은 이 세상에서 매우 많은 일을 성취시킬 수 있을 것이다. 그가 평소에 생각지도 못했던 것과 목적으로 계획하지 않았던 것도 자연 성취시킬 수 있어서 마침내 세상 사람들이 넓은 의미에서 행복이라고 일컫고 있는 것마저도 얻을 수 있게 될 것이다.

(4) 한 가지만 더 첨가해서 써 두겠다. 그는 모든 자의적인 개혁적인 의욕과 그러한 조짐에 대해서는 엄중히 경계하지 않으면 안 된다. 단지 의견만 가진 사람들과 싸워서는 안 된다. 다만 자기 자신의 일만을 '조용히' 하는 것을 스스로 마음 속으로 깊이 생각하고 반성하지 않으면 안 된다.

나는 나의 능력과 소질이 허락할 수 있는 한도 내에서 나의 성격과 정신을 발전시켜 왔다. 그 위에 나는 그것을 진지하게 더욱 성실하게 이행하여 왔기 때문에 다른 사람이 행복이라고 하기도 하고 번영이라고도 일컬을 수 있는 것을 자연히 얻게 되었던 것이다.

나는 나 자신을 다른 사람을 대하는 것보다도 오히려 더 엄격하게 가차없이 다루어 왔다.—나는 결코 허튼 연기를 하지 않았다. 또한 그렇게 하고 싶은 심정이 되지도 않았다. 나는 언제나 내가 터득하고 간직해 온 성격을 기탄없이 내보였기 때문에, 지금은 어떤 일이 있더라도 나 자신의 인간성이 변경된다든지 내 생각과는 다른 행동을 취할지도 모른다는 염려는 전혀 하지 않아도 되었다.

인간이란 자기 자신을 유혹할 마음이 없을 경우에만 비로소 다른 사람의 유혹에 대해서도 안전하다는 것을 알게 된다.—그래서인지 여러 가지 직무가 내게 부과되었다. 그러나 나는 그 모든 직무를 깨끗이 완수하고 난 다음에는 그 나머지 시간을 깊은 고독과 내가 할 수 있는 절제를 하면서 지내게 된 것이다.

***

특히 정치적 생활을 하고 있는 사람에게 있어서 중요한 체험록을 기록한 저자는, 거기에는 아무런 철학적인 근거도 주려고 하지 않았다. 그는 단지 자기의 변화가 많은, 반 쯤은 모험적이기도한 경력의 귀결로써 그것을 썼던 것이다. 그러므로 그의 문장은 실생활과는 거의 관련이 없는 철학자라든가 사학자들의 서재에서 나온 것보다도 우리들에게 있어서는 훨씬 더 큰 가치가 있는 것이다.

*프리드리히 막스 폰 클링거는 1752년 라인강변의 프랑크프르트의 한 가난한 집안에서 태어나서, 기이젠에서 가까스로 대학과정을 마친 다음, 처음에는 지방을 순회하는 연주단에 소속된 작가가 되었다.

그뒤 바이에룬의 계승 전쟁이 일어나자 의용군에 참가했고, 이어 러시아의 파울대공(나중에 황제가 됨)의 선생 겸 수행원이 되었다가 알렉산더 1세 말에서 귀족 유년생도단, 황실시동단 및 귀족여학교 교장에 취임했으며, 또다시 도루바트대학의 관리자가 되었다. 이상과 같은 가지 각색의 매우 곤란한 지위와 처지에 있었으므로 배우, 왕자, 독재군주, 귀족의 자녀, 고귀한 신분의 아가씨, 외교관이라든가 대학교수 등과 교제하는데 어려움이 따랐고, 특히 카타리마 2세의 궁정과 같이 철저히 부패한, 가장 질이 나쁜 야심가들이 우글거리는 궁정에 있으면서도 항상 공명정대한 성격과 도덕적 용기를 굳게 지켜왔기 때문에 당시 사람들의 두터운 존경을 받았다.

괴테는 '시와 진실'에서 그에 대해서 다음과 같은 말을 남기고 있다.

'우수하고 강인한 성격을 고집스럽게 오래도록 세속적이고 실무적인 생활에까지 지속하여 많은 사람들의 눈에는 엄격하게, 아니 때로는 강압적인 방식으로 규칙을 무시하는 조치를 언제나 적절한 시기에 활용하여 확실히 그 목적을 달성할 수 있다면 그것은 더욱더 가치가 있는 것이 되겠지만, 클링거의 경우가 마치 그것과 같았다.

그 이유로는, 그는 순종하는 덕이 없이(그것은 본래 독일국민이 타고난 덕은 결코 아니었다) 높은 지위에 올라가서도 그 지위를 잘 유지해서, 그가 최고의 보호자라는 칭찬과 사랑을 받으면서 일을 할 수가 있었다. 그러면서도 그는 결코 옛 친구들과의 교분과 과거 자기가 걸어온 길을 잊지 않았다.'

그 뿐만 아니라 괴테는 그의 만년에 클링거의 저서를 연구했던 것이다. 그리고 '그것은 내게 한 사람의 특이한 인물의 끊임없는 활동을 유별나게 강하게 상기시켰다'고 말한 바 있다.

그런 생활을 시종일관해서 잘 꾸려 감으로써 행복과 명예를 얻게 한 철학은 그야말로 존경을 받아 마땅한 것이다.

독일 시인 중에서 클링거는 '슈트름 운트 드랑(Sturm und Drang)' 시대의 한 사람으로 손꼽히고 있다. 그런 명칭은 그의 희곡 '슈트름 운트 드랑'에 유래하는 것이다. 그러나 그의 작품은 오늘날 거의 남겨진 것이 없고 오직 문학사에만 기록되어 있을 뿐이다.

그렇다면 우리들로서도 그러한 귀중한 체험담을 일부러 추상적인 것으로 바꾸어 씀으로써 우리들의 이해를 촉진시키려고 했지만 그다지 도움이 못되므로 다만 몇 조항만을 순수하고 실제적인 주석을 덧붙임으로써 클링거의 글에 대한 견해를 끝내겠다.

제1절에 관하여.—진정한 의미의 이상주의는 분명히 우리들의 현실에서는 완전히 멀어져서 자신의 몽상의 세계에 틀어박혀온 것을 말하는 것이고, 현실을 조작한다든지 또는 일부러 현실을 무시해 버리는 것이 아니라 오히려 보편적으로 행하여지고 있는 것보다도 한층 깊이 세계를 파악해서 그것을 자기 자신의 내부에서 극복하는 점에 있다. 그 이유는 우리들 자신이 말하자면 한 개의 작은 세계를 이루고 있기 때문에 우선 맨 처음에는 확고한 원리와 좋은 습관으로써, 이 작은 세계를 극복하지 않는 한, 어쩌면 이 넓은 세계를 극복한다는 것은 절대 불가능한 것이기 때문이다.

*인생은 안락하게 살아가기 위해서 있는 것이라고 생각하는 것과 올바른 행동을 하기 위해서 있는 것이라고 생각하는 것, 이 생각의 차이가 무엇보다도 먼저 사람들 사이에 크게 부각되고 있는 것이다.

이러한 생활방식의 차이는 사람들의 모든 정신을 좌우하는 것이다. 올바른 행동을 하겠다고 결심을 한 사람은 올바른 행동을 할 수 있는 길을 찾아내야 하며, 마지막에는 올바른 행동을 습관화시킬 수 있는 노력을 하지 않으면 안 된다. 그러한 좋은 습관이야말로 가장 중요한 것이다.

인생을 안락하게 살아가고 싶은 사람에게 있어서는 철학도 종교도 도덕도 그 밖의 어떠한 것도 그를 진실된 생활로 이끌어 갈 수는 없다. 그런 것들은 모두가 그들에게 아무런 감명도 줄 수 없다. 그런데 그런 사람들이 오늘날에도 결코 적지는 않다.

특히 정치적인 당파라든가 교회 내의 파당 가운데 많다. 그런 문제는 차치하고 클링거와 같은 경험이 풍부한 사람까지도 '어떻게 하면 가능할까?'라고 진실을 토로하고 있다는 것은 주목할 만하다. 즉 그것은 결코 쉬운 일이 아니기 때문이다.

클링거가 제1절에서 말하고 싶었던 것은, '성공'에 관한 것이지만, 성공에 관한 올바른 판단은 위에서 말한 것에서 자연스럽게 생기게 된다.

크게 성공했다고도 말할 수 있는 현대인의 한 사람(티엘)은 그의 생애의 어떤 시기에는 상당히 열성적으로 성공을 목표로 노력을 계속했지만, 그럼에도 불구하고 언제인가 다음과 같은 고백을 한 적이 있다.

'주의를 앞에 내 세우는 사람에게 있어서는 성공이란 것은 문제시되지 않는다. 오직 빈틈없이 살아 보겠다고 이를 악무는 사람에게 있어서만 성공은 필요한 조건과 목표가 되는 것이다.'

그 의미를 달리 표현하면 이렇게 될 것이다. 즉 무사하게 이 세상을 살아 간다는 것을 보통 '성공'(가장 적절한 말로는 잘 살아가는 것)이라고 말하면서 수많은 사람들이 목표를 가지고 노력하고 있는 것과 혼동해서는 안 된다. 그것은 전혀 별개의 것이다.

성공만을 목표로 살아가고 있는 사람에게는 마음의 안정과, 자신과 다른 사람에 대한 정신적인 평화, 또는 그 밖의 여러 경우에는 자존심마저 처음부터 단념하지 않으면 안 될 것이다. 인생에 있어서의 진정한 성공, 즉 인간으로서의 최고의 완성과 참으로 값어치 있는 활동에 도달하는 것은, 이를테면 외면적인 실패도 필연적으로 수반하기 마련이다.

*가장 행복하다고 할 수 있는 현대인 중 한 사람인 브린츠(1887 사망) 교수의 추도문 가운데에서 그것과 똑같은 사상을 발견할 수 있다는 것은 우리들에게 있어서는 유쾌한 일이다. 그 글을 소개하면 이렇다.

'그는 이따금 사물이 우리들의 의지와는 반대로 일어난다는 것을 세계질서에 원인이 있다고 생각하고 있었다. 그리고 세계질서가 그처럼 되어 있다는 것은 우리들의 정신에 있어서 매우 다행한 일이라고 생각했다. 우리들이 스스로 지은 죄도 없는데 당해야만 되는 재난이나 고통은, 아마 그 대가도 없이 받게 되는 많은 행복에 대한 배상처럼 생각된다. 그것은 자기 완성의 도상에 있어서, 영혼을 깨끗이 하며 굳세게 하는 것이기도 한 것이다.'

항상 그처럼 느낄 수 있는 사람은 그것만으로 이미 인생의 가장 곤란한 부분을 모면하고 있는 것이다.

인간은 성공에 의해서 '유혹' 되는 것이라고 말한 스파죤의 말은 약간 기묘하게 들리겠지만 그러나 정당한 것이다. 칭찬을 해준다는 것은 인간의 내부에 잠재해 있는 오만성을 들어내 보이게 하며, 재산은 욕심을 부채질한다.

이 두 가지는 만약 성공을 할 수 없었다면 끝까지 숨겨진 채 밖으로 나타나지는 않았을 것이다. 그런 조짐이 있어서 성공을 할 경우 다시 성장하는 것이다.

성공이라는 것은 대부분 인간의 좋지 못한 성격을 유발해 내는 것이고 실패는 착한 성격을 만들어 주는 것이다. 이 사실만은 누구라도 인정하는 것이다.

이기주의에서 탈출할 수 있을 때, 스파존은 다소 공상적이기는 하지만 그러나 다음과 같이 그 정당성을 해명하고 있다.

'당신들이 자아에서 탈출했다면 이번에는 어디로 들어갈 것인가. 무궁한 곳으로 가리라. 무궁한 경지에 도달한 사람은 더 이상 계산할 필요가 없다. 당신들이 한 번 당신들 자체에서 빠져나가 버린다면 그곳이 이미 무한의 세계인 것이다.'

즉 클링거가 '세상을 살아간다'고 말한 것은 최후에는 승리할 수 있다. 또는 대체적으로 봐서 승리할 수 있을 것이라고 하는 한 평생에 걸친 성실한 활동을 지적한 것이므로 그것은 용기있고 정직한 인간만이 바라볼 수 있는 것이다.

언제나 성공할 수 있다는 것은 단지 겁장이에게 있어서만 필요한 것이다. 아니 우리들은 다시 한 걸음 나아가서 이렇게 말할 수도 있다. 즉 사건 자체가 중대한 의미가 있는 것일 경우, 최대 성공의 비밀은 성공을 거두지 못한 것에 있다. 가장 볼만한 매력을 지니고 오랫동안 전국민의 머리에 뚜렷한 인상을 남길만한 사람들은 결코 성공에 의해서 그런 위대한 인생의 목표에 도달한 것은 아니다.

시이저라든가 나폴레옹도 만약 부루터스가 없고 워털루의 패전이나 센트헤레나섬이 없었다면, 다만 한 사람의 폭군의 이름만 역사에 남겼을 것이다. 오를레앙의 소녀 잔다크도 그녀가 순사하지 않았다면 한 사람의 흔히 볼 수 있는 활발한 처녀에 지나지 않았을 것이고, 한니발도 카르타고의 전쟁에서 승리했다면 한낱 평범한 장군에 지나지 않았을 것이다. 수라장군이나 아우구스티누스황제는 로마 역사상 가장 성공한 인물이지만, 그들의 전기를 읽노라면 내심으로는 싫증을 억누를 수 없을 것이다.

워싱턴도 가장 인기있는 영웅이 되지 못했다. 로버트 리 장군은 후세의 역사에 그 명예와 영광이 빛나고 있지만, 유릿세스 그란트 장군은 그렇지 않다. 또 아브라함 링컨이 죽고 나서 오히려 숭앙을 받는 것도 비극적인 최후 때문이다.

영국의 찰스 1세와 같은 위선자요 배신자가 오늘날도 수많은 사람들의 존경을 받고 있는 반면에, 근대역사에 있어서 가장 영웅적인 인물이었던 크롬웰은 오히려 증오의 대상이 되고 있다.

만약 후자가 단두대의 이슬로 사라지고 전자가 성공을 한다음 죽었다면 그들의 역할은 거꾸로 되었을 것이다. 또 황제 프리드리히 3세의 생애도 그런 실례의 한 가지가 된다. 그리고 장래가 현재보다도 더 좋은 시대가 된다면 그것은 훨씬 더 좋은 예가 될 것이다.

이러한 실례 중에서 가장 위대한 것은 그리스도의 십자가인 것이다. 그것은 당시의 사형대를 전 세계를 위한 명예의 상징으로 만들었을 뿐만 아니라 실로 로마와 같은 세계적인 제국마저도 그 일 때문에 몰락했던 것이다.

그러한 그리스도교의 유례가 없는 성공은 신학적이 아니라 인간적으로 해석하더라도 당시의 학자가 만약 그 교의를 승인했더라면 그것이 가능했으리라고는 생각되지 않는 것이다.

*미국의 남북전쟁 때 남군의 장군 로버트 리는 패배하고 나서 북군의 그란트 장군에게 항복했지만 그 인격이 고결해서 국민의 존경을 받았고 나중에 대학총장까지 되었다.

*정신적으로 숭배할 만한 인물이 실패했다고 해서 정신적으로 타락한 예는 전혀 볼 수 없었다.—우리로서는 그런 실례를 찾아볼 수 없다—그러나 지나치게 빨리 성공했다든지 너무나 손쉽게 성공했기 때문에 나중에 볼품없이 되어버린 예는 얼마든지 있다.

오히려 인간의 본성 그 자체가 영원한 행복에 반항하고 있다. 그러므로 헤겔은 이렇게 언명하고 있다. 개인적인 행복은 인정미가 있는 사람에게 있어서는 언제나 무엇인가 말할 수 없는 애수와 같은 것을 연상하게 한다. 그것은 행복이란 올바른 것이 되지 못한다는 것을 암시하고 있다―라고.

그러므로 상대적으로 말한다면 가장 행복한 사람이란 개인적인 이기심이 아니라 어떤 위대한 사상에 자기 자신을 몰입시키는 사람이고, 그 다음으로 행복한 사람은 클링거처럼 온전한 성격을 지닌 사람이다. 후자는 자기 역량으로 가능한 정도의 성공을 거두겠지만, 전자는 행복하기 위해서는 성공여부가 문제가 아닌 것이다.

대단히 행복한 사람들에 관하여서는 그들의 선량함마저도 우리들은 대부분 본능적으로 의심하지만 그것은 정당한 감정의 표현이다. 그것을 오늘의 한 유명인사는 다음과 같은 말로 표현하고 있다.

'고난을 겪지 않은 우리들의 선이라는 것은 그 모두가 꽃에 지나지 않는다. 고난을 겪고 나서야 비로소 열매를 맺고 겉으로 보기에도 견실성이 있는 것이 된다.'

인생의 진정한 목적은, 이와 같은 성공하지 못하는 것이 어느 정도는 따르고 있는 것이다. 그러므로 젊은 독자층인 여러분은 당신들이 평소의 평범한 생활을 하면서 자기의 인생을 잃지 않으려고 한다면, 이러한 것을 각오하지 않으면 안 된다.

그러나 이와 같은 불운은 결코 불행이라는 낡아빠진 명칭을 갖고 있는 것이 아니라 오히려 '십자가'라고 불리는 가시관을 쓰고 있는 것이지만, 그것은 확실히 하나의 관이기 때문에 왕관과 같은 성질을 잃어버리는 것이 아니다.

＊재능과 지혜가 뛰어났던 타레이란 후작이 남긴 수많은 일화 중에서 인간이라고 하는 것에 대한 그의 해석 중 가장 훌륭하게 표현하고 있는 것에는 다음과 같은 것이 있다. 어떤 신흥종교의 창시자―대부분 '신인애(神仁愛)의 길'을 처음 제창한 사람은 라레비엘 레포라고 생각된다―가 자신의 교리의 체계를 상세히 서술해서, 그것으로써 그리스도교에 대치하려고 그의 찬성을 구했다. 그러자 타레이란은 이렇게 대답했다. '매우 좋은 의견이지만, 새로운 교의 교리가 철저한 성공을 거두려면 그 위에 한 가지가 빠진 것 같다. 그리스도교의 창시자는 그의 교를 위해서 십자가를 짊어졌는데, 당신도 꼭 그와 같은 희생적인 일을 하도록 권한다.'

당시 이상주의를 신봉하는 사람들은, 믿는 사람으로부터나 속된 인간으로부터도, 또 교회에서나 국가에서도 한결같이 크게 멸시당했다. 그 뒤에 이상주의는 그 당시 많은 모욕을 받았었으나 조금씩 신용을 회복했다. 국가나 교회에 있어서의 진실된 단결이나 진정한 휴머니즘은, 그 모두가 내적인 지지를 얻으려고 할 때는 반드시 이상주의를 거점으로 하지 않을 수 없었다.

그러므로 이상주의를 반대하는 사람들은 모두들 이상주의라는 말 자체도 듣고 싶어하지 않았으며, 이 세상에서 이상주의를 무엇보다도 먼저 축출하려고 했다. 그러나 그것은 본래 신경을 쓸 일이 아니었다. 그 이유는 철저하지 못한 그리스도교가 세상에 전파되고 있어서, 수많은 선량한 사람들이 이상주의에 현혹되지 않는 한 그런 계획은 성공하지 못할 것이기 때문이다.

제2절에 관해서.―우리들은 여기서 '야심가'는 누구나 그들이 바라는 대로 진정한 목적에 도달할 수 없다는 것을 한마디 더 첨가해도 좋을 것이다. 끊임없이 한 가지 목적을 향해서 집중되는 인간의 주의와 정력이 성취시킬 수 있는 성과는 확실히 경탄해 마지 않을 만큼 값어치가 있는 것이다.

그 실례는 일상생활을 하는 데 언제든지 어디서나 볼 수 있다. 그러나 그런 부류의 사람들은 본래 재산이나 명예, 권력이나 학식을 얻으려고 하는 것이 아니라, 오히려 그러한 자격은 행복을 얻기 위해서는 빼놓을 수 없는 전제조건이라고 생각하고 있는 것이다.

그러므로 그들에게는 부자가 된다는 것은 행복해질 수 없을 뿐만 아니라 도리어 불행을 느끼게 된다는 것을 누군가가 그들에게 충분히 납득시킬 수 있었다면, 그들 중의 대부분은 부자가 되려는 노력을 포기했을 것이다.

모든 야심만만한 사람 중에서도 교양이 있다는 자가 가장 불행한 것이다. 그들이 기어 올라가려고 하는 사다리의 아래편에 있을 때는, 이미 위편에 자리잡고 있는 사람에 대한 질투심 때문에 괴로워한다. 그것은 모든 감정 중에서도 가장 처참한 것이어서, 자기 자신에게마저도 매우 자신이 천박하게 보여지는 것이다.

또 그들이 만약 약간 위쪽에 올라갈 수 있었다면, 그때는 다시 자기보다 나중에 올라오려는 자에 대한 공포감으로 언제나 고통을 받을 것이다. 그들은 경쟁자가 생각하고 있는 것, 계획하고 있는 것을 자신의 경험에 비추어서 잘 알고 있기 때문이다.

그런 일에 대비해서 당파를 조직하여 자신의 안전을 기도하려고 하지만, 그 당파 내의 동지들 중에서 배신자가 나타나서 낙오 일보 전에 있는 자신을 차 버릴지도 모르는 것이다.

그래서 그런 불안한 심정에서 탈피하려고 어떤 향락을 즐기면서 얼버무리려고 하다가는, 자신의 지위를 유지하기 위해서 가장 필요한 자격마저 쾌락 때문에 잃어버리게 된다. 그뿐 아니라 성공의 기회라는 것은 항시 대기하고 있는 것은 아니다.

열 사람의 야심가 중에 겨우 한 사람 정도가 원하는 목적을 달성할 수 있을 뿐이다. 그러면서도 그러한 '행운을 잡은 사람'도 살아 있는 동안 그의 행복을 진심으로 축하해 줄 수 없는 것이 보통이다. 그 실례는 매일 어느 신문을 펼치든지 그런 기사는 심심치 않게 눈에 띄니 애써서 여기에 인용할 필요는 없을 것이다.

*그런 실정이므로 참고로 현대의 한 정치가가 쓴 아름다운 내용이 담긴 편지를 여기 소개하는 것까지 사양할 필요는 없다고 생각된다.

1935년 벨기에의 레오폴드 1세가 콜부르크의 애룬스트 공에게 보낸 편지이다.

인생의 가장 아름다운 목적은 가능하다면 보다 많은 착한 일을 쌓아가는 것에 있다. 그리스도교의 진정한 정신은 인생의 모든 순간에 있어서, 사람이란 허식에서 떠나서 하나님과 사람에 대해서는 겸허한 마음의 자세를 지키며, 다른 사람의 운명에 대해서는 친절하게 도움을 주는 것을 구하는 데 있다.

생각하건대 그리스도인이란 언제나 그러한 아름다운 심정과 부드럽고 평화로운 종교의 가르침을 실제의 인생에 있어서 활용하는 사람을 일컫는 것이다. 그것을 충실히 실천한다는 것은 인간의 천성이 가진 많은 결점 때문에 지극히 곤란한 것이긴 하다. 하지만 노력여하에 따라 많은 일을 할 수 있을 것이고 하지 않으면 안 된다.

공적 생활을 영위하는 자에게 있어서는 매우 중요한 것이 두 가지가 있다. 즉 성실할 것, 지극히 공정할 것이 그것이다. 오늘날 교육은 전반적으로 잘 보급되고 있다. 그러므로 대단한 노력을 기울이지 않고는 지혜라든가 교양면에서 다른 사람을 능가한다는 것은 쉬운 일이 아니다.

그러나 어떤 경우에도 변함없이 다른 사람의 신뢰를 얻을 수 있는 공정 성실한 성격을 가진 사람은, 엄격히 깊이 생각해 본다면 결코 얻기 쉬운 것은 아니다. 그러므로 선량하고 공정하며 성실한 인물은 그러한 훌륭한 자질에 의해서 어떠한 안정된 지위를 보장받게 되고, 그것으로 인해서 동료들의 존경은 물론 동시에 인생의 허다한 풍파를 견뎌 내는 데 꼭 필요한 영혼의 평화를 유지할 수 있는 것이다. 그러한 영혼의 평화가 없다면 설사 어떠한 성공을 이룩했다고 하더라도 인간은 스스로를 불행하다고 느낄 것이다.

19세기의 가장 훌륭하고 그리고 가장 성공한 정치가 중의 한 사람인 이 사람의 말은, 오직 교양과 자기가 목표로 삼고 있는 길에서 뛰어난 사람이 되겠다고 노력하고 있는 사람은 한 번쯤 되새겨 보는 것이 좋을 것 같다.

이미 고대 이스라엘의 한 예언자는 이 세상에서의 보통 생활과 노력의 결과가 결코 인간에게 만족감을 주는 것이 아니라고 고전적인 말로 기술하고 있다.

'당신들은 자기가 해야만 될 일을 잘 생각해 보는 것이 좋을 것이다. 당신들은 많은 씨를 뿌리지만 수확물이 그다지 많지 않으니 자연 먹어도 싫증이 나지 않는다. 마셔도 만족할 수가 없다. 옷을 입어도 따스한 것을 못 느낀다. 많은 임금을 받았다고 하더라도 그것은 구멍뚫린 부대에 넣어두는 것과 마찬가지인 것이다.'

이기적인 노력보다도 더 사람을 피곤하게 만드는 것은 없다. 그럴 때 나오는 힘이라는 것은 질병으로 인한 고열과 다를 바 없으니, 그것은 힘의 원천을 집어 삼키는 것이다. 끊임없이 새롭게 솟아나는 건전한 힘은 어떠한 위대한 목적을 위한 비이기적인 활동에서만 생기는 것이고, 그런 경우에만 세상 사람들로부터 정당한 협조를 받을 수 있는 것이다.

그런데 어떤 사람들은 계속해서 일을 하고 휴식도 하지 않는 데도 건강을 유지하고 오래 살 수 있는데, 이와 반대로 다른 사람들은 왜 일 년 내내 또는 반 년을 무익하게 온천장에서 지내지 않으면 안 되는 진정한 이유가 되는 것이다. 현대의 많은 '신경성' 질환은 대부분이 그런 원인에서 생긴 것이니, 오직 정신과 의지를 건전하게 가진다면 쉽게 고칠 수 있을 것이다.

제3절에 관해서,—어느 정도 고독을 사랑한다는 것은 조용한 정신의 발전을 위해서나 또는 진실된 행복을 위해서 절대로 필요한 것이다. 인생의 어떤 우연성에도 좌우되지 않고, 그리고 실제로 도달할 수 있는 행복은, 한 가지 위대한 사상에 충실하고 그것을 위해서 끈질기고 착실하게 일을 계속한다면 발견할 수 있는 것이다.

그것은 자연히 모든 이롭지 못한 '사교'를 배척하는 것이 된다. '그밖의 것은 공허하고 무의미한 것이다.'

*이 말은 괴테가 한 것이고, 이 말의 의미는 이런 것이다. 진지한 것은 '사물에 대한 관심'이고, 그 밖의 모두는 '오직 공허한 것이고 무의미한 것이다.' 그러나 그런 사상이 완전무결하고 올바른 것이 되기 위해서는 더 한층 정확한 규정이 필요한 것이라고

우리들은 생각한다.

그렇게 살아가므로써 사람은 차츰 '기분'의 지배에서 빠져나와 다른 사람의 일에는 신경을 쓰지 않고, 그들의 의견이나 취미의 변화를 평온한 마음으로 바라볼 수 있게 되는 것이다. 또한 자신의 취미에 관한 것이라면, 그리고 자기 직업에 대한 의무에 반대되지 않는 한 타인 사이에서 존중되는 것을 구하기보다는 오히려 그것을 피할 수 있게 되는 것이다.

＊행복하게 살아가려고 하는 사람은 무엇보다도 먼저 자신의 '기분'으로부터 해방되어야 한다.

실제로 인간의 마음이라는 것은 자기를 아는 사람이면 누구나 다 경험하고 있듯이, 어떤 때는 기고만장할 때도 있고, 그러다가 당장 의기소침할 수도 있는 것처럼 정말 걷잡을 수 없는 것이다. 그러므로 변덕스럽게 변하기 쉬운 마음의 지시를 따르는 것보다도 오히려 우리들이 조용할 때 자기의 사상과 행동을 위해서 정해진 주의나 원칙을 따르는 것이 대체적으로 결과가 좋다. 그와 마찬가지로 다른 사람과 교제를 할 경우에도 그들의 기분을 지나치게 높게 평가하지 말고, 오히려 영속성이 있는 성격만을 고려하는 편이 진정한 처세술에 알맞은 것이 된다.

어찌 되었거나 순간적인 결정을 했을 때는 반드시 불행한 결과가 생기듯이, 매우 곤란한 사건에 직면했을 때는 침묵을 지키든가 아니면 '글쎄요 어떨까요, 한번 잘 생각해 보겠어요.' 하고 어느 쪽에도 기울어진 것이 아닌 판단방식으로 부드럽게 말해 주는 것이 도리어 사건 해결에 도움이 될 때가 많다.

그러한 깊은 마음의 평정, 말하자면 표면적인 천박한 행동에 비하여 심정의 고요하고 평온함이 경험에 비추어 보아서도 분명한 의무가 있는 한 결코 굳센 행동을 방해하는 것이 아니라 오히려 반대로 진실된 영속적인 결심의 원천이 되는 것이다.

이상은 물론 주로 친구끼리의 교제에 관한 것이다. 그러나 적에 대해서는 어떻게 취급하는 것이 좋을지 그들의 하는 방식대로 즉 이빨에는 이빨로 부딪칠 것인지, 또는 또 자기 자신의 방식대로, 적어도 증오심이나 복수심 없이 그것에 대할 것인지 그 점에 관해서는 공정한 사람들 사이에서도 의견이 구구하다.

그러나 우리들은 대부분 이렇게 말할 수는 있다. 진심으로 하나님을 믿고 있는 사람은 결코 지나치게 적을 두려워하는 일은 없지만 반대로 하나님을 믿지 않는 사람은 적을 겁내고 있는 것이다. 인간에 대한 공포와 하나님에 대한 두려움은 근본적으로 그 뜻이 다르다. 그러한 신앙심 없이 모든 사람에게 관용과 동시에 또한 단호한 태도로써 대한다는 것은 불가능한 것이다.

마지막 절에 관한 것이 인간의 행복에 중요한 점이다. 그런데 그것이 올바른 형태로 실천되는 것은 지극히 희귀한 일이고, 사람들은 거의가 무수한 경험을 했음에도 불구하고 또 그리스도의 매우 분명한, 아니 오히려 엄격하다고 단언해도 좋을 말씀(누가복음 제16장 15절, 제12장 29절, 갈라디아서 제2장 참조)에도 불구하고

경건과 부귀영화의 감정이 결부될 수 있다고 믿고 있는 것은 놀라운 일이 아닐 수 없다.

성서에 기록된 그러한 적극적인 말도 전혀 무시하는 사람들이 그리스도가 한 마디도 말하지 않았던 사형이라든가 음주의 절대금지 등과 그 밖에 그와 비슷한 자세로 그다지 중요하지도 않은 일에 열중하고 있는 것이다.

제4절에 관해서.―이 최후의 절은 주로 클링거의 인생철학의 대강이 서술되고 있다. 사람의 인생경험은 세밀하게 볼 때, 그것은 각각 다르게 보이지만, 그러나 대체적인 면에서는 그 모두가 거의 비슷비슷한 것이다.

그 중의 일부의 사람들은 신분의 높고 낮음을 막론하고 의식적으로 또는 무의식적으로 동물적인 생존을 이이온 것뿐이므로 그의 짧은 일생 동안을 생리적인 자연이 지시하는 길만을 따랐을 뿐, 그밖에는 아무런 사명감도 자각하지 못했던 것

---

*누가복음 제16장 15절 : 예수께서 이르시되 너희는 사람 앞에서 스스로 옳다 하는 자이나 너희 마음을 하나님께서 아시나니 사람 중에 높임을 받는 그것은 하나님 앞에 미움을 받는 것이니라
*누가복음 제12장 29절 : 너희는 무엇을 먹을까 무엇을 마실까 하여 구하지 말며 근심하지도 말라
*갈라디아서 제2장 : 십사 년 후에 내가 바나바와 함께 디도를 데리고 다시 예루살렘에 올라갔노니 계시를 인하여 올라가 내가 이 방 가운데서 전파하는 복음을 저희에게 제출하되 유명한 자들에게 사사로이 한 것은 내가 달음질하는 것이나 달음질한 것이 헛되지 않게 하려 함이라 - (중략) - 내가 그리스도와 함께 십자가에 못 박혔나니 그런즉 이제는 내가 산 것이 아니요 오직 내 안에 그리스도께서 사신 것이라 이제 내가 육체 가운데 사는 것은 나를 사랑하사 나를 위하여 자기 몸을 버리신 하나님의 아들을 믿는 안에서 사는 것이라 내가 하나님의 은혜를 폐하지 아니하노니 만일 의롭게 되는 것이 율법으로 말미암으면 그리스도께서 헛되이 죽으셨느니라

이다.

그런데 그 밖의 일부의 사람들은 그러한 마음의 충족감을 맛 볼 수 없는 인생관에서 빠져 나가려고 한다. 그러한 무엇인가 보다 좋은 것을 소망하는 사람들의 인생 행로를 단테는 그의 『신곡』 제일의 노래에서 가장 아름답게 그리고 있지만, 그러한 발전상은 위대한 인물들의 내적인 생활을 묘사하는데 있어서 언제나 좋은 주제가 되고 있는 것이다.

> *이러한 관점에서 볼 때 무조건은 아니라고 하겠지만 어느 선까지 동물계를 지배하고 있는 '생존경쟁'이라고 하는 것이 어떤 의미를 갖게 된다. 그러나 우리들은 억압하는 자가 되느냐 억압당하는 자가 되느냐 하는 길밖에는 선택의 여지가 없는 세계어서는 살고 싶지 않다. 오히려 그런 처참한, 인간에게는 적합하지 않은 견해에서 인간을 구출하는 것이 시급하고 중요한 문제라고 생각한다.

그러한 암담한 사고방식과는 다른 방도로 살 수 있는 희망이 설사 먼 장래에라도 조금은 있을 수 있다면, 그러한 운명에 굴복하기 전에 그 희망의 길을 찾아내지 않으면 안 된다.

사실상 인류가 끊임없이 그러한 운명에서 빠져 나오려고 하지 않았다면, 생각컨대 국가질서 따위는 이미 옛날에 사라졌을 것이다. 왜냐하면 그런 입장에서 볼 때 국가질서라는 것은 결국 약자에 대한 권력의 지배와 그 조직이기 때문이다.

또한 그러한 염세사상의 가장 나쁜 점은 그것이 단순히 만족할 수 없는 불행한 학설일 뿐만 아니라, 오히려 공허한 자기 반성과 같은 장난기와 결부되어 있다는 점인 것이다. 즉 도덕적인 무력함을 무슨 의미가 있는 것처럼 생각하며, 그리고 자기 자신도 포함해서 모든 것을 악이라고 느끼는 것만이 참된 고상한 정신이라고 다른 사람에게도 납득시키려고 하는 것이다.

현대 청년의 교육은 바로 이러한 점에서, 즉 염세사상의 극복에서 시작하지 않으면 안 된다고 나는 믿고 있다. 그러기 위해서는 이성과 경험에 기초를 둔 어떤 윤리적인 세계질서의 이념에서 출발하는 것이 필요하다. 그러한 이념에 비교한다면 유물론은 적어도 똑같이 증명할 수 없는, 그러면서도 결코 어떤 사람도 만족시킬 수 없는 학설인 것이다.

세계는 과연 혼돈상태이고 우연의 산물이어서, 그 궁극의 원인을 알 수 없는 소위 자연법칙이라는 것의 산물인지 또는 어떤 원리적인 의지에 의해서 지배된 한 가지 질서인지, 그 어느 편이라 하더라도 우리들은 그것을 알 수가 없다. 그러나 후자의 견해가 그러한 윤리적인 질서에 순응하고 싶다고 생각하는 사람에게 있어서는 처음부터 한층 진실처럼 생각된다. 이해하기 곤란한 것은 주로 그러한 순응하고 싶은 생각에 얽혀 있는 것이다.

그리고 그렇게 순응하는 것이 개인에게 있어서는 행복과 만족을 가져오게 된다는 것을 의미하며, 그 반대는 즉 불행과 내적인 분열을 의미한다는 것을 당장 알 수 있을 것이다.

그러한 세계질서가 사실상 존재한다는 것은 이미 서술한 것처럼 철학적으로는 증명할 수 없다. 그런 증명이라는 것은 모두가 불충분하다. 오히려 그 질서의 활동을 스스로 경험함으로써만 그것을 알 수 있게 된다.

그런데 높은 교양을 갖춘 사람들까지도 우리들의 사상과 행위와 관련이 있는 그러한 중대한 일에 대해서 의혹을 가진 채 일생을 보내게 되며, 의또는 높은 교양을 지닌 사람에게는 필수적이라고 생각하고 있는 것은 진실로 통탄할 일이라 하겠다.(열왕기 상 제18장 21절, 요한복음 제15장 22~24절)

약간 다른 말이지만 괴테는 그런 것에 대해서 다음과 같은 흔히 인용되고 있는 문장으로 표현하고 있다.

'사색하는 사람의 가장 아름다운 행복은 탐구할 수 있는 것을 탐구하고 탐구할 수 없는 것은 조용히 바라보며 존경하는 것이다.' 그러나 괴테를 숭배하는 사람들은 대부분 그것을 '조용히 내버려 두는 것'이라고 읽고 있는 것이다.

세속적인 생활에 대한 불만과 보다 나은 것에 대한 동경이 그 출발점이 된다. 거기서 이성 그 자체가 미로에서의 출구를 찾아서 마침내 '분주하게 뛰다가 피로해져서' 평화에 도달하기 위해서는 어떤 대가를 지불하더라도 세속의 길에서는 도망치려고 결심하게 된다. 그런 결심을 했을 때 인간은 구원을 받았다고 생각하게 되며, 정도에 도달한 것에 따른 내면적인 즐거움을 느끼게 되는 것이다.

그는 사실 정도에 도달한 것이 된다. 왜냐하면 그가 지금까지 자기 고집만으로 저항했던 새로운 정신력에 대해서 지금은 솔직히 마음을 열고 그 영향을 받아들이게 되었기 때문이다.

그러나 실제로는 제2의 단계로서 사도 바울의 말인 에베소서 제4장 22·24절의 '그대는 유혹의 욕심을 따라 썩어져 가는 구습을 쫓는 옛사람을 벗어 버리고—하나님을 따라 의와 진리의 거룩함으로 지으심을 받은 새 사람을 입으라'고 한 그 옛사람과 새 사람이 현재 존재하고 있는 만큼 그 새 사람이 중도에 낙오자가 되지 않도록 충분히 그것을 도와줄 필요가 있다.

그런데 보다 나은 것을 구하고자 노력하는 사람들도 대부분 평생 동안 더 발전을 하지 못하고 겨우 이 제2의 단계에서 머물고 있다. 그것이 곧 인생의 정도를 걸어가려는 것이면서도 다른 사람을 감화시킬 능력 부족이 드러나는 만큼, 일반적으로 인간관계를 향상시키는데는 그다지 큰 도움이 못되는 이유가 되고 있다—하긴 인간관계의 향상 따위는 보통은 그다지 중요시하고 있지 않기 때문이기도 하지만, 정신생활의 제3단계가 널리 실현될 때 비로소 모든 인간관계가 올바른 질서를 찾게 될 것이다.

*이와 같은 주목할 만한 생활사의 역사의 한 계열은 당시에 이미 텔슈테겐에 의해서 편집되어 있었다. 내적인 생활경력의 한 가

지 훌륭한 비유적 서술은 번안의 『천로역정』*과 슈틸링의 『향수』가 있다.

율리세스 폰 잘리스 말슈린의 것도 그다지 유명한 것은 아니지만 취리히에서 그라우뷘덴을 거쳐서 라고 드 이소까지의 도보여행의 형태를 취한, 똑같은 비유로 쓴 이야기이면서 1세기 전에 있었던 그 길을 지금도 볼 수 있다.

그러나 이런 부류의 작품 중에서 가장 아름다운 것은 역시 단테의 『신곡』이라 하겠다. 그것은 이미 경험을 쌓은 성숙한 연령 층의 사색적인 사람들에게는 가장 좋은 책이다.

*구약성서도 신약성서도 인간에 대해서는 오직 한 가지 '회심'을—다만 한 가지 의지 활동—을 요구하는 것 뿐이지 결코 '개선'을 요구하고 있는 것은 아니다.

그런 견해에 따른다면 인간은 본래 자신을 개선하는 것도 남이 개선시킨다는 것도 불가능한 것이고, 오직 겨우 자기 자신에게 탈피해서 보다 나은 성질을 받을 수 있을 뿐이다. 여기에 그리스

---

*천로역정 天路歷程 The Pilgrim's Progress : 영국 종교작가 J. 버니언의 종교적 우의소설. 정식 명칭은 『이 세상에서 내세로의 순례』이며, 『천로역정』은 영국인 W.C. 번즈가 중국어로 번역, 출판하면서 붙여진 제목이다. 2부작으로, 제1부는 1678년에, 제2부는 84년에 간행되어 여러 나라 말로 번역되었다. 작자의 꿈이야기 형식으로 되어 있다. 제1부에서는 주인공 크리스천이 처자를 버리고 한 권의 책 성서를 들고 파멸의 도시를 떠나 낙담의 늪, 죽음의 계곡, 허영의 거리 등에서 많은 유혹과 곤란을 겪으면서 천국의 도시에 이르는 여정을 그렸다. 제2부에서는 동행을 거부하였던 아내 크리스티아나가 신앙에 눈을 떠 아이들을 데리고 주위의 반대를 무릅쓰며 그의 뒤를 따라가는 과정을 묘사하였다. 이 작품은 신앙 형성의 문제를 우화형식으로 써내려간 종교소설로서 간결한 언어 구사 및 진지한 신앙과 풍부한 인간 관찰을 묘사한 예술작품으로, 영국 근대문학의 선구로서 영국문학 발전에 기여하였고 그리스도교 신자들에게 많이 읽혔다.

도교의 모든 비밀이 있다. 그것은 공개된 것이지만, 그래도 아직은 많은 사람에게 있어서는 숨겨지고 있는 것이다.

 이러한 제3단계만이 참으로 열매를 맺을 단계이고, 하나의 정신적 왕국을 건설할 공동작업인 것이다. 그리고 그 왕국은 바꾸어 말해서 또는 광대한 건축물로 비교되기도 하며 또는 엄격한 군대복무로 비교되는 것이 보통이다. 개인에게 만족감을 주는 상태는 오직 이것 뿐이고 그 밖에는 없는 것이다.
 사람은 오직 자신을 위해서 살고 있을 뿐이니, 가령 아무리 고상한 일이라도 오로지 자신의 수양에만 진력하고 있는 동안은 이전에 있었던 이기주의의 쓸쓸한 것을 상기하게 하는, 또는 '인간은 노력하고 있는 한 당황하게 되는 것'이라고 말한 괴테의 말이 의미하는 것과 같은 마음 속의 어두운 그늘을 아무래도 느끼게 되는 것이다.
 그러한 자기 자신을 위한 노력은 언젠가는 정지시키지 않으면 안 된다.
 '진리를 찾고자 하는 영원한 노력은 진리를 갖는 것보다도 훌륭하다'고 말한 레싱의 격언은 그 이상으로 진실한 것이 아니고, 그리고 아무런 위안도 되지 않는다. 그것은 마치 영원히 갈증을 느끼거나 영원히 추위에 떨고 있을 때, 갈증을 풀 샘을 찾고 만물을 양육할 태양 빛에 쪼이는 것보다도 고맙다고 주장하는 것과 똑같이 부조리한 것이다.
 그러한 종교적인 것 또는 철학적인 불안과는 전적으로 반대되는 상태는 언제나 마음 속으로 만족을 느끼고 힘이 넘치고 있는 상태이다.

> *이것을 증명하고 있는 것은 요한복음 제10장 11절, 제16장 33절, 마태복음 제11장 29절이다.
> '나는 선한 목자, 선한 목자는 양들을 위하여 목숨을 버리니라'
> '이것을 그대에게 이름은 그대로 내 안에서 평안을 누리게 하려 함이라. 세상에서는 그대가 환란을 당하지만 담대하라, 내가 세상을 이기었노라 하시니라'
> '참새 두 마리가 한 앗사리 온에 팔리는 것이 아니냐. 그러나 그대 아버지께서 허락치 아니 하시면 그 하나라도 땅에 떨어지지 아니 하리라'
> 끊임없이 자신의 '믿음을 굳게 하는 것'만을 생각하고 종교적인 의식이나 회합에 나갈 틈도 없다고 핑계를 대고 있는 신교의 게으른 성자들은, 언제나 기도만 드리고 있는 구교의 신부들과 똑같이 깊은 회의에 빠져 있는 것이다. 그러므로 그들은 '믿음이 없는 사람'들과 마찬가지로 평안한 마음으로 살 수 없는 것이다.

다만 그 힘은 겸허한 마음과, 그리고 자기 만족을 말끔히 포기해 버린 마음의 자세로 나타나서, 어떤 자연적인 고난에도 견딜 수 있게 되는 것이다.

그것이 아마도 인간이 존재하는 한 도달할 수 있는 최고의 단계인 것이다. 물론 그러한 행복을 누구에게나 이해시킨다는 것은 불가능하다. 언제나 자신의 일만을 생각하지 않아도 좋다. 로테가 말했듯이 '사사로운 일에는 신경을 쓰지 않는다'는 자세로, 반드시 눈에는 직접 보이지 않지만 어떤 효과는 틀림없이 있을 것이라는 확신을 가지고 차분히 자기가 맡은 일만을 열심히 하는 데에 그런 행복은 있는 것이다.

＊누가복음 제5장 17절 : 하루는 가르치실 때에 갈릴리 각 촌과 유대와 예루살렘에서 나온 바리새인과 교법사들이 앉았는데 병을 고치는 주의 능력이 예수와 함께 하더라

＊누가복음 제10장 17 · 19절 : 칠십 인이 기뻐 돌아와 가로되 주여 주의 이름으로 귀신들도 우리에게 항복하더이다 · 내가 너희에게 뱀과 전갈을 밟으며 원수의 모든 능력을 제어할 권세를 주었으니 너희를 해할 자가 결단코 없으리라

＊누가복음 제11장 36절 : 네 온 몸이 밝아 조금도 어두운 데가 없으면 등불의 광선이 너를 비칠 때와 같이 온전히 밝으리라 하시니라

＊요한복음 제7장 38절 : 나를 믿는 자는 성경에 이름과 같이 그 배에서 생수의 강이 흘러나리라 하시니

＊요한복음 제8장 31 · 32절, 50 · 51절 : 그러므로 예수께서 자기를 믿은 유대인들에게 이르시되 너희가 내 말에 거하면 참 내 제자가 되고 진리를 알지니 진리가 너희를 자유케 하리라, 나는 내 영광을 구치 아니하나 구하고 판단하시는 이가 계시니라 진실로 진실로 너희에게 이르노니 사람이 내 말을 지키면 죽음을 영원히 보지 아니하리라

＊요한복음 제5장 19 · 20절, 30절 : 그러므로 예수께서 저희에게 이르시되 내가 진실로 진실로 너희에게 이르노니 아들이 아버지의 하시는 일을 보지 않고는 아무것도 스스로 할 수 없나니 아버지께서 행하시는 그것을 아들도 그와 같이 행하느니라 · 아버지께서 아들을 사랑하사 자기의 행하시는 것을 다 아들에게 보이시고 또 그보다 더 큰 일을 보이사 너희로 기이히 여기게 하시리라, 내가 아무것도 스스로 할 수 없노라 듣는 대로 심판하노니 나는 나의 원대로 하려 하지 않고 나를 보내신 이의 원대로 하려는고로 내 심판은 의로우니라

＊요한복음 제14장 12절 : 내가 진실로 진실로 너희에게 이르노니 나를 믿는 자는 나의 하는 일을 저도 할 것이요 또한 이보다 큰 것도 하리니 이는 내가 아버지께로 감이니라

＊고린도후서 제12장 9절 : 내게 이르시기를 내 은혜가 네게 족하도다 이는 내 능력이 약한데서 온전하여짐이라 하신지라 이러므로 도리어 크게 기뻐함으로 나의 여러 약한 것들에 대하여 자랑하리니 이는 그리스도의 능력으로 내게 머물게 하려 함이라

＊그런 상태의 정점을 보여주고 있는 것은 누가복음 제5장 17절, 제10장 17·19절, 제11장 36절, 요한복음 제7장 38절, 제8장 31·32절, 50·51절＊에 있으며, 그러한 상태가 자신의 완전 무결한 상태가 아니라, 오히려 외부의 힘에 의한 것임은 특히 요한복음 제5장 19·20절 및 30절, 제14장 12절, 고린도후서 제12장 9절＊을 보더라도 분명하다.

그가 지향하는 길을 포기하지 않고 걸어가는 용기는 그러한 제3단계에 있어서는 이미 그전처럼 일종의 발열상태라고 할 수도 있고, 또 어떤 때는 실제로 열이 오르는 그런 흥분 상태가 되어 나타난다. 오히려 외면적으로는 전혀 냉정한 형태를 나타내는 것이다.

그것은 마치 절대 변하지 않는 중심점, 즉 자신의 길과 운명에 대한 꿋꿋한 신뢰심과 같은 것이어서 다른 사람의 비판 따위로는 털끝만큼도 동요하지 않는 것이다.

＊이와 같은 법열＊은 교회의 일부에서 인정하고 있듯이 특별히 진보된 내적인 상태의 표시는 아닌 것이다. 법열은 종교적인 법열과도 같은 것이다.

그런데 이러한 상태는 가장 훌륭한 사람들에게도 나타나지 않을 수도 있으나, 만년에 이르면 조금씩 그것은 사라져 가는 것이

＊법열 法悅 : 불법을 듣고 진리를 깨달아 마음속에서 우러나오는 기쁨을 뜻하는 말로, 깊은 이치를 깨달았을 때의 기쁜 상태를 말한다.

다.(고린도후서 제12장 2절* 참조) 바꾸어 말한다면 이를테면 그것은 통과지점에 지나지 않는다.

가톨릭교회의 법열을 경험한 성자 중의 한 사람인 성 테레사는 그런 것을 잘 알고 있었다. 한 예로 그녀의 교부 알칸타라의 성 패토루누에 관한 서술을 보아도 그것은 알 수 있다.

＊그런 상태에 관한 한 여류작가(수녀수업을 하고 있던 잔 마리, 1581년생)는 이렇게 말한 바 있다.

"자기 자신과 모든 인간에 대한 신뢰심을 버린다면 이 세상에서 얻을 수 있는 최대의 영혼의 행복을 가질 수가 있다. 위에서 사도 바울이 옛 사람을 버린다고 한 말은 바로 이런 것을 지적한 것이다."

"사람은 보통 속세를 떠나면 당장에 그렇게 되리라고 생각하고 있다. 그러나 최대의 적은, 사실은 우리 자신 속에 도사리고 있는 것이다."

위와 같은 말은 바로 그대로 클링거의 사상이고 그의 가장 깊은 핵심을 말한 것이다.

인간을 믿지 않고 어떤 일이든지 처리할 생각이라면 하나님의 정의에 대한 흔들리지 않은 절대적인 믿음이 필요하다. 그것은 그러한 글을 쓴 사람들이 한결같이 요구하는 것이기도 하다. 그

---

*고린도후서 제12장 2절 : 내가 그리스도 안에 있는 한 사람을 아노니 십사 년 전에 그가 세째 하늘에 이끌려 간 자라(그가 몸 안에 있었는지 몸 밖에 있었는지 나는 모르거니와 하나님은 아시느니라)

리고 그것을 전제조건으로 하고 있기 때문에 그것 없이는 그런 길은 도저히 걸어갈 수 없기 때문이다.

또 다른 한 이스라엘의 예언자는 그것에 관해서 다음과 같이 말한 적이 있다.

"당신들은 말로써 주님을 성가시게 했다. 그러고도 당신들은 이렇게 말하고 있다. '우리들이 어떻게 주님을 성가시게 했단 말인가.'라고. 그것은 당신들이 '모든 악을 행한 자는 주님에게 잘 보이고 또 그가 기뻐하더라'고 말하고, 한편으로는 '심판을 행하실 하나님은 어디 계신가'라고 말하고 있기 때문이다."(말라기서 제2장 17절)

이 말을 바꾸어서 한다면 하나님의 정의를 의심하며 모두 그런 것의 존재 여부를 의심한다는 것은 악과 똑같은 하나님을 모독하는 행위인 것이고, 그것은 대부분 악의 결과이다.

분명하게 내적인 생활을 하고 있으며, 시대나 종교, 사회적인 영역을 완전히 같이 하는 수 많은 훌륭한 사람들의 생활경과를 요약하면 다음과 같이 말할 수 있을 것이다.

즉 인간이 생활을 시작할 때는 어떻게 하는 것이 영리한 것이냐고 묻고, 그 다음에는 영리하게 행동하려고 해 본다.

그리고 어떤 사람은 성공을 거두고 내내 그런 식으로 살아간다. 그런데 그것을 성공시키지 못한 사람들은 무엇이 선이냐고 묻는다. 그리고 그것에서 만족을 구한다. 그러나 그 만족은 이윽고 오만하게 될 위험성이 따른다. 제3자는 재빨리 그것을 깨닫고 더 고귀한 지도자를 구해서 그의 행동을 따라 살아가려고 한다.

그러나 그 길은 너무나 좁고 맨 처음에는 '겸손의 골짜기'를 통과하지 않으면 안 된다.

위에서 말한 일들은 자기 자신이 그와 같은 경험을 해보지 못한 사람으로서는 어느 정도 공상적이라고 생각되는 결점이 있다. 그러므로 청년들은 교육시킬 때는 위에서 말한 것과 같은 일을 내세우지 않는다고 해서 깊이 책망할 수는 없다. 그 이유는 위에서 말한 것은 사실 공상적인 것이 없을 수 없고 또 그러한 사실들이 불순하다는 것은 그것이 잘못된 길로 사람들을 이끌어 갈 염려가 있기 때문이다. 다만 공명정대한 사람에게만 그 일에 성공하는 것을 하나님은 허락한 것이다. 클링거는 진정 그런 사람 중의 한 사람이었다.

*그러한 이유에서 가톨릭교회에서는 벌써 오래 전부터 일반적으로 복음서의 사용을 금하고, 굉장히 상세한 점까지 규정한 교회의 교리와 박식한 성직자라든가 해설을 할 수 있는 권위자의 말로써 대신 했다. 그런데 교회의 '성자'들이 쓴 것은 대체적으로 그 제한을 넘어서고 있는 것이 많다.

한편으로 아직 어린 아이들에게 종교적인 교리를 억지로 주입시키는 것 또한 교육적인 면에서 잘못이라고 우리들은 생각한다. 그것은 대부분 그리스도의 말을 올바르게 해석하지 못한 잘못에서 생기는 것이다.

성서에는 사실 그리스도가 어린이를 '안고 그리고 축복하셨다'

고 씌어져 있지만, 그러나 그 어린이들에게 얘기를 했다든가 가르쳤다거나, 하물며 자신을 따르라고 요구한 사실은 결코 씌어진 바가 없는 것이다.(마태복음 제18장 2절, 마가복음 제10장 16절, 누가복음 제18장 16절*).

어린이들에게 필요한 것은 따뜻한 사랑과 모범을 보여주는 것이지, 종교적인 교리는 전혀 필요한 것이 아니다. 그런데 종교적인 교리를 많이 주면 줄수록 앞의 두 가지를 줄 수 있는 분량은 점점 적어진다는 것이 일반적이다.

그리고 어린이들이 스스로 종교의 가르침을 요구할 시기가 오면 그러한 약은 지금까지 지나치게 남용했기 때문에 이미 효력이 상실된 것이다. 종교를 경시하는 훌륭한 사람들은 모두가 그런 경험을 겪은 적이 있다. 그들은 너무나 빨리 싫증이 날 만큼 종교의 교리를 들어 왔던가, 또는 그들의 부모나 교사들 중에서 종교의 영향으로 나쁘게 된 실례를 늘 보아 왔기 때문이다.

그렇다면 그런 모든 것을 '이상주의'라고 부를 수 있을지 어떨지,—하긴 수많은 영리한 사람들은 처음부터 그렇게 함으로써 문제를 깨끗이 해결해 버리고 있지만—어쨌든 결정되지 않을 일로 해두자. 어찌 되었거나 그러한 주의는 그것을 굳게

---

*마태복음 제18장 2절 : 예수께서 한 어린 아이를 불러 저희 가운데 세우시고
*마가복음 제10장 16절 : 그 어린 아이들을 안고 저희 위에 안수하시고 축복하시니라
*누가복음 제18장 16절 : 예수께서 그 어린 아이들을 불러 가까이 하시고 이르시되 어린 아이들의 내게 오는 것을 용납하고 금하지 말라 하나님의 나라가 이런 자의 것이니라

믿고 동요하지 않는 사람들에게 있어서는 그 밖의 이 세상에서 행해지고 있는 어떠한 인생관보다도 훨씬 만족감을 줄 수 있는 것이라고 생각되고 있다.

적어도 그것을 확실히 믿기 위해서는 결코 많은 역사적 지식이나, 또는 인생에 대한 특별한 통찰력도 필요로 하지 않는다. 그러나 우리들이 염려하는 것은 대다수의 독자들이 클링거보다도 도리어 아그리파 왕(사도행전 제26장 28절*)을 따를 것이라고 하는 것에 있다. 실제로 '성공'할 수 있다는 것은 아그리파에게는 결코 약속되어 있는 것은 아니지만, 클링거와 같은 사람들의 풍성한 내적인 생활을 독일의 한 시인은 다음과 같이 시로 매우 멋지게 묘사하고 있다.

빛과 그림자는 항상 함께 있고,
잘못 또한 없는 바 아니지만,
그러나 안에서 빛나는 광명은,
밖의 암흑을 밝게 하나니.

절실히 완성하기를 염원하지만,
이 세상에서는 얻지 못한다.
그러나 완성만을 찾고자 애쓰는 자는,
그 영혼에 평화를 얻으리니.

---
*사도행전 제26장 28절 : 아그리파가 바울더러 이르되 네가 적은 말로 나를 권하여 그리스도 안이 되게 하려 하는도다

좋은 습관 길들이기

 사물을 신중하게 생각하는 사람이라면 누구나가 다 자기가 수양을 한다든지 또는 다른 사람을 교육할 경우에, 한 번은 겪지 않으면 안 될 매우 중대한 경험이 있다. 그것은 모든 행위, 나아가 모든 사상이 그것을 생각해 냈을 때는 이미 유형적인 인상을 뒤에 남기게 해서 그 다음에 일어날 똑같은 행위라든가 사상을 쉽게 이루게 하고 똑같지 않은 것은 곤란하게 만드는 경향이 있다.

 '악은 언제나 악을 낳는다. 그것이야말로 악의 저주스러운 것이다.'라는 실러*의 말처럼 선행을 하면 반드시 따라오는 중요한 보수는, 선은 언제나 선을 낳는 것이어서, 그러한 선행을 한 사람에게는 언제까지나 계속되는 이익을 주게 되는 것이다.

＊선행을 할 수 있다는 것 그 자체가 이미 보수를 받는 것이라 하겠고, 악한 짓을 하지 않을 수 없다는 것 그 자체는 이미 벌을 받고 있는 것이다. 그 사람의 소질이 훌륭하면 훌륭할수록 훨씬 더 강렬하게 그러한 것을 느낄 수 있을 것이다.(열왕기 제21장 20·25절 참조.)

한 번 일어났던 일은 절대로 변경시킬 수 없다는 것은 실로

＊실러 Johann Cristoph Friedrich von Schiller : 1759~1805. 독일 극작가·시인. 마르바흐 출생. 독실한 그리스도교 신자였던 부모의 영향으로 어릴 때부터 성직자를 희망하였으나, 13세 때 영주인 카를 오이겐공의 간섭으로 명령에 따라 군학교(카를학원)에 입학했다. 군대식 규율과 감독이 엄한 이 학교에서 처음 2년 동안 법학을 배운 뒤 의학으로 바꾸었다. 재학 중 몰래 읽은 당시의 신문학운동의 작품들, 특히 J.W. 괴테의 『젊은 베르테르의 슬픔』과 W. 셰익스피어의 희곡 『오셀로』에 자극받아 희곡 습작을 시작하고 있던 무렵, 격심한 자아주장과 깊은 종교감정이 교착하는 처녀작 『군도』를 거의 완성하고 있었다. 그외의 작품으로 L. 베토벤의 『제9번 교향곡』 합창 텍스트로 유명해진 『환희에 부치다』와, 이상과 우정의 비극인 『돈 카를로스』가 있다. 1794년 여름 괴테와 실러는 급속하게 친해졌고, 이후 실러가 죽을 때까지 11년 동안 두 시인은 변함없는 우정으로 협력하여 독일고전주의를 확립했다. 이들 사이에 오고 간 1,009통의 편지는 보기 드문 우정의 기념비이며 귀중한 문학사적 자료이다. 95년 여름, 봇물 터지듯이 시상이 다시 넘치자 『이상과 인생』 『산책』 등의 사상시가 나왔으며 96년 가을에는 사극 『발렌슈타인』을 제작하기 시작했다. 97년에는 한 때, 괴테와의 경쟁작으로 서사시에 몰두했으며 99년 『발렌슈타인』을 겨우 완성했다. 이후 거의 1년에 1편씩의 희곡을 썼으며, 『마리아 슈투아르트』, 『오를레앙의 처녀』, 『메시나의 신부』, 『빌헬름텔』 등의 작품이 유명하다. 1805년 5월 9일 바이마르에서 생애를 마쳤으며 『데메트리우스』라는 미완성 유고를 남겼다. 실러는 그 웅혼한 희곡, 전아한 사상시, 고결한 이상주의적 정신 때문에 오늘날에도 괴테와 나란히 경애받는 독일의 국민시인이다. 출생지인 마르바흐에는 실러의 생가가 보존되어 있으며 실러국민박물관이 있다. 바이마르에는 실러의 자택과 괴테~실러 문고가 있다.

두렵기 짝이 없는 것이어서, 그것은 언제나 인간생활의 비극적 배경이 되고 있는 것이다. 우리들이 아무리 그것을 믿고 싶지 않다든지 인식하고 싶지 않다는 생각을 하지만, 한번 일어났던 일은 영원히 지워질 수 없이 그대로 존재하는 것이다.

그러므로 우리들의 역사가 남기고 있는 사실은 언제나 매우 비극적인 성격을 띠고 있어서 결코 축하해 주고 싶거나 원만한 것이 될 수 없으므로 희극적으로 끝날 수는 없는 것이다.

*우리들은 과연 죄를 용서받을 수 있다고 믿고 있지만, 그것은 어디까지나 종교적인 바탕에서 죽은 다음에 저 세상에서 다루어질 문제인 것이다. 이 세상에서는 언제나 인과관계가 존속되고 있어서, 인간은 선에 의해서 악을 제압할 수는 있지만, 악을 저지르고 나서 그 일을 없었던 것으로 할 수는 없다.

그러나 인생을 일단 이렇게 진지하게 생각하게 되면 누구나가 깨달을 수 있는 것이지만, 중요한 문제는 단순히 사상이나 신앙에 있는 것이 아니며, 하물며 인간의 영혼에는 접촉될 수 없는 외면적인 신앙고백이라든가 또는 다만 교회에 이름을 올려놓고 있다는 것이 아니라 진실로 중요한 것은 무엇보다도 습관의 문제인 것이다.

교회에서 목표로 삼고 있는 것은 착한 인간을 만들고자 하는 데 있다. 언제나 선은 어떤 것이고 악은 어떤 것이다 하고 잘 생각해서 선택한다는 것은 꼭 믿을 수가 없다. 오히려 바람직한 것은 이것 저것 필요도 없이 즉시 착한 일을 실천할 수 있도록 만드는 것에 있다.

인간생활에 있어서의 이상은, 모든 선행은 누구나가 습관적으로 스스로 잘 알 수 있고, 모든 악은 그 사람의 천성과는 반대되는 것이므로 대부분 육체적으로 불유쾌한 인상으로 느껴지는 생활이다. 그렇게 되지 않는다면 덕을 쌓는다든가 믿는 마음도 모두 아직은 좋은 의도에 지나지 않아서, 실제로는 선으로 통할 수도 있고 악의 길로도 쉽게 통할 수 있는 것이다.

그렇다면 생활을 하는데 있어서 가장 훌륭한 좋은 습관이란 어떤 것일까?

우리들은 다만 그 중의 두서너 가지를 그냥 체계를 세우지 않고 써보려고 한다. 그 이유는 오늘의 사회는 체계적인 도덕론에는 약간 싫증을 느끼게 되므로 순수하게 실천적인, 그리고 경험적인 그런 종류의 말들이 오히려 사람들의 주목을 끌 수 있는 것이 아닐까 생각되기 때문이다.

(1) 첫째 주요한 규칙은 즉 우리들이 소극적으로 나쁜 습관을 버리려고 노력하는 것 보다는 오히려 항상 좋은 습관을 익히도록 애쓰지 않으면 안 된다고 하는 점이다.

왜냐하면 내적인 생활에 있어서도, 다만 방어위주인 것 보다는 공격적인 편이 정신적으로 훨씬 수월하기 때문이다. 즉 공격적일 때는 승리할 때마다 기쁨을 느끼게 되지만, 그러나 단순한 방어만으로는 공연히 많은 힘을 소모할 뿐인 것이다.

그럴 경우 중요한 것은 언제라도 출동할 수 있는 즉각적인 결심이 필요한 것이다.

개인의 생활에 있어서도 볼테르가 국가에 관해서 말한 바 있는 '내 견해로는 모든 사건이 성공하느냐 실패하느냐는 한 순간에 달려 있다'라는 말이 그대로 들어맞는 것이다.

*그런데 정직한 사람은 언제나 자신의 방어력이 부족하다는 것을 의식하고 마음이 의기소침해지기 쉽다.

*그러므로 단순한 자기 관찰이나 즉시 행동화할 수 있는 의도는 모두가 매우 위험한 것이다. 그 중에서도 일기를 꼬박꼬박 쓴다는 것도 또한 위험한 것이다. 나는 과거의 문학사에서 허영이란 오점을 남기지 않고, 또는 도덕적인 무력함을 나타내지 않은 그런 일기를 본 적이 없다.(마태복음 제6장 33·34절)

'그대는 먼저 그의 나라와 그의 의를 구하라, 그리하면 이 모든 것을 그대에게 더하시리라. 그러므로 내일 일을 위하여 염려하지 마라. 내일 일은 내일 염려할 것이요, 한 날의 괴로움은 그날로 족하니라'

(2) 둘째로는 공포심을 가지지 말라는 것이다. 그것이 강렬한 종교적인 뒷받침 없이 적절히 터득할 수 있을 것인지를 여기서 깊이 탐색해 볼 생각은 없다. 공포심이라는 감정은 인간의 모든 감정 중에서 가장 불유쾌한 것이고, 그러므로 어떻게

해서든지 그런 습성만은 없애버리고 싶을 뿐만 아니라 그것이 쓸 데 없는 감정임은 틀림이 없다.

두렵다고 해서 그러한 두려운 사건이 일어날 것을 미리 방비할 수도 없으며 오히려 그것에 대항하는데 필요한 힘마저 다 써버리게 된다. 우리들 인생살이에서 부딪치는 일들은 대부분 멀리서 바라보는 것처럼 결코 두려운 것은 아닌 만큼 견뎌낼 수 있는 것이다.

특히 인간의 상상력은 고통이 지속될 때 실제로 겪는 것보다 훨씬 오래 끌고가는 것이라고 상상하게 되는데, 어떤 곤란한 일이 일어났을 때는 기껏해야 그것은 사흘 정도면 끝나고 그 이상은 계속되지 않을 것이라고 미리 간단하게 생각하고 있으면 대부분 그 상상대로 맞을 수도 있기 때문에 어쨌든 그런 각오가 되어 있으면 우리들은 한층 침착하게 일을 해낼 수 있을 것이다.

* 철학적인 무공포(無恐怖)와 종교적인 그것과의 차이는 다음과 같은 점에 있다. 즉 전자는 언제나 불행한 일이 일어나리라는 것을 각오하고, 더구나 개연적 법칙에 따라서 불행한 일이 오랫동안 일어나지 않는다면 한층 더 불행한 일이 일어난다는 것에 대한 각오를 하고 있는 것이다.

그것과는 달리 종교적인 무공포는 '하나님께서 주실 것이기에 주시는 것이다'라고 하는 옛 격언에 따르는 것이다. 즉 하나님이 은혜를 베풀어 주시는 것은 그 모두가 하나님이 이미 자애로움을 베푸신 자를 새삼스럽게 버리실 까닭은 없다는 그러한 보증이 있기 때문이다.

철학적인 근거에서 가장 좋은 공포 예방법은, 모든 공포는 우리들 내부에 무엇인가 옳지 못한 것이 있다고 하는 것의 증거라고 확신하는 것이다. 그것을 찾아내어 제거해야만 된다. 그렇게 하면 공포심은 대부분 사라지게 되는 것이다.

(3) 공포의 동기가 되는 것은 대부분 인생살이에서 재산 등이 문제인 것이다. 그러므로 사람들은 될수만 있다면 빨리 젊은 시절에, 하지않은 것 보다는 조금은 값어치가 있는 것을 찾는다는 습관, 즉 서로 용납되지 않는 두 가지를 동시에 갖고 싶어하지 않는 습관을 익혀 두어야만 된다. 말하자면 '실패한 인생'의 결점은 그 모두가 두 마리 토끼를 좇아간 어리석은 점에 있는 것이다.

우리들의 견해를 말하자면, 인간은 자유롭게 그의 인생의 목적을 선택할 수가 있을 뿐만 아니라 진지하게 한 길로 그 목적과는 관계가 없는 모두의 노력을 희생하면서 얻으려고 한다면, 그것이 어떤 것이든지 반드시 그것을 얻을 수가 있는 것이다.

최상의, 그리고 깊이 생각한 나머지 신중한 행동에 의해 아주 쉽게 도달할 수 있는 인생의 재산은 견고하고 도덕적인 확신, 정신적인 높은 교양, 사랑, 성실, 일에 대한 능력과 또한 일하는 즐거움, 정신 및 육체의 건강, 그리고 알맞은 정도의 재산이다.

그 밖의 것은 모두가 전혀 가치가 없거나 또는 그런 것들과는 전혀 비교도 되지 않는 값어치 밖에 없다. 그러한 것과 반대되는 것은, 재산과 상당한 명예와 권력, 그리고 도에 넘치는 쾌락이다.

이 세 가지 것, 즉 돈과 명예와 쾌락은 보통 사람이라면 누구나 할 것 없이 가장 절실하게 갖고자 하는 것이고 또 더러는 쉽게 뜻을 이룰 수 있는 것이지만, 그러나 그것은 언제나 다른 보배를 버리는 것에 의해서만 손에 넣을 수 있는 것이므로 오히려 우리들은 신속히 결단을 내려서 마음 속에서 그런 것들을 쫓아버리고 다른 보물로써 그것과 바꾸어 놓지 않으면 안 된다.

만약 그렇게 하지 않는다면, 종교적인 또는 철학적인 기초에 의한 내면적인 인간의 교육 따위를 입에 담는 다는 것은 아마 무의미한 것이 될 것이다. 모든 것은 겉치레 뿐이고 이것도 저것도 아닌 것이 되어서 마침내는 위선이 된다.

그런데 가장 훌륭한 사람들의 결심이라는 것도 대부분 하는 수 없이 그때 그때의 형편에 따라서 단편적으로 체념하는 것에 지나지 않는다. 한 번은 반드시 그렇게 하지 않으면 안 된다는 것을 미리 깨달아 영원히 가져질 수 없는 그런 고민을 지워버리는 방도로 확고하고도 신속한 결심을 한다는 것과 같은, 젊은 나이임에도 불구하고 대단히 현명한 사람 따위는 도저히 찾아볼 수 없는 것이다.

*인생살이에 있어서의 목적을 빨리 선택해서, 그 목적과는 도저히 조화가 될 수 없는 것은 항상 정확한 안목으로 제거해 버리는 것이 '처세술'의 가장 중요한 부분이다. 또 그것이 성공의 비결이므로 그렇게 인간을 이끌어 가는 것이 교육의 주요 임부의 한 가지이다.
처세술의 다른 한 가지 부분은 인생의 목적을 올바르게 선택하는 것이다.

*또 보통 사람들의 소망을 거들떠 보지 않는다는 것은 다른 방식, 즉 철학적인 확신 등의 방법으로는 결코 이룩할 수가 없다. 또 더구나 '절도' 등으로는 문제도 되지 않는다. 그것은 분명히 자기 기만인 것이다. 그럴 때는 실제로 가차없이 과감한 치료방법이 필요하다.

'세례 요한 때부터 지금까지 천국은 침노를 당하나니 침노하는 자는 빼앗느니라', '그대를 위하여 보물을 땅에 쌓아두지 말라, 거기는 좀이 해하며 도적이 구멍을 뚫고 도적질하느니라', '그대가 서로 영광을 취하고 유일하신 하나님으로부터 오는 영광은 구하지 아니하니 어찌 나를 믿을 수 있겠느냐', '또 비유하여 이르시되 새옷에서 한 조각을 찢어 낡은 옷에 붙이는 자가 없나니 만일 그렇게 하면 새옷을 찢을 뿐이요, 또 새옷에서 찢은 조각이 낡은 것에 합하지 아니하리라', '예수께서 이르시되 그대는 사람 앞에서 스스로 옳다하는 자이나 너희 마음을 하나님께서 아시나니 사람 중에 높임을 받는 것은 하나님 앞에 미움을 받는 것이니라.' (마태복음 제11장 12절, 제6장 19절, 요한복음 제5장 44절, 누가복음 제5장 36절, 제16장 15절.)

＊여기서 특히 마지막 고비인 언덕에 대해서 말하지 않을 수 없다. 로테는 그런 언덕의 특징을 다음과 같은 말로써 표현하고 있다.
 '한 가지 착한 일에 헌신하는 동시에 또 자기 일신을 위한다는 생각을 하면서 그 언덕을 기어 올라가려는 것은 위험하고도 불순한 태도인 것이다.'
겉으로 드러난 명예나 부자라든가 신분이 높은 사람, 그 밖에도 오만한 사람과의 접촉을 피한다는 것은 그것보다는 훨씬 쉬운 일이다. 왜냐하면 하층계급의 사람들 쪽이 훨씬 재미나 인간미가 있으며 또 다른 사람의 마음을 헤아려 볼 수 있는 예리한 눈을 가진 사람에게 있어서는 명예라는 것은 별 것 아니기 때문이다. 그럴 경우에 가장 곤란한 것은 스스로 자만하지 않고 태연히 그렇게 해야만 되는 것이다.

(4) 명예라든가 세속적인 향락만을 추구하고 있으면 인간은 결국 제3자의 예속물인 노예가 되어 버린다. 그러므로 우리들은 즉시 사랑으로 그것에 대체하지 않으면 안 된다. 사랑은 그런 것들과는 달라서 언제든지 우리들이 다룰 수 있는 것이다. 그런 대상물이 없다면 마태복음 제12장 45절＊에 기록했

듯이 두렵고도 견딜 수 없는 공허감만 남게 될 것이다.

우리들은 어떤 대가를 지불하더라도 우리 자신을 위해서 습관적으로 모든 사람을 사랑할 수 있도록 노력하지 않으면 안 된다. 사람에 따라서 사랑을 받을 만한 가치가 있고 없고를 따질 필요는 없다. 왜냐하면 그것을 정확히 판단한다는 것은 매우 곤란한 일이기 때문이다.

어찌 됐든 인생은 사랑 없이는, 특히 청년시절이 지나가고 난 다음에는 대단히 비참한 것이다. 냉담한 사람을 대할 때 그것은 어쩌다가 쉽게 미움의 감정으로 변하게 되므로, 그것은 인간의 생존을 위협하는 독물과 같아서 삶이란 죽음보다 나을 것이 없다고 생각하기에 이른다.

*사랑은 우정과는 전혀 다르다. 사랑은 인내심과 밀접하게 결부되어 있으므로 무엇보다도 인내력을 더 많이 요구한다. 그와 반대로 우정이란 언제나 고상한 의미에서 자아적이고 향락적인 성격을 어느 정도 갖고 있다.

사랑은 또 사람이 편안하게 다른 사람보다 윗자리에 앉아 있을 수 있는 유일의 길인 것이나, 그것은 사랑하는 방법을 모르는 사람들에 대한 정다하고도 대단한 우월감인 것이어서, 다만 하나님만이 가까이 할 수 있는 참된 귀족주의인 것이다.

---

*마태복음 제12장 45절 : 이에 가서 저보다 더 악한 귀신 일곱을 데리고 들어가서 거하니 그 사람의 나중 형편이 전보다 더욱 심하게 되느니라 이 악한 세대가 또한 이렇게 되리라

미워하지 않으면 안 되는 것은 어디까지나 사물이지 결코 인간은 아니다. 인간의 선악을 판단하고 공정성을 잃지 않는다는 것은 한 마디로 너무나 곤란한 일이다. 불공정한 판단은 언제나 판단을 잘못한 사람을 가장 심하게 괴롭히는 것이다.

그러므로 여러분은 논리적으로나 경험에 의해서나 무엇에 의해서든 사랑을 경시해서는 안 된다. 한편 사랑할 가치가 있고 없고를 문제시 해서도 안 된다. 그것이 항상 마음을 평화롭게 유지하며, 그렇지 않을 때라도 사람들이 차츰 싫어지지 않을 수 없게 되는 사물이나 인간에 대해서도 오히려 관심을 가질 수 있는 유일의 수단인 것이다.

* 사랑이 없는 생활을 하면서 40세가 넘었을 때, 페미니스트*가 되지 않는 사람은 어쩌면 어떻게 된 사람이 아닐까.

말이 여기에 이르렀으니 더 첨언한다면 사랑은 대단히 영리한 것이라 하겠다. 그것은 스스로 바라지도 않지만 모든 악인

---

*페미니즘 feminism : 여성의 사회적·정치적·법률적 모든 권리의 확장을 주장하는 주의. 페미니즘을 추종하는 사람들을 페미니스트라고 한다. 라틴어의 페미나(femina; 여성)에서 파생된 말로, 여권주의·여성존중주의를 뜻한다. 18세기 영국의 M. 울스턴크래프트가 쓴 『여성권리의 옹호』는 페미니즘을 주장한 최초의 저작물이었으며, 여기서 그녀는 중산계급 여성의 정신적·경제적 자립을 주장하였다. 그러나 페미니즘에는 명확한 이론체계가 있는 것이 아니라 시대와 나라에 따라 여러 가지 형태로 나타난다. 예컨대 스웨덴의 E. 케이는 진화론 입장에서 모성의 옹호를 호소하여 스칸디나비아 여러 나라와 독일의 페미니즘에 큰 영향을 끼쳤다. 1960년대 이후 페미니즘은 미국을 중심으로 우먼리브의 영향을 크게 받고 마르크스주의 및 기호학과 접촉하면서 이론상으로 발전하였다. 이러한 이론상 발전에는 사회를 구성하는 것은 남성도 여성도 아닌 다만 인간이라는 의식 전환이 내재되어 있으며, 이에 따라 페미니즘은 '여성에 의한 인간해방주의'로 규정되기도 한다.

을 기만할 수는 있는 것이다. 그러나 친애하는 독자들이여, 만약 여러분이 시인과 더불어,

'나를 사랑하는 사람을 사랑하며,
나를 미워하는 사람을 미워한다.
나는 언제나 그렇게 해왔으니,
지금 새삼스럽게 그렇게 하던 것을 바꿀 생각은 없다'

이렇게 말하고 싶다면 얼마 동안은 그대로 실행해 보는 것도 좋을 것이다. 실행하는 것은 배우는 것보다는 나은 방법이니까. 그러나 여러분은 이것 저것 미움만 사게 될 것이고, 그리고 사랑은 정말 찾아보기 힘들 정도만 맛보게 될 것이다.

*악인이라는 것은 세상 사람들이 생각하고 있는 것만큼 나쁜 짓을 할 수 있는 것은 아니다. 그 주된 이유의 한 가지는 인간에 관한 진실된 지식을 가질 기회가 너무나 적기 때문이다.

그들은 항상 다른 사람의 이기심을 목표로 삼고 있지만, 상대가 그것을 지니고 있지 않을 경우에는 당장 계획에 차질이 생긴다. 그리고 만약 적의가 있는 기쁨이라는 것이 용납된다면, 사실 그러한 차질이 생긴 순간에 나타날 수 있는 기쁨의 심경이 그런 것이다.

그와는 반대로 인간에 대한 사랑이 커지면 인간의 안목이 예민해져서, 그런 사랑을 깊고 강렬하게 소유하고 있는 사람에게는

다른 사람의 가장 깊은 마음 속까지 꿰뚫어볼 수 있는 능력을 주게 되며, 그것이 더 발전되면 거의 기적이라고 할 만한 일까지 생기게 되는 것이다. 그런데 이기주의는 인간을 차츰 우둔하게 만들어 버리는 것이다. 그것을 안다면 가지가지 크고 작은 인간의 수수께끼를 쉽게 풀어 나갈 수 있을 것이다.

(5) 위에서 말한 모든 것 중 특히 마지막 것은 용납되지 않는다. 오히려 잔꾀를 부리는 따위 행동은 완전히 단념하고 굳게 결심하는 것만이 효과가 있는 것이다. 그런데 그와 반대로 습관이라는 것을 볼 때, 큰 습관은 그렇게 들도록 한 수많은 작은 습관이 뒷받침이 되어 굳어지고 있는 것이다.

그러한 작은 습관 중의 한 가지는 복음서에서 이미 권하고 있다. 바로 '죽은 자들도 자기의 죽은 자들을 장사하고 너는 가서 하나님의 나라를 전파하라 하시고'라고 한 것이다. 매장은 죽은 자가 가장 잘 할 수 있는 것이니, 우리들은 오히려 시시한 일을 한다든가 악과 싸우는 일만을 피한다면 오직 파괴하는 대신 건설을 할 수 있다.

물론 파괴도 필요하긴 하지만 언제나 종속적인 일일 뿐이다. 하물며 그것은 수많은 위대한 파괴자가 원래 건설하는 사람에게만 주어져야 될 기념비를 얻는 것만큼 필요한 것이기는 하지만.

(6) 그렇다고 해서 우리들은 결코 다른 사람에게 속아서는

안 된다. 겉으로도 그렇게 해서는 안 된다. 오히려 교활한 자들은 우리들이 항상 그들이 무엇을 생각하고 있는 것인지를 뚫어보고 있을 뿐만 아니라, 그들이 본래 무엇을 갖고 싶어하고 있는 것까지 알고 있다는 것을 보여주지 않으면 안 된다. 그와 같이 다른 사람의 속 마음을 꿰뚫어볼 수 있다는 것은 인간을 맹목적으로 만드는 이기주의에만 자기 자신이 현혹되지 않는다면 누구라도 어느 정도는 할 수 있는 것이다.

그러나 그러한 필요한 방비는 별도로 하고 전체적으로 다른 사람을 선의로 해석해서 그 사람의 마음 속에는 선이 있다는 것을 가정하고 대하는 것이 훨씬 유리한 것이다.

그렇게 하면, 그들도 또한 그렇게 되기 위한 노력을 게을리 하지 않을 것이기 때문에 실제로 좋게 될 뿐만 아니라 우리들도 또 불유쾌한 기분이 되지 않아도 되는 것이다.

확실히 악인이라고 알고 있는 사람과의 교제는 정신적으로 절대로 해로운 것이고, 더구나 정신 신경이 날카로운 사람에게 있어서는 유쾌하지 못한 여러 가지 생각으로 건강도 해칠 수 있는 것이고, 모든 면에 지장을 주는 것이다.

(7) 악을 지나치게 꾸짖거나 비난을 할 필요는 없다. 대부분의 경우는 그것은 폭로되는 것으로 충분한 것이다. 그렇게 하다면 그 사람은 표면적으로는 반항을 할지 모르지만 반드시 자기 자신의 양심의 심판을 받게 될 것이다. 그러므로 우리들이 비난의 대상과 얘기를 나눌 경우에는 냉정히 사물을 숨길

필요도 없으며, 또 일부러 부드러운 안색도 보이지 말고 화도 내지 않은 채 얘기하지 않으면 안 된다. 화를 낸다는 것은 상대를 유쾌하게 할 수는 없기 때문이다.

　*진실로 기품이 있는 사람들에게 있어서는 다음과 같은 시인의 충고가 훨씬 좋은 것일지도 모른다.
　'만약 고상한 사람이 너에게 무례한 행동을 했다면 너는 그것을 아무렇지도 않은 듯이 대하라. 그는 반드시 자신의 빚을 메모해 둘 것이고 그 빚을 오래도록 갚지 않을 수는 없을 테니까.'
　그러나 '스스로 무례한 것을 저지르는 사람은 남을 용서하지 않는다'는 이탈리아의 격언은 두려울 만한 진리이다. 어찌 되었거나 우리들은 남의 원한을 살 행위를 해서는 안 된다. 그것은 아무런 도움도 되지 않고 오직 자신의 마음에 상처를 입힐 뿐이다. 그런데 대부분의 경우 토머스 켄피스의 '정확하게 생각해 보니 나는 지금까지는 한 번도 다른 사람으로부터 부당한 일로 상처받은 적이 없다'고 한 옛말이 어디까지나 정당한 것이다. 다른 사람으로부터 받은 부정한 행위를 진정으로 깊이 공정하게 생각해 본다는 것은 대부분의 경우 자신에게 있어서는 유익하다.

(8) 깊은 애정을 간직하지 않는다면 덕이 있는 사람이라도 어떻든 따분한 생활이 되기 쉽다. 신교도 중에 더러 볼 수 있는 타입이지만, 예의를 잘 지키는 경우에도 마음 속으로는 사고방식이 다른 사람에 대해서는 애정을 갖지 못하는 사람이

많다. 특히 그 중에서도 청년층의 마음에는 얼마나 강렬하게 혐오감을 불러 일으키는지 도저히 헤아릴 수 없을 정도이다. 청년들은 그러한 냉정한 인간들, 마치 도덕의 견본과 같은 사람들과 함께 사는 것보다는 오히려 방탕한 사람들과 함께 사는 것이 좋다고 생각할 정도이다.

*스위스의 자선자매협회의 창립자 페이 테오도시우스는 명랑한 기질을 가진 사람이 아니면 회원으로 가입시키지 않는다는 명확한 주의를 내세우고 있었다. 구교도들이 지니고 있는 것과 같은 자연스러운 우애정신을 좀 더 신교도에게도 심어주었으면 하는 것은 하나의 큰 과제인 것이다.

*방탕한 사람이면서도 이따금, 그야말로 수수께끼처럼 풀기 어려운 매력을 지닌 사람이 있다는 것은 대부분 그들이 자연스러운 애정을 지니고 있기 때문인 것이며, 또는 지니고 있는 것처럼 보이기 때문이다.
악인이 냉혹한 이기주의를 표면에 나타낼 때는 즉시 그런 매력을 잃고 만다. 비극적인 결말을 짓게 되는 고금의 연애 소설의 핵심이 되는 문제이다.

(9) 모든 사람들에 대해서 한결같이 친절하게 대할 수 있다는 것은 결국 할 수 없는 것이라고 그대는 생각할지도 모른다. 그렇다면 처음에는 구별을 해도 좋다. 하지만 평소에 우

선 이 세상에서 약자라고 불리는 사람들, 즉 가난한 사람, 어리석은 사람, 교양이 없는 사람, 어린이들을 위해서 그와는 반대로 결코 훌륭한 사람을 앞에 내세워서는 안 된다.

특히 그대의 '겸손한 태도'에 대해서 고맙게 생각해 주려니 하는 생각을 하지 말고 오히려 그들을 그대 스스로와 똑같이 존중한다면, 그때는 그대도 마음 속으로 행복을 느끼게 될 것이다.

확실히 처음부터 냉정한 태도를 취해야만 하는 대상은, 먼저 다른 사람을 감복시키고 싶어하는 무리들, 다음은 무조건 '친구'가 되고 싶어하면서도 그러나 자신의 호기심을 만족시킬 수는 있겠지만 어쩌면 그 허영심만은 만족시킬 수 없다는 것을 알게 되면 당장 단념해 버리는 수많은 문명적 식인종의 계급에 대해서인 것이다. 마지막으로 귀족, 부자, 그리고 '귀부인'에 대해서이니 지금 말한 세 계급에 속한 사람들은 언제나 친절과 사랑을 오해하기 일쑤이기 때문이다.

우리들은 그 밖에도 그러한 조그만 착한 습관을 더 많이 실례로 들 수 있을 것이다. 그리고 독자들도 그런 것은 얼마든지 있다는 것을 조금도 의심하지 않을 것이다.

오히려 위에 열거한 여러 항목에 첨가해서 스스로 이행하도록 권하고 싶다.

*예를 들면 6일 동안 일하고 7일째는 휴식을 취하는 습관은 몸의

건강을 유지하며, 수많은 나쁜 습관을 처음부터 불가능하게 하는 것이다. 또는 또 계획을 미리 세워두지 않고 오히려 그날의 의무를 충실히 이행하는 것, 얘기를 할 때는 사실을 정확하게 그리고 간단히 요령만 얘기할 것, 작은 일은 언제나 작은 일로 취급할 것. 자기 자신이나 다른 사람도 가령 아무리 신분이 낮은 사람도 필요 이상으로 힘들게 한다는지 괴롭히지 않을 것. 이러한 마지막 점에서는 교양이 있는 사람도 많은 죄를 범하고 있다. 그것은 그들이 스스로 생각하고 있는 것보다도 더 심하게 사람들을 괴롭히고 있는 것이다.

사회주의라는 것은 대부분 이러한 원인에서 생기는 것이다. 요는 그것은 매우 나쁜 습관이기 때문에, 그것에 대항할 수 있는 강력한 습관으로써 그것을 제압하지 않으면 안 된다. 그런데 여러 가지 일에 직면해서 오직 침묵만으로 대한느 바티칸적인 원칙도 그다지 나쁜 방법은 아니다.

그러나 그런 조그만 습관은 대부분 개인적인 것이어서, 어느 누구에게나 적합한 것이 될 수는 없다. 아니 같은 한 사람의 경우의 여러 가지 생활단계에도 모두 적합한 것이 아니다. 그러므로 그것으 한번 대단히 좋은 습관을 터득하게 되면 저절로 할 수 있게 되는 것이다.

*인간을 실제로 개선할 수 있는 문제, 특히 청년들의 교육에 있어서 가장 중요한 중심 문제는 모든 덕의 영상을 그리게 하는 것이지 그때 그때의 의지마저 만족시키려고 하는 것은 아니다.

오히려 중요한 것은 아주 작은 것일지라도 어떠한 사람의 마음 속에 자리잡고 있는 선을 습관화시키거나 천성이 되도록 하는 것이다. 그렇지 않다면 선도 진실된 값어치를 가질 수 없고, 자칫 잘못될 경우에는 오직 허영과 자기 기만에 이용될 뿐이다.

여러분도 쉽게 깨달을 수 있겠지만 미리 모든 좋은 습관의 완전한 목록을 만들어 두는 것보다도 실제로 좋은 습관을 한 가지씩 익혀가는 것이 가장 효과적인 방법이 될 것이다.

※※※

좋은 습관을 직접 행동으로 옮기는데 있어서의 어려운 점, 오직 한 가지 곤란한 점은 천성적으로 타고난 고집스러운 개인의 욕심을 없애는 것이다. 위에서 말한 모든 일들에 대해서는 어느 누구도 의심하지 않겠지만, 그런 일들을 실제로 실행하는 것을 방해하고 있는 것은 다름이 아닌 사사로운 욕심에 있는 것이다.

어떠한 사람도 자기 자신을 알고 있는 자라면 이의가 없겠지만…, 어떠한 사람도 좋고 나쁜 점을 따지는 데는 무엇인가 현저한 편견을 가지고 있기 때문에, 그것은 흔히 실제에 있어서 글자 그대로 '미친 사람'과 같은 행동으로 나올 때가 있다.

그것은 하나의 강한 힘에 의해서 제거되지 않으면 안 된다. 그리고 그것이야말로 모든 철학이나 종교의 전체적인 문제이고, 이 세상에서는 오래 전부터의 숙제일 뿐만 아니라, 더구나 새로 태어날 모든 인간에 대해서도 항상 새롭게 다음과 같은 문제를 제시해 주는 것이다.

'선행과 정직으로 삼라들을 계도하며 정신적으로 건강하게 하는 힘, 올바른 생활 행로에 있어서는 꼭 필요한 이 힘을 어디서 찾아내면 좋을까.'

> *분명하게 말한다면, 인간생활에 있어서 참으로 중대한 것은 결코 이론이 아니며, 또 신앙도 아니고 사랑도 아니다. 오히려 믿는다는 것, 사랑을 할 수 있다는 것은 필요한 것이다. 오늘날 될 수만 있다면 그렇게 하고 싶다고 얼마나 많은 사람들이 바라고 있는 것일까.
>
> 그러나 그러한 능력은 정해진 전제조건이 곡 필요한 것인데, 독실한 신자라도 흔히 그렇게는 되지 않는 것이다. 그렇게 된다면 가장 아름다운 신앙마저도 단지 사고의 한 가지 형식에 지나지 않는 것이지 그 이상의 가치는 전혀 없는 것이다.

그런데 그 점에 관해서는 널리 알려지고 있듯이, 오늘 날에 이르러서도 매우 많은 다른 의견이 나오고 있다. 단테는 그의 『신곡』 연옥편 제27장에서 올바른 길을 구하는 사람을 생각이 깊은 이성에 의해서 천국의 문에 다다를 수 있도록 인도했을 뿐만 아니라, 그 위에 정화의 산상에까지 데리고 갔던 것이다.

그곳은 말하자면 이 지상의 생활에서는 최후의 목적일 뿐만 아니라 이 땅 위의 낙원이 시작되는 곳이므로 그 이상의 탐구는 모두 무용지물인 것이다.

그렇지만 바로 그 점에서 우리들은 중세기의 대시인이며 철학자인 단테가 당치도 않은 모순을 저지르고 있다는 것이 발견된다.

한 사람의 천사가 이 세상 사람들의 영혼을 넓은 바다를 건너서 이 산기슭까지 데리고 왔을 뿐만 아니라, 또 다른 천사는 그러한 영혼들이 이미 '은총의 문'(연옥편 제8장 제19장)을 지나온 다음에도 다시 되돌아 가려는 것을 몇 번이나 말리지 않으면 안 되는 것이다.

그리고 오직 하나님의 전능하신 기적에 의해서만(따라서 안내역인 이성도 여기서는 약간은 필요없는 역할을 연출한 것에 지나지 않는다) 그러한 영혼들은 제 삼의 천사가 금강석 바닥 위에 앉아서 허락이 내리지 않으면 어떤 사람이라도 그곳을 넘어갈 수 없는 지점에 도달하는 것이다.

*진정한 생활에 있어서의 최상의 만족감을 느낄 수 있는 기분은 '이성'(안내역인 빌지리오)의 말을 통해서 가장 아름답게 그려지고 있다.(연옥편 제37장)

이 상쾌한 오솔길에서 쉬어가는 것도 좋을 것이다, 또한 거닐어도 좋으리.

그 밖에는 나의 말이나 지시도 기다려서는 안 되느니.
그대 의지는 자유롭고 솔직하고 건강하다.
그대의 욕망대로 행하지 않으면 잘못이리라.
하지만 지금부터는 그대 스스로가 그대의 교황이고, 임금이 되어야 하느니.

＊한 천사가 산기슭에 왔을 때, 단테 자신도 물론 그것과는 별도로 특수한 길을 거쳐서 그곳으로 가는 것이다. (연옥편 제2장)

＊ '은총의 문'은 연옥편 제8장, 제19장

＊하나님의 '전능하신 기적'은 연옥편 제9장 참조.

그러나 그러한 윤리적인 역학 문제는 이 논문의 주제도 아니고, 그리고 또 이 문제는 자기 자신의 경험 이외의 방법으로 이해될 수 있을지 우리들은 의심하는 바이다.

자기교육이란 것은 모두가 어떤 중대한 인생의 목적만을 오로지 추구하며, 그것과 반대되는 모두의 것을 멀리 하려고 하는 의지, 단호한 결심과 동시에 시작되는 것이다. 그렇게 한다면 그것에 이어서 즉시 자연 능력의 탐구도 시작된다. 주저할 것 없이 모든 방도로 그것을 탐색해서 차츰 얻어지는 힘을 올바른 길에서의 유일의 증거로 인정할 결심이 된다면 이윽고 그러한 힘은 발견되는 것이다.

지속적이고 평온한 윤리적인 힘을 주지 못하는 것은 진실된 것이 못된다. 그러한 힘을 줄 수 있는 것은 적어도 어떤 진실성을 반드시 그 내부에 감추고 있는 것이다.

그것은 인류를 위해서 지금까지의 철학 이상의 훨씬 높은 가치가 있는 것이고 미래의 모든 철학의 첫머리를 장식할 수 있는 명제이기도 한 것이다.

그 이외의 것은 어느 것 할 것 없이 인간을 옳은 길로 이끌어 갈 수 없는 것이다.

＊순간적인 힘이라면 광신자라도 줄 수 있을지 모르겠지만, 그러나 그것에는 진실한 힘에만 있는 특유의 내적인 평온성이 결여되어 있다.

그것은 현대의 수많은 종교적인 현상에서 흔히 볼 수 있는 것이다. 아직 길들여지지 않은 야성 그대로의 맹수처럼, 언제나 침착성이 없는 태도를 취하고 있는 사람을 누구나 믿을 수 없듯이, 항상 채찍질을 함으로써 겨우 유지되고 있는 종교단체를 우리들은 도저히 믿을 수 없다.

올바르고 완전한 신앙이라면 육체적, 정신적, 사회적으로 건전한 사람만을 요구한다. 육체적인 건전성이라는 것은 한 성서 해설자가 한 말처럼 '하나님을 보았다고 간주하고, 하나님을 보았다는 병적인 환각증세에 의해서 속임수를 쓰는 사기성이 있는 자를 이 세상에 내어 보내게 된다'고 하는 걱정거리를 없애기 위해서이고, 정신적인 건정성이란 것은 오직 인간으로서 이미 완전히 성숙한 정신만이 올바르게 하나님의 말씀을 이해하며, 그것을 재현시킬 수 있기 때문이다.

또 사회적으로의 건전성은 다만 독립적이고, 자기 자신을 위해서는 어떤 욕심도 부리지 않고 구하지도 않는 사람들만이, 비로소 가지각색 인간이나 인간의 상태를 하나님의 사명을 따르도록 하는 데 있어서 이해할 수 있기 때문이다.

죽음은 삶의 고통을 깨끗이 끝마치게 한다.
하지만 삶은 죽음 앞에서 떨고만 한다.
삶은 다만 죽음의 어두운 손만을 보고 있을 뿐,
자신에게 주어진 술잔은 보지 못한다.
그처럼 마음은 사랑 앞에서 떨고 있다.
마치 몰락에 떨고 있듯이.
그 이유는, 사랑이 싹틀 때,
어두운 폭군의 아집은 죽지 않으면 안 되기 때문이니.
그대는 그를 초저녁에 죽게 하여,
서광이 비칠 때 햇빛 속으로 자유롭게 걸어가라.

세상 살아가는 지혜를 찾아서

주인이 이 옳지 않은 청지기가 일을 지혜롭게 하였으므로 칭찬하였으니 이 세대의 아들들이 자기 시대에 있어서는 빛의 아들들보다 더 지혜로움이니라.〈누가복음 제16장 8절〉

우리들은 이 말의 진실성을 의심하는 것은 아니지만, 그러나 이상주의에 대한 비난, 즉 이상주의는 이론으로서는 과연 아름다운 것일지는 모르지만 실제로는 좀처럼 실천하기 어렵다는 말을 듣게 되는 비난은 다른 어떠한 권위보다도 더 이 말에 바탕을 둔 것임을 지적하지 않을 수 없다.

세상 살아가는 지혜와 이상주의는 일치되지 않는다는 것을 한번 명확하게 알게 된다면, 이 세상에 태어나서 이 세상에서 살아가지 않으면 안 되도록 숙명적인 인간의 대부분은 이 세상살이의 지혜를 반드시 필요한 것으로 선택하게 될 것이다.

더구나 이상주의를 포기할 때, 미련이 있는 듯이 곁눈질로 그것을 노려보면서, 지혜란 이 세상살이에서 필요한 것이고 빛은 저 세상을 위해서만 있을 뿐이다. 그러므로 향락적 이기주의라고 하는 인간이 겪어야만 되는 고초를 잘 견뎌낸 수 많은 사람들이 아직도 그 넘어가지 못하는 방해물에 걸려 넘어지고 있는 것이다.

*이상주의를 아름다운 것이라고 하지만, 한편 근대적인 한 학파에서는 이상주의는 이미 아름다운 것이라고 인정할 수 없다고 주장하고 있다. 그러나 그것은 그다지 중요한 것은 아니다. 대부분 인간은 비이기주의적인 이웃을 가진다는 것을 굉장히 기뻐하고 있기 때문에 그러한 학설이 실제 현실에 있어서 받아들여질 수는 없다고 보고 있다.

*지혜가 모자란다든가 또는 우둔하다고 놀려대는 것은 비범한 사람이라도 매우 싫어하는 것이 보통이다. 그것을 극복하기 위해서는 대단히 커다란 내적인 확신과 자기 극복의 힘이 필요한 것이다. 이것은 구약성서 이사야서 제42장 19절, 제43장 8절 참조.

'소경이 누구냐, 내 종이 아니냐, 누가 나의 보내는 나의 사자 같

이 귀머거리겠느냐, 누가 나와 친한 자 같이 소경이겠느냐, 누가 여호와의 종 같이 소경이겠느냐.'

'눈이 있어도 소경이요, 귀가 있어도 귀머거리인 백성을 이끌어 내라.'

우선 이러한 위험한 말에 포함되어 있는 것은 소위 세속적인 아이들에 대한 충분한 경고인 것이다. 그리스도의 말씀을 살펴보면 그들은 일반적으로 직업적인 성직자나 바리새교 신자들처럼 지독한 학대는 하지 않고 있다.

마태복음 제21장 31절*에 기재된 말씀을 성서 전체를 통해서 어디를 보아도 세속적인 아이들에 대한 조항은 없다. 그들은 대부분 자기 자신이 무엇을 구하고 있는지를 알고 있으며, 그 목적을 근면과 인내심으로써 모든 장애물을 제거하면서 추구하는 사람들인 것이다.

그 점에 있어서는 '빛의 아들들'은 대체적으로 초창기에는 그들에게 미치지 못하고 있다. 세속적인 아이들은, 또한 보다 고귀한 것, 보다 좋은 것에 대해서 전혀 받아들일 능력이 없는 것은 아니다.

그들의 마음은 착한 씨앗을 뿌렸는데도 전혀 싹이 트지 않는 단단한 바위는 아닌 것이다. 다만 그 땅 위에는 잡목이나

---

*마태복음 제21장 31절 : 그 둘 중에 누가 아비의 뜻대로 하였느뇨 가로되 둘째 아들이니이다 예수께서 저희에게 이르시되 내가 진실로 너희에게 이르노니 세리들과 창기들이 너희보다 먼저 하나님의 나라에 들어가리라

잡초가 우거져서 모처럼 씨앗을 뿌려 싹이 움트기는 하지만 제대로 크지를 못하는 것 뿐인 것이다.

어찌 되었거나 그들은 역사적으로 볼 때, 진리의 신봉자를 십자가에 매달았다거나 화형에 처하게 한 것 등은 절대로 그들 자신이 아니었다는 것만은 정당한 이유를 들어서 주장할 수 있는 것이다.

*누가복음 제16장은 주로 근대의 경찰국가라는 의미에 있어서 공공질서에 반대해서 쓴 가장 위험한 문장이다. 만약 사람들이 보편적으로 재산은 부정한 것이고, 다만 재산을 사용했을 뿐이고 그 밖에 나쁜 짓을 하지 않았는데도(누가복음에서는 부자란 결코 악인이라고 말하지 않았다) 영원히 지울 수 없는 벌을 주어야만 된다고 진지하게 믿게 된다면 도대체 그 결과는 어떻게 될 것인가. 또는 사람들이 존귀하다고 생각하는 것은 모두가 하나님 앞에서는 혐오의 대상이 된다고 보편적으로 믿게 된다면 어떻게 될까. 그리고 그러한 부정의 가훈을 칭찬하는 것 중에는 이 세상에서 재산이라고 일컬어지고 '신성'하다는 존칭을 부여하고 있는 사물에 대한 무엇이라 해야 할까.

*예수 그리스도는 이렇게 말했다. '내 말을 잘 들으라. 세리나 창녀는 그대들보다 먼저 하나님의 나라로 들어가리라' 라고.

*성서의 복음서에 쓰인 것 중에서 가장 싫어하는 것은 믿음이 없

다는 것이 아니라 단지 형식적으로 믿는 종교라고 했다.

그러므로 우리들이 세속적인 아이들이라고 일컫고 있지만 그들을 일률적으로 악인 취급을 한다든가 또는 덕이라는 것에 대해서는 둔감한 인간들이라고 생각해서는 안 된다.

오히려 반대로 그들은 대부분 겉보기보다는 오히려 선량한 것이다. 그들에게 결여되고 있는 것은 다만 일반적으로 선량하게 되려고 하는 용기뿐이다. 윤리적인 세계 질서라는 것이 있어서, 그것을 믿고 있는 사람들을 도와서 '생존경쟁'의 어려움을 확고하게 극복할 수 있도록 하는, 그런 굳은 신념이 결여되어 있는 것이다. 그러므로 실제로 그것을 보증한다는 것은 결코 눈에 보이는 형태로 존재해 있는 것이 아니므로 어렵다.

그와는 반대로 세속적인 삶의 길을 버린 사람은, 자신도 또한 이 세상에서 버림을 받아서, 자기가 선택한 길이 과연 올바른 길인지 어떤지를 몰라서 의문에 싸인 채, 앞날의 생활을 그 상황에서 보내지 않으면 안 된다고 하는 방법으로 살아간다고 하는 보장은 부여되고 있는 것이다. 그러한 길을 단순하게 입끝으로만 지껄여댄 것만이 아니라 실제로 스스로 밟아온 사람들이 대부분 모두 그렇게 말하고 있다.

말하자면 세속적인 아이들이란 것은 오직 보통 말하는 단순한 인간들에 지나지 않으며, 그들은 과연 이론적으로는 대단히 아름답고 숭고한 것이긴 하지만 실제적으로는 불가능하리라고 생각되는 비상계단이 있는 위험한 길을 걸어가는 것 보다도, 오히려 보통 잘 알려진 길을 가려고 생각하고 있는 것이다.

여기서 '빛의 아들'은 무엇을 뜻하는 것인지 살펴보자. 그것을 한 말로 설명하기는 더욱 어렵다. 그런데 성서의 복음편에 그것에 관해서 두 서너 군데 암시한 글이 있다(요한복음 제12장 36절, 제17장 3절, 제18장 37절* 참조).

* '그대에게 아직 빛이 있을 동안에 빛을 믿으라. 그리하면 빛의 아들이 되리라'

그러나 그런 의미에서의 '빛'은 도대체 무엇일까? 그 근원은 어디 있는가, 또 어떻게 해서 그 빛이 인간 속으로 들어올 수 있는가. 여기까지 질문이 나온다면 우리들은 당장 '우주의 풀 수 없는 7가지 수수께끼' 중에서 가장 어려운 문제에 부딪치게 된다.

'인간은 어디서 와서 어디로 가는 것일까? 금빛 찬란한 별 저쪽에는 어떤 사람이 살고 있을까?'

---

*요한복음 제12장 36절 : 너희에게 아직 빛이 있을 동안에 빛을 믿으라 그리하면 빛의 아들이 되리라

*요한복음 제17장 3절 : 영생은 곧 유일하신 참 하나님과 그의 보내신 자 예수 그리스도를 아는 것이니이다

*요한복음 제18장 37절 : 빌라도가 가로되 그러면 네가 왕이 아니냐 예수께서 대답하시되 네 말과 같이 내가 왕이니라 내가 이를 위하여 났으며 이를 위하여 세상에 왔나니 곧 진리에 대하여 증거하려 함이로라 무릇 진리에 속한 자는 내 소리를 듣느니라 하신대

보편적으로 쉽게 말한다면 우리들은 단지 이렇게 말할 수 있을 뿐인 것이다. 빛의 아들들이라는 것은 틀림없이 심상치 않은 것에 대해서 민감하며 또한 언제나 구도의 길에 전념하는 사람들을 일컫는다.

그들은 우선 마시고, 먹고, 그리고 내일은 죽는다고 하는 것 이외에, 좀더 좋은 일이 이 세상살이에서 있었으면 하는 것을 바라고 있으며, 그러한 절실한 소망과 의지에서 출발해서 차츰 신앙으로, 그리고 최후에는 확고한 신념에 도달하게 되는 사람들이 것이다.

＊젤트너는 그의 저서인 『제1·2세기에 있어서의 스위스 역사』에서 이렇게 말하고 있다.
지극히 교묘하게 보편적인 생활궤도를 밟고 나아가서, 천성인 재능을 발휘해서 확실히 멋지게 실제 사회생활을 요리해 나가는 자가 이 세상에서는 언제나 적지 않다.
그러나 다른 한편에는 모든 개별적인 것, 외면적인 것, 기분을 산만하게 하는 것에는 모두 신경을 쓰지 않고 전체 정신력을 집중해서 오로지 존재한다는 것의 정신적인 뿌리를 탐구하려고 하는 소수의 사람들도 또한 옛날부터 세계질서 속에서 손꼽히고 있는 것이다.
그들은 감각세계의 모든 베일을 통해서—세계의 조화를 터득하게 되며, 또는 또한 적어도 먼 곳에서 들려오는 음악의 멜로디를 듣는 것처럼 어렴풋이 그것을 느끼게 되는 것이다.

그런 성격의 소유자들은 그들이 이 세상에서 어떠한 천직을 찾아 그 목적을 달성하기 위해서는 약간 이 세상에서 후퇴하지 않으면 안 된다. 그 이유는—그들은 이 땅의 습지에서는 무성하게 자랄 수 없는 고산식물처럼 자신의 본질인 순수한 호흡을 유지하면서, 한편으로는 다른 사람에게도 그 정신을 전달할 수가 있는 것이다

즉 '소금은 절대 필요한 것이다.' 그러나 만약 소금이 소금의 본질을 잃어버린다면 쓸모가 없게 된다.

그럴 때는 오히려 고결한 것보다는 세속적인 힘이 훨씬 효력이 있다. 그것을 구체적으로 말한다면 오늘날의 교회에서 아무리 입이 닳도록 선전한다고 하더라도 별 영향력이 없다는 것을 원인으로 들 수 있다. 소금이 없어졌다거나 소금의 효력이 없는데 아무리 과장된 선전을 한다고 하더라도 그것으로써 대신할 수는 없는 것이 이 세상의 질서이다.

그러한 빛으로 가는 길을 다시 시사하고 있는 것은 성서의 복음편에서 찾아볼 수 있는데,(마태복음 제5장 8절, 특히 누가복음 제17장 36절 참조), 그 구절만은 아직 어떤 사람도 올바르게 해석하지 못한 글이기도 하다.

'마음이 청결한 사람은 복이 있나니 저희가 하나님을 볼 것임이요.'

'네 온 몸이 밝아 조금도 어두운 데가 없으면 등불의 광선이 너를 비출 때와 같이 온전히 밝으리라 하시니라.'

그런데 보통의 경우 그 이상 논증을 하려는 것은 온당치 못하다. 그렇게 하지 않는다면 세속적인 아이들은 실제로 그 말을 들으려고 하지 않을 것이고, 그 모든 것은 과장된 것이라고 생각할 것이기 때문에 총독 벨릭스*나 아테네 사람처럼(사도행전 제24장 25절, 제17장 32절* 참조) '그 다음 말씀을 듣도록 합시다'라고 할 것이 틀림없다.

그리고 그들은 그 선배들이 한 것처럼 아마도 그런 불유쾌한 마음의 평화를 교란시킬 뿐이고, '무엇 한 가지 결론이 나오지 않는' 의논이 다시 화제에 오르지 않도록 조심할 것이다.

그런데 한 가지 매우 유감스러운 일은 본래 종교를 가르친다는 것은 아무런 효과가 없는 것이다. 이 세상에서 종교라고 일컬어지고 있는 것, 즉 본래 전혀 이해하기가 어려운 것에 대한 신뢰심이나 그 구도의 선배들이 터득한 진실된 사랑과 숭앙심이란 실제로 가르쳐서 이루어질 수 없는 것이다.

그것은 애써서, 어느 정도 사람들에게 일종의 소지를 주게 해서 적어도 혐오하는 심경과 완고한 무능력을 제거해 주고

---

*벨릭스 Felix : 제11대 유대 총독(주후52~60). 바울이 마지막 예루살렘 방문시 체포 되었을 때의 총독으로 바울을 심문하였다(행23:24~24:27). 로마 황제 글라우디오의 신하 팔라스의 동생으로 황족을 섬기는 노예로부터 자유인이 되어 유대총독에 승진했다. 그는 폭정을 하여 제사장 요나단을 죽이고 재판에 부정을 하였다.
*사도행전 제24장 25절 : 바울이 의와 절제와 장차 오는 심판을 강론하니 벨릭스가 두려운 생각이 나서 "이제 그만 합시다. 또 기회가 있으면 당신을 부르겠소" 하고 말했습니다
*사도행전 제17장 32절 : 죽은 자가 다시 살아난다는 말을 듣고 어떤 이는 비웃었으나 어떤 이는 "우리가 훗날 이 일에 대하여 당신의 말을 다시 듣겠소" 하고 말했습니다

교도에 의해서만 그 바탕을 계속 유지할 수 있을 뿐이다.

그러나 그러한 무능력이 생기는 원인은 종교를 한 가지 교리, 아니 그것만이 아니라 강의를 듣는다든지 학습을 통해서 가능한 일종의 과학이라고 간주하는 그런 견해에 기인한 것이다.

> *위의 말을 구체화시킨다면, 인간을 그러한 경지로 이끌어 가는 것은 소유욕, 명예욕, 향락욕의 세 가지이다. 그 중에서도 특히 향락욕이 가장 문제이다.
>
> 어떤 대상의 인물에게 종교를 구구절절 설교를 해줄 경우, 위의 세가지 욕구가 적어도 올바른 의지에 의해서 극복되지 않는 한 전혀 무의미한 것이다. 그러에도 불구하고 오늘날에도 매일 어디서나 설교가 계속되고 있는 것은 인간의 마음이란 것이 어디가 어떻게 되어 있는지 사람이 알지 못하고 있기 때문이다.
>
> 그래서 오늘날 복음서는 흔히, 대단한 수확물이 있을 것이라는 그런 확실한 희망이 없을 때에도 자기의 그물을 물에 던지는 어부와 비교하고 있는 것이다.

그런데 여러분은 다시 의문의 말을 던질 것이다. 그렇다면 소위 그 '빛'이란 것이 이 세상살이의 지혜보다도 우수하다는 점은 어디서 찾을 수 있는가—라고.

그리고 이 세상에서의 지혜는 우리가 언제나 확인할 수 있는 것이고, 다른 방법으로는 좀처럼 입수할 수 없는 많은 인생의 재산과 보물을 얻고 있지 않은가—라고.

그것에 대한 대답은 이런 것이다. 빛이 훌륭한 점은, 첫째 인간은 그것에 의해서 진리를 얻을 수 있으며 그로 인해서 정신적인 완전한 평화를 얻게 된다는 것이다.

그러한 행복은 저 레싱의 '진리는 인간이 소망해서는 안 되는 것이다'라고 하는 유명한 말에서 엿볼 수 있는 그런 행복과는 오히려 정반대되는 것이다, 즉 무엇이라고 형언할 수 없는 진정한 행복의 충실감일 만큼 그것을 단 한 조각이라도 한 번 맛본 사람은 그야말로 이 세상의 어떤 재물과도 교환하려고 생각하지 않을 것이다.

왜냐하면 결국 중요한 것은 어떤 것이거나 재산과 보물을 소유하는 것이 아니라, 그것을 소유함으로써 사람이 행복을 느낄 수 있는지 없는지에 따른 것이다. 재산을 탐내는 자, 명예를 기뻐하는 자, 향락을 즐기는 자도 역시 그들이 소망하는 것을 그대로 목적으로 하고 갖고 싶어하는 것이 아니라, 그들의 눈을 보았을 때 목적을 위해서 빼놓을 수 없는 수단으로써 그것을 갖고 싶어하는 것이므로 그 목적은 역시 행복감을 느끼고자 하는 것에 있다.

그러나 그 점에서 잘못 생각하고 있다. 과연 그들은 그들이 진정으로 갖고 싶어하던 것을 입수하게 되겠지만, 마음 속으로부터 만족감을 얻을 수는 없다. 그것이야말로 세계질서가 참으로 숭고한 것임을 알게 될 것이기 때문에 그것에 의해서 세계질서라는 존재를 깨닫게 될 것이다.

그들이, 그들이 갖고 싶어 했던 것, 즉 그들의 성공이라는 것 자체가 그들에게 가해지는 벌이다.

그러나 이렇게 말하면 그 뜻을 이해하기 어려울지도 모른다. 독자 여러분은 한 번 차분히 그 이치를 생각해 보기를 바란다. 또는 또 그것을 먼저 과학적인 가설로 가정해 놓고, 그것이 과연 진리인지 아닌지 인생살이의 실지 경험에서 잘 관찰해 보라. 그것은 실제로 자연과학에 있어서 쉽게 진리에 도달할 수 있는 방법이다.

둘째 이익은 그러한 진리의 영혼—우리들은 '빛'의 의미를 그렇게 해석해도 좋을 것이다.—그것은 모든 이 세상의 영리한 것보다도 훨씬 더 영리하다는 것이고, 그 영혼만이 곧 세계의 진실의 법칙과 일치하기 때문이다.

그러므로 역시 그다지 영리하지 못한 사람이라도 오히려 이 세상에서 잘 살아가고 있으며, 사람에 따라서는 오히려 영리한 사람보다도 훨씬 훌륭하게 아무런 탈도 없이 살아가고 있다.

즉 그들은 양심의 불안없이—그들이 생존을 유지하는데 있어서의 최상의 기쁨을 씁쓸하게 하는 매우 불유쾌한 감정을 느끼지 않고 생활을 할 수 있다.

어쨌든 그들은 인간에 대해서, 사건에 대해서, 초조, 공포에 대한 염려를 하는 수가 적다. 그런 종류의 감정은 그들과 같은 마음의 자세가 아니고서는 도저히 감당할 수가 없다. 맨 나중에 그들은 자기 자신의 마음에 안정감을 가질 뿐만 아니라 다른 사람과도 평화롭게 사귀며 살아간다.

 그런 생활태도는 인생을 항상 고통스럽게 몰아 넣는 노여움, 증오심, 질투심이 없기 때문이다. 그런데 그러한 그들의 정신자세를 따를 생각도 하지 않고, 또 따를 수도 없는 사람들까지도 사실은 자기네 동지들보다도 오히려 그와 같은 '이상주의 신봉자'를 더 사랑하게 되며, 이상주의자들의 행동이

---

*니콜라우스 Nicolaus : ?~?. 3세기 후반에 뤼키아에 있는 뮈라의 주교가 된 성인. 소아시아 출생. 11세기에 그 유해가 이탈리아의 바리로 옮겨졌기 때문에 '바리의 니콜라우스'라고도 한다. 전설에는 가난하여 결혼할 수 없는 3명의 처녀들에게 돈주머니를 던져 주었다는 이야기, 거친 바다를 잠재워 뱃사공을 구해 주었다는 이야기, 또 유괴되어 나무통에 잠겨 있는 어린이를 소생시켜 주었다는 이야기 등 선행·기적이 많다. 축일은 12월 6일로, 옛날에는 그 전날밤에 어린이들에게 선물을 보내주었다고 한다. 이것이 네덜란드를 통하여 미국으로 전해져 산타클로스의 전설이 되었다. 뱃사공·부인·어린이의 수호성인이기도 하다. 미술작품에는 동방에서는 흰 수염, 서방에서는 관을 쓴 주교의 모습을 하며, 전설에 연유된 3개의 지갑(황금의 공)·배·닻 그리고 3명의 어린이가 든 나무통 등을 소지품으로 지닌다.

*프란체스코 Francesco d'Assisi : 1181?~1226. 이탈리아 수도사·성인. 아시시 출생. 본명은 프란체스코 디 피에트로 디 베르나르도 데이. 프란체스코회를 설립하고 13세기초 교회개혁운동을 지도하였다. 부유한 섬유상인의 아들로 태어나 기사가 될 꿈을 가지고 1202년 아시시와 페루자의 전쟁과 1205년 반 프레데릭 전쟁에 참가하였다. 그러나 신의 계시와 기도를 통해 신의 뜻을 깨달아 청빈한 생활을 하기로 서약하였다. 1209년 이같은 청빈·겸손·이웃사랑을 실천하기 위한 생활에 동참한 11명과 함께 로마 교황 이노센트 3세를 알현하여 그들의 수도회칙「삶의 방식」인가를 청원, 산 다미아노성당에서「작은 형제들의 수도회」를 설립하였다. 시에나의 성녀 카타리나와 함께 이탈리아 수호성인이며 '또 하나의 그리스도'로 모든 신자들의 사랑을 받는다. 작품으로 모든 자연을 형제자매라 부른 시 '태양의 찬가'를 비롯하여, 기도문 '평화를 위한 기도'가 있다. 축일은 10월 4일.

*알리 파샤 Ali Pasa, Tepelen : 1741~1822. 오스만제국의 총독. 알바니아 출신. 발칸 남부에 광범한 세력권을 이루고 뒤에 발칸의 독립운동에 이바지하였다. 상업으로 성공하여 투르크황제에게 계속 진공하면서 습격·음모·암살 등의 수단을 구사하여 세력권을 확장하였는데, '야니나의 사자'라고도 하였다. 그 세력권은 19세기초에 걸쳐서 지금의 그리스·알바니아·마케도니아에 미쳤고, 사실상 독립제국의 모습을 띠었다. 영국·프랑스·러시아 등의 열강도 알리 파샤를 주권자로 대하였으며, 그도 열강의 세력을 이용하였다. 1820년에 투르크정부는 그를 총독 자리에서 추방하고, 토벌하기 위해 대군을 보냈다. 그는 발칸 여러 민족의 독립투쟁에 도움을 받아 야니나에서 2년 동안 싸웠으나 22년 살해되었다.

어디까지나 진지하고 그 반대되는 것은 덮어 버릴려고 하지 않으며, 그것에는 어떠한 상대를 모욕한다든지 오만성을 수반하지 않는다는 것을 알게 될 것이 아닌가.

그런 친근감을 예로 든다면, 옛날의 바리의 니콜라우스*라든가, 아시시의 프란체스코*, 또 셰나의 카타리나라든가 최근에는 골든 파샤* 등이 온 국민으로부터 얻었던 것인데 그들의 생활방식을 모방하려고는 꿈에도 생각하지 못했던 수천 명의 사람들이 그들의 죽음을 애절하게 슬퍼하면서 그런 죽음을 국민의 불행이라고 생각했던 것이다.

그런 사실들과 비교한다면 현대에 있어서 가장 성공한 훌륭한 정치가에 대한 존경심 등과는 도저히 비교가 되지 않는다. 위에서 열거한 사람들은 이 세상에서 얻을 수 있는 재물을 단념하고, 그것을 얻고자 하는 경쟁 대열에 끼이지 않았기 때문에 그 나라 국민의 진정한 국왕처럼 모셔지고 전체 인류 중의 영웅이 될 수 있었던 것이다.

*유감스러운 일은 스코틀랜드의 존 노크를 비롯해서 우리들의 종교 개혁자 중의 몇몇 인물들은 위의 세 사람과 어깨를 나란히 할 수가 없다. 그들은 한결같이 아직 속세의 지혜에서 완전히 자유롭게 되지 못했던 것이다. 그렇지 않았다면 그들의 사업도 좀 더 근본적인 성공을 영속시킬 수 있었을 것이라고 생각된다.

진리, 행복, 그리고 공포심도 걱정거리도 없다는 것과, 자기 자신의 정신적인 평화와 그 밖의 모든 사람과의 평화, 그리고 그들로부터 얻게 되는 성실과 존경과 친근감—그런 것들이야 말로 진정 이 세상의 보물이라고 우리들은 쉽사리 생각하게 되겠지만, 그러한 보물과 비교해 본다면 거대한 재산도, 명예도 외면적인 향락도 오히려 아주 가벼운 것이 아닐까!

하물며 그러한 것에 의한 효과(위에서 말한 보물)와 마찬가지로 확실하고, 위에서 말한 공포심이라든가 걱정거리, 그리고 이 세상에서의 심한 경쟁 따위로 인한 고통이라는 부작용이 없이 그것이 실현된다고 하더라도—실제로 그렇게 된다는 것은 결코 불가능하지만—그것은 역시 마찬가지인 것이다.

그리고 또, 그러한 이상적인 재산과 보물은 그것이 오로지 확실하며 누구라도 접근할 수 있다는 장점을 지니고 있다.

> *또 전혀 경쟁을 하지 않아도 된다는 것은, 그것을 달성하기 위해 모일 사람의 수효는 결코 많지 않을 것이고, 또 그러한 이상적인 재산과 보물의 성질로 보아 그것을 다른 사람에게 나누어 주면 다시 점점 더 불어나기 때문이다.
>
> 어떠한 전문직업에 종사하고 있는 사람 중에는 세상 살아가는 지혜나 재능이 뛰어난 사람이 대단히 많을지도 모르겠지만, 선량한 인간이란 결코 그다지 많은 수효가 아니기 때문이다.

그러므로 우리들은 그런 의욕을 품고 있으면 되는 것이다. 다만 진지하게 전심전력으로 그런 의욕을 품고 있어야만 된다. 섣불리 다른 얕은 지혜로 농간한다든지 속세의 엉뚱한 경쟁에 뛰어들어서도 안 된다. 그런 각오만 되어 있다면 수많은 경험자가 자신이 겪은 실례로써 증언하고 있듯이, 그런 재산과 보물은 틀림없이 입수할 수 있는 것이다.—그렇다고 해서 일사천리로 이룩되는 것은 아니다.

대부분의 경우, 힌 번 또는 몇 번 정도의 인생행로의 위기를 뛰어넘고 나서야 비로소 도달할 수 있는 것이지만, 그러한 위기는 사실 사선을 넘는 절박감을 겪어야 하기 때문에, 그런 경우에는 모든 사람이 지금까지 가슴에 품고 있던 인생에 대한 희망을 송두리째 포기해 버리지 않으면 안 된다.

그것이 또한 구도에 있어서는 최대의 어려운 일인 것이다. 그 밖의 점에 있어서는 인생살이가 다른 세속적인 인생보다도 훨씬 쉽고 유쾌한 것인 동시에 그 길만을 더듬어 간다면 반드시 뜻이 맞는 동지를 만나게 되는 것이다.

그 길은 확실히 그리스도도 증명한 적이 있거니와 일종의 멍에라고 보겠지만, 그러나 그것은 비교적 부드럽고 대단히 가벼운 멍에라는 것을, 스스로 그 멍에를 설치한 사람들이 모두 예외 없이 증언하고 있는 것이다.

설사 겉으로는 그것이 어떻게 보일지 모르겠지만, 그런 생활의 종말에 뉘우치고 달리 살아가는 길이 보다 좋고 보다 행복했다고 말한 사람은 아직까지는 단 한 사람도 없다.

그와 반대로, 솔모몬 왕 시대 이후 오늘에 이르기까지 처세술에 있어서 많은 사람들이 지혜롭게 살아간 나머지 가장 무난하게 그러면서도 가장 성공한 한 평생을 지내왔으면서도 그들이 남긴 말은 '빈 껍질만의 인생'이라고 탄식했던 것이다.

이러한 한 가지 경험적인 사실만으로도 벌써 사람들에게 결정적인 영향을 줄 수 있는 것이라고 우리들은 생각할 수 있는 것이다. 만약 우리들이 다름 아닌 보편적인 인간의 지혜가 보다 높은 차원의 지혜에 도달하는 것을 얼마나 방해하고 있는 것인지를 사람이 알지 못하고 있었다면 말이다.

*인간은 보통 성숙한 인생경험에서 이러한 것을 깨닫게 되는 것은, 대부분 50세 정도가 되어 체력이 현저하게 쇠약해지기 시작할 즈음인데, 그런 시기는 인생에 있어서 가장 비참한 순간이라고 할 수 있겠다.

그러므로 이때를 맞이하면 사람들은 대부분 심리적으로 변화하기 시작해서 회의적이 되거나 염세적인 마음이 되기 쉽고, 또는 또 희끗희끗해지는 머리카락을 거울에 비춰보면서 덧없이 보낸 평생을 되돌아 보고 남은 생에 다시 한 번 기쁨의 순간을 맛보려는 심정이 되는 것이다.

이러한 '노청년'은 인생의 최후를 마치는 역할에 있어서 가장

---

*모파상 Henri Rene Albert Guy de Maupassant : 1850~1893. 프랑스 작가. 노르망디 지방 미로메닐 출생. 주로 단편소설가로 알려져 있지만, 장편소설·희곡·시·시사평론 등도 남겼다. 아버지는 주식 중개인이고, 어머니는 G. 플로베르와 친분이 있는, 문학적 교양을 지닌 여성이었다. 후에 이런 인연으로 플로베르와 모파상은 사제이며, 또한 우정을 나누는 관계가 되었다. 『여자의 일생』은 여자의 일생을 염세주의적 필치로 그린 작품으로, 프랑스 사실주의 문학의 걸작으로 평가된다.

졸렬한 것을 선택했다고 할까. 그렇게 되면 다시 환멸의 연기를 한 끝에 자기 모멸이라는 쓴 맛까지 맛볼 수밖에 없는 것이다.

그러므로 모파상*의 소설 중의 한 대목이지만 '악덕이란 것은 좀 더 재미나는 것인 줄 알고 있었는데'라고 하는 여주인공의 고백으로 결말을 맺고 있는 것은 지극히 옳은 말이다.

우리들은 단순히 영리한 사람을 비난할 용기를 갖고 있는 것은 아니다. 독자 여러분이 위에서 서술한 여러 가지 근거를 스스로 충분히 음미하고, 또 인간이 그가 생존하는데 있어서의 보편적인 여러 가지 여건상황을 전체적으로 관찰하고 나서 단순하게 영리한 편을 선택하든가, 그렇지 않으면 어느 정도 고차원의 지혜를 채택하든가 그것은 독자의 자유에 일임하고 싶다.

70년이나 80년의 길고 긴 인생을 체험하고 그러고도 아직 한번도 이 두 가지 중의 어느 것을 택할지 마음으로 결정을 내릴 수 없는 사람이라면 의심할 필요도 없이 가장 어리석은 사람인 것이다.

그런데 기묘한 것은 오늘날의 '교양이 있다'고 일컬어지는 이 사회의 대부분의 사람들이 이것도 저것도 아닌 어리석은 인간들의 굴레를 벗어나지 못하고 있는 것이다.

시간을 만드는 지혜

시간이 없다.

이 말은 확실히 정식으로 정해져 있지 않은 의무나 일을 하고 싶지 않을 때 사람들이 가장 보편적으로 쓰는 편리한 구실일 뿐만 아니라, 사실 지극히 타당하고 그럴 듯하게 들리는 변명이 된다. 시간이 없다는 사실은 확실히 더 항변할 틈을 주지 않는 것이다.

그렇다고는 하지만 그것은 한 가지 구실에 지나지 않는 것이 아닐까. 나는 조건부이기는 하지만 망설일 필요도 없이 그렇다고 대답한다. 그리고 동시에 주로 어떤 이유로 시간이 없다는 것인지, 또 어떤 방법으로든지 적어도 어느 정도까지는 필요한 시간을 만들 수 있을 것이라는 사실을 언급해 보려고 한다.

그래서 나의 설교는 신학자가 하는 설교 방식처럼 삼단 방법이 아니라 단지 이단으로 나누어 설명하려고 한다. 그것은 읽을 시간마저 없을 것 같은 독자를 산심시키기 위해서 한 마디 덧붙여 두는 것이다.

일반적으로 누구나가 느끼고 있는 시간 부족의 첫째 이유는 물론 그 자체의 성질에 있다. 시간이라는 것은 무엇인가 조용하지 않고 쉴틈도 없이 늘 초조감을 느끼게 하는 성질이 있어서 이세상에서 은퇴한 사람이 아니라면 어떤 사람이라도 간단히 그것에 피해 버릴 수는 없다.

시간과 더불어 생활하려고 하는 사람은 그것과 함께 뛰지 않으면 안 된다. 만약 우리들이 현재 이 세계를 적당한 높이에서 내려다 보면서, 그리고 동시에 개개의 세밀한 물건까지 정확하게 관찰할 수가 있다면, 그것은 바쁜 듯이 움직이고 있는 개미떼를 보는 것 같을 것이다.

그러한 휴식도 없는 운동을 바라보고 있다면, 밤낮을 가리지 않고 질주를 거듭하고 있는 수많은 열차를 보는 것처럼 관찰자의 머리는 혼란에 빠질 것이 틀림없다. 그리고 시간의움직임에 열심히 따라가려고 하는 모든 사람들은 대부분이 그런 혼미상태를 경험할 수 있을 것이다.

그러나 무엇 때문에 하루 종일 자기는 바쁘게 뛰지 않으면 안 되는가를 전혀 모르고 있는 사람이 굉장히 많다. 또 집안에서도 어떤 큰 일이 자기의 귀가를 기다리고 있는 듯이 바쁘게 거리를 뛰어다니고, 전차를 탔을 때나 극장에서도 사람들을 밀치면서 드나드는 사람들도 얼마든지 볼 수 있다.

즉 그들은 전체적인 생활의 흐름을 따르고 있는 셈이다. 우리들이 실제로 겪고 있는 것이지만, 시간이란 이 세상에서 가장 값이 비싸고 얻기 어려운 것임을 믿지 않으면 안 되는 것 같다.

그 이유는 흔히 시간과 비교되는 돈을 충분히 가지고 있는 사람들마저도 오늘날 이미 시간만을 충분히 가지고 못하는 것이다. 또 사도바울처럼 돈을 경멸하는 사람들까지도 언제나 우리들에게 '시간을 충분히 이용하라'고 권하고 있는 만큼 그들이 취하는 태도는 전체적인 이미지가 어떤 전쟁을 일삼는 독재자와 같은 점이 없지 않아서 일찍이 소년시절부터 우리들을 괴롭혔던 것이다.

*그러한 얌체라고 할 수 있는 시간 이용의 정신은 사소한 일에까지 나타나고 있다. 수많은 '교양있는' 사람들이 시간이 없다는 것을 구실삼아 선물을 보내왔을 때 답례마저도 게을리하고 있다.

그러나 엽서에 단 한 줄로 '고맙습니다'라고 써서 보낼 시간이 없을 만큼 바쁜 사람이란 있을 턱이 없다. 오랫동안 회답을 보내지 못한 나쁜 습관도 또 대부분의 경우 시간이 없다는 말로 변명을 하고 있다. 이러한 결례는 도덕적으로도 중대한 일이다.

그 이유는 자기 자신이 가차없이 쫓기고 있는 사람은, 자연히 다른 사람에게도 잠시 쉴 틈도 주지 않고 고되게 부리는 결과를 가져오기 때문이다. 그런 점에서 우리들은 어디까지 극단으로 달려갈 것인가.

한 가지 원칙은 그 최후의 귀결에 도달하는 때에 보통 그 반대말로 변하게 되는 것이다. 그러므로 만약 유럽의 생활이 이대로 그냥 존속된다면 1세기 후에는 게으른 풍조가 더 넓게 퍼질 것이다. 아니 현재 이미 그런 조짐이 나타나기 시작하였다.

*다행스럽게도 그리스도 자신은 거의 일에 대해서는 말을 한 적이 없었다. 그리고 그 자신은 모든 사람을 위해서 시간을 아끼지 않았다. 그것은 시간을 잘 이용한다는 것을 마치 우상을 섬기듯 중요시하는 사람들에 대해서 보여주고 싶은 일이고 우리들에게는 위로가 된다.

주민 전체가 가톨릭신자인 마을(엔게루크, 딧센치스, 루체른, 치롤)에서는 일하다가 지친 사람들에게는 어느 정도의 휴식이 허용된다. 그 마을에서는 일을 하는데 심한 독려나, '노예에게 벌을 주는 채찍'도 볼 수 없고, 오히려 가장 신분이 낮은 사람들도 단지 노동만 하는 것이 아니라 그 밖의 즐기는 생활도 할 수 있는 것이다. 그런데 그 마을 신자들에게 심한 독려를 하게 된다면, 실로 가톨릭교회에 있어서 지금까지는 큰 매력이 되고 있던 것을 잃게 될 것이다.

그러므로 오늘의 이 사회는 모든 일하는 사람들에게 있어서는 어떤 무자비한 요소를 가지고 있는 것이다. 인간은 소나 말처럼 일하다가 지쳐서 쓰러질 수도 있다. 지쳐서 쓰러지면 '더 쓸모가 없게 된다'는 것이니, 그 다음에는 새로운 일꾼이 언제든지 얼마든지 대기하고 있는 것이다.

그런데 그처럼 경쟁하듯이 초조한 심정으로 일을 한 결과는 대부분 그다지 좋은 결실을 보지 못했다. 인간이 활동할 수 있는 많은 분야에서 오늘날처럼 조급히 서두르지도 과로하지도 않고 오늘보다도 훨씬 더 많은 일을 이룩한 시대와 사람들이 있었다.

오늘날 어디에 루터와 같은 사람이 있는가. 그는 우리들이 도저히 믿을 수 없을 만큼 짧은 시간에, 그와 같은 양식으로서는 지금까지도 그것보다 더 우수한 것이 이룩될 수 없는, 훌륭한 성서의 번역을 했을 뿐만 아니라, 그 일을 마치고 나서도 조금도 지친 모습을 보이지 않았고, 그렇다고 최소한 반년이나 1년 정도의 '휴식' 또는 몸보신도 필요로 하지 않았던 것이다.

오늘날의 학자들 가운데 그가 이룩한 필생의 큰 저작인, 수백 페이지의 책을 능가할 만큼 업적을 남긴 사람이 있을까. 또 예술가 중에서, 동시에 그림자도 그리고 건축도 하고 조각도 하면서 시도 쓴 미켈란젤로라든가 라파엘과 같은 예술가가 있을까.

또 매년 피서지나 온천에도 가지 않고, 90세의 고령길에도 계속 일을 한 티치아노*와 같은 사람이 있을까.

아마도 지나치게 많은 휴식을 취하지 않더라도 그리고 초조한 생각을 하지 않고 생활하면서도 오히려 무엇인가를 이룩할 수 있는 것이 틀림없다.

그러기 위해서 첫째로 필요한 것은, 자기 자신의 의사와는 무관한 나머지 일반의 풍조를 따라가지도 않고, 오히려 그것에 저항해서 어디까지나 '자유인' 으로서 생활해 보겠다는 결심을 하고, 일이거나 향락이거나 결코 그것들의 노예가 되어서는 안 되는 것이다.

그러나 그렇다고 해서 현대의 노동의 분배나, 또 그것에 못지 않게 자신의 자손들을 위해서 조심스럽게 돈을 저축하려고 하는 '자본가적' 인 사고방식 전체가 그것을 곤란하게 하고 있다는 것을 부정할 수는 없다.

따라서 우리들에 관한 문제도 또한 문명의 영역에 도달한

---

*티치아노 Tiziano Vecellio : 1482?~1576. 이탈리아 화가. 피에베 디 카도레 출생. 9세 때 베네치아의 세바스티아노치카토에 입문하고 젠틸레 벨리니에게 배우고, 다시 그 동생인 조반니 벨리니, 동문인 조르조네 등에게 배웠다. 초기 작품에는 조반니 벨리니 · 조르조네의 영향을 받은 것이 많고 『전원의 합주』와 같이 작품의 귀속을 둘러싸고 티치아노와 조르조네간에 아직도 정설을 못본 것도 있다. 기록에 남아 있는 최초의 작품은 1511년 파도바의 프레스코화인데 선명한 색조와 세밀한 인물표현으로 이에 앞선 것이라고 생각되는 작품들보다 티치아노의 개성을 한층 뚜렷하게 나타내고 있다. 이 시기에 베네치아의 산타 마리아 글로리오자 디 프라리 성당의 제단화로 그려진 『성모 승천』은 장대한 구도와 적 · 청 · 금색에 싸여진 천상적인 반향에 의하여 화가의 재능을 유감없이 발휘하였다. 티치아노의 가장 독창적인 시도이며 서양회화 사상 획기적인 사건은 색채의 물체묘사역할에서의 해방과 거기에 자족적 표현력을 부여한 일이다. 초기 작품에서도 볼 수 있는 색채의 신선한 기법은 점차 전통으로부터의 탈피를 뚜렷이 나타내고 있다.

인류가 다시 평등한 노동조건과 평등한 소유를 할 수 있도록 하기 전에 반드시 통과치 않으면 안 될 혁명과 밀접한 관련이 있어서, 그것이 우리들에 관련된 문제에 커다란 배경이 되고 있는 것이지만, 그러나 여기서는 이 이상 깊이 언급하지는 않겠다.

다만 일하지 않으면 안 될 처지에서만 일을 하고, 그리고 자신이나 가족이 무거운 짐에 묶여 있는 그러한 상태에서 빨리 해방되기 위해서만 일을 하는 사람들이 있으며, 특히 교양이 있고 또 '나는 모자 외에는 깃털이 필요하지 않은 높으신 분'이라고 자랑스럽게 떠들어대는 계급의 사람들이 있는 동안만은, 이렇게 소수의 사람들이 너무나 많은 시간을 소유하기 때문에 그로 인하여 너무나 적은 시간만을 가지게 되는 많은 사람들이 항상 있게 되는 것이다.

그러므로 현대에 살고 있는 우리들로서는 오직 작은 수단을 가지고 하는 방어적인 태도만이 특히 문제가 된다. 그것은 다음과 같다.

(1) 시간을 만드는 가장 좋은 방법은, 일주일에 6일 또는 5일도 7일도 아니고 일정한 날의(밤 시간도 아니다) 시간에 단지 장난이 아닌 규칙대로 일을 하는 것이다.

밤낮으로 일을 하고, 일요일도 일을 한다는 것은 결코 시간과 일한 보람을 얻을 수 없는 가장 졸렬한 방법인 것이다. 반면에 몇 주일 또는 몇 개월에 걸친 소위 '휴식'이라는 것, 더

심하게 말해서 글자 그대로 일을 전혀 하지 않는다는 의미라면, 그것도 또한 한 번쯤 고려해볼 일이다.

규칙적인 일이야말로, 특히 중년 이후에는 정신과 육체의 건강을 지속시키기 위한 최상의 방법이라는 것을 … 여성들을 위하고 '또 아름다움'을 지속시키는 방법인 것을 덧붙여 둔다―의학적으로 현재보다도 훨씬 더 명확하게 주장하고 증명할 시대가 올 것이라는 것을 나는 기대한다. 게으름을 피운다는 것은 일을 한다는 것보다도 대부분의 사람들을 훨씬 권태롭게 하고 신경과민증이 되게 해서, 건강의 진정한 바탕이 되는 저항력을 약화시키는 것이다.

*이 논문은 본래 남녀가 함께 모인 자리에서 강연한 원고인 만큼 그 외형이 마디마디에 남아 있다.

물론 일이란 지나치게 하는 수도 있다. 일을 할 때, 특히 그 성과, 즉 이룩된 일만을 중시하고 일 그 자체를 사랑하지 않는 경우는 항상 그런 것이다. 그런 경우에 알맞게 선을 유지한다는 것은 곤란한 일이다. 이미 지난날의 선인이 남긴 말이 있다.

'일이란 것은 각 개인에게 그 신분에 알맞을 만큼 주어지고 있다. 그런데 그 선을 지키지 못하는 것이 인간의 정리이다.' 그러나 자연은 일을 함으로써 생기게 되는 피로감을 경고하기 위한 사람을 우리들 옆에 세워두고 있다. 우리들은 어렵게 생각할 필요도 없이, 항상 적정 선을 지키기 위해서는 그 경고하는 사람에게 물어보면 될 것이고, 흥분제 등을 써서 이를 속여서는 안 된다.

> *황제 아우구스티누스의 격언 '천천히 빨리하라', 즉 '급하면 돌아가라'라는 말도 여기에 속한다. 자신이나 다른 사람을 지나치게 재촉하는 것은 실제로 일을 빨리 진척시킬 수는 없다.

(2) 규칙적인 일을 훨씬 쉽게 하려면 물론 일정한 직업이 있어야만 된다. 직업은 반드시 정해진 일에 대해서 의무가 따르기 때문이다. 그러므로 국가를 무대로 한 소설이라든가 사회주의적인 작가가 일의 일반적인 조직을 군대 형식을 따라서 상상한다는 것은 확실히 적절한 사고방식인 것이다.

군대조직이란 것은 질서라든가 의무가 가장 까다로운 기관이기 때문이다. 자기 스스로 경험한 사람이라면 누구든지 알고 있는 일이지만 우리들이 병역의무를 충실히 하고 있을 때만큼—물론 과로했을 경우는 예외이긴 하지만—몸의 컨디션이 좋은 때는 없다.

군대에서는 하루의 일과가 질서있게 짜여져 있어서 할까말까하는 심정이 될 수 없는 엄격한 임무가 있으며, 또 어떤 사람이라도 미리 이튿날의 일에 대해서 생각할 만한 시간 여유가 없는 것이다.

*일반 시민의 사교에 있어서도 교양을 갖춘 군인과 교제를 할 때의 유쾌한 분위기, 기분 좋은 간결함과 정확성 등의 습관을 기르는 것이 좋을 것이다. 그렇게 하는 것은 군대가 주둔해 있는 지방의 독자라면 특히 명심해 둘 일인 것이다.

현대사회에서 수많은 부자들이 불행한 것은 그들이 직업이 없다는 것 때문이다. 가령—세상에서 흔히 말하고 있듯이—그럴 필요가 없다고 하더라도, 안과의사로 개업을 한 독일의 한 귀족의 실례를 본다면, 그들은 대부분 언제나 스스로 불만을 느끼고 있는 것을 도락으로 즐기고 학예 따위에 신경을 쓰지 않아도 되는 것이다.

또 나는 오늘날 특히 여성들의 취향을 사로잡고 있는 향학열의 일부 경향은 직업적인 활동을 하고자 하는 인간 본래의 충동이외에 다른 깊은 이유가 있다고는 아무리 달리 해석할 수가 없다.

(3) 오늘날 자주 논쟁이 되고 있는 또 한 가지 문제는, 일을 하기 위한 하루라는 시간을 어떻게 짜는가 하는 데 있다.

대단히 길이 먼 대도시라든가, 다소간에 기계적인 일을 하고 있는 독신자, 또는 일을 무거운 짐이라고 생각하여 될 수 있는 대로 빨리 그 일을 끝내려고 노력하지 않으면 안 될 사람들에게 있어서는 소위 영국식의 밑도 끝도 없는 방식이 적합한 것이다.

하지만 그런 방식으로는, 정오가 되면 충분히 휴식을 취하는 우리 스위스에서 이행되고 있는 방법처럼 참으로 기분좋은 정신적인 일을 이룩하기는 어려운 법이다. 어떠한 사람이라도 6시간에서 8시간을 계속 근무만 하고, 그동안에 잠시 휴식을 취하는 정도로는 실지로 정신적인 능률을 올릴 수는 없다.

그렇다고 해서 휴식시간을 한 시간이나 그 이상 연장을 한다면, 다음 단계의 일하는 시간이 부족되기 때문에 다만 명목상 일하는 것이 될 뿐 실질적으로는 도움이 되지 않는다. 그런데 현재의 방법으로라면 10시간 내지 11시간, 즉 오전에 4시간 오후에 4시간, 밤에 2시간 내지 3시간 일을 한다는 것은 매우 쉬운 것이다. 우리들 동지 중의 대부분, 보편적으로 우리들은 '노동자'라고 불리어지는 명예를 가지고 있는 것은 아니지만, 세상에서 평이 좋은 8시간 노동으로는 도저히 일을 해나갈수가 없다는 것을 안다.

(4) 그 다음으로 중요한 점은 지나치게 자기 자신을 소중하게 생각해서는 안 된다는 것이다. 즉 시간, 장소, 위치, 기분이나 마음의 준비 등에 오랜 시간을 끌어서는 안 되는 것이다.

일을 할 기분이라는 것은 일을 일단 시작하게 되면 자연 생기는 것이고, 흔히 처음에는 있을 수 있는 일종의 권태감 같은 것은, 그 이유가 정말 몸의 컨디션이 나쁜데 있는 것이 아니라면, 그리고 일에 대해서 단순히 피동적이 아니라 오히려 공세로 나간다면 즉시 사라져 버리는 것이다.

'결심을 굳혔다면 즉시 될 수 있다고 생각되는 머리카락을 꽉 붙잡아야만 된다.
그렇게 한다면 절대로 그것을 놓으려고 하지 않을 것이니까 싫더라도 앞으로 나아갈 수 밖에 없지.'
― 괴테 '파우스트'에서

우리들이 가령 실생활에 있어서, 우리들의 내부에 있는 나태한 버릇이, 사도 바울이 말한 바대로 '옛사람'이 지금은 무엇을 하고 싶은지 하기 싫은지를 언제까지나 물어보는 식의 태도를 취한다면, 그 '옛사람'은 언제나 진지한 일에는 찬성을 하지 않고 단지 종교상의 또는 도덕상의 좋은 원리만으로도 충분하다고 말할 것이다.

인간의 내부의 나쁜 부분은 좋은 부분의 지상명령에 불평없이 따르도록 훈련을 시키지 않으면 안 된다. 군대와 같은 규율로써 그렇게 했다면 인간은 비로소 올바른 길에 서게 될 것이다. 그 이전이 아니라 그 때가 되면 비로소 자신의 생활을 얻을 수 있으며, 잃어버리지 않았다는 것을 피부로 느끼고 알게 되는 것이다.

미리 생각을 종합한다든가, 일에 대해서 깊이 생각해보겠다는 것은 대부분의 경우 일을 피해 보려고 하는 구실인 것이다. 특히 그 위에 '시거'에 불을 붙이려고 하는 때는 더 말할 나위가 없다.

* 담배를 피운다는 것은 어떻든 많은 시간을 잃게 되므로, 한번 열심히 일해 보겠다는 사람들에게 있어서는 절대로 좋지 않은 습관이다.

가장 좋은 생각은 일을 열심히 하고 있을 때, 그것도 전혀 대상이 다른 일을 하고 있을 때 떠오르는 수가 많다. 현대의 한 저명한 성직자가 한 말이, 올바른 진리라고는 일컬을 수 없지만, 그러나 독창적인 말이라고 할 수 있겠다.

'성서의 말씀에서 일을 하고 있지 않은 사람에게 천사가 나타난 예는 한 번도 들어본 적이 없다.'

(5) 그것과 밀접하게 관련되고 있는 것은 짧은 시간을 단편적으로 이용하는 방식이다. 사람들은 대부분 일을 시작하기 전에, 어떤 일에도 지장을 초래하지 않는 한없는 시간이라는 넓은 평야를 눈앞에 두고 싶다는 욕심만을 생각하기 때문에, 그들은 시간이 없는 것이다.

그러한 일에는 우선 눈에 띄는 것이 이중으로 자기 기만을 하고 있다는 것이다. 그 이유는, 사람들은 대부분 생활을 하자면 쉽게 처리될 수 없는 일이 있을 뿐만 아니라, 또 인간이 일을 할 수 있는 능력에는 한계가 있어서, 굉장히 긴 시간을 쉴 틈도 없이 채울 수는 도저히 없는 것이다.

진실로 무엇인가를 제작해야만 될 정신적인 일에 있어서는 최초의 한시간, 또는 종종 최초의 반 시간이 가장 좋은 시간이라고 말하더라도 결코 지나치지 않다.

그러나 참으로 대규모의 사업은 별개로 하고, 보통 소규모의 일이라면 대부분 15분 가량이면 충분히 준비를 할 수 있는 시간이 될 것이다. 그 밖에 정리를 위해서나 기계적으로도 할 수 있는 부차적인 일이 있기 때문에 그것이 중요한 일의 시간과 정력을 빼앗는 수도 있지만, 그것을 미리 막기 위해서는 잃어 버리는 시간의 단편을 그것으로 이용하는 것이 좋을 것이다.

사실 그러한 짧은 시간의 단편적인 이용과 '오늘은 지금 시작해도 헛수고다' 라는 생각을 말끔히 제거할 수 있다는 것은 한 인간의 평생 동안의 업적을 형성한다고 해도 지나친 말은 아니다.

(6) 그리고 또 시간을 절약하는 중요한 방법 중 한 가지가 일의 대상을 바꾸는 것이다. 일을 바꾼다는 것은 거의 완전한 휴식과 똑같은 효과가 있다. 그러한 방법에 어느 정도 익숙하게 될 때는—그것은 오직 연습에 의해서만 터득할 수 있는 것이지만—우리들은 거의 하루 종일 계속해서 일을 할 수가 있게 된다.

*두 가지 일의 사이사이에 청량제가 될 참으로 유쾌한 독서는 그야말로 약보다 좋은 강장제의 효과가 있는 것이다. 사람의 정신

면이 생기발랄할 때는 얼마나 많은 고된 일을 감당할 수 있는가, 또 이를테면 얼마나 조그마한 일도 해낼 수 있는지 없는지 모를 신체의 건강상태에 좌우될 때와 비교한다면 실로 놀라지 않을 수 없다.

언제나 한 가지 일을 끝내고 나서야 다음 일을 시작한다는 것은 나의 경험에서는 잘못이라고 생각한다. 그와 반대로 예술가가 흔히 굉장히 많은 여러 가지 계획이라든가 손을 댄 일을 신변에 쌓아놓고, 그 때 그때의 억누를 수 없는 기분이 발동할 때, 또는 번개처럼 반짝이는 생각이 떠 올라오면, 이것에 손을 댔다가 또 저것에 손을 대는 등 기분대로 움직이는 것이 올바른 태도라고 생각된다.

*우리들은 그러한 방식으로는 한꺼번에는 결코 끝맺음을 할 수 없겠지만, 나중에 오랫동안 휴식을 하지 않을 수 없는 그러한 대규모 작업을 계속 이룩할 수 있다. 그러므로 오늘날 학자들 중에는 쉴 틈도 없이 저작에 골몰해서 한 가지 저작을 완성했을 경우, 일을 마치고 나서는 지쳐서 쓰러질 정도가 되는 것이다.

그런데 보편적인 올바른 일의 방식은 심신의 건강을 유지하면서 하는 것이고, 무익하고 그다지 소득이 없는 일은 사람을 굉장히 지치게 하는 것이다.

위의 본문에서 말한 것은 즉시 처리해야만 될 필요성이 없는 상당한 대규모의 일에만 해당되는 것이지 편지 거래는 그렇지 않다. 가령 편지를 받았을 때는 즉시 회답을 써서 보내는 것이 가장 시간을 뺏기지 않는 좋은 규칙이라 하겠다.

덧붙여서 말해 두지만 그것은 또 자신을 통제하기 위한 훌륭한 한 가지 방법이기도 하다. 왜냐하면 옛날의 게으른 아담은 기회만 있으면 우리들의 내부, 보다 착한 인간을 설득시키려고 애를 쓴다. '나는 원래 게으른 편이 아니지만, 지금은 공교롭게도 어떤 일에는 흥미가 없다'라고.

그런 말을 들었을 때, 우리들은 자신에게 이렇게 말하지 않으면 안 된다. '좋아 그렇다면 다른 일거리를 찾아 보자.' 그렇게 해본다면 흥미가 없다는 것은 어느 특정의 일에 대해서만인가—그럴 경우에는 기분에 거역할 필요는 없다—그것이 아니라면 일을 한다는 것 자체에 대해서 거부하고 있는지를 당장 알 수 있을 것이다.

우리들은 결코 자기 자신에게도 속아서는 안 된다.

(7) 또 다른 한 가지 점은 재빨리 일을 할 것, 그리고 단순히 외형에만 신경을 쓰지 말고 어디까지나 내용에 중점을 두어야만 된다는 것에 있다. 재빨리 끝낼 수 있는 일이 가장 좋은 성과를 거둘 수 있으며 가장 효과적이라는 것이 나의 지론이며, 아마 일을 한 사람들은 자신의 경험을 통해서 나의 의견에 찬성할 것이다.

나는 물론 호라티우스*가 자작시를 9년 간에 걸쳐서 퇴고를 했다는 사실을 알고 있다. 하지만 그런 사실은 자신의 시를 대 걸작품으로 존중하고 있는 사람이 아니면 그렇게 할 수는 없을 것이다.

* 세계 역사상 가장 훌륭한 문학적 작품은 모두 순수한 우연에서 이룩되었다. 복음서, 사도들의 편지야말로 그런 종류의 글이다. 또 구약성서의 대부분이나 코란의 각 장도 아마 그런 종류일 것이다.

근세에 이르러서는 『천로역정』, 『톰아저씨의 오두막집』, 루터나 라살의 짧은 논문, 이러한 글들은 아마 현대의 교의학의 교과서라든가 마르크스의 『자본론』은 읽는 사람이 없어지더라도 독자는 끊어지지 않을 것이다.

현대의 한 다재다능한 성직자가 말했듯이 체계적이고 망라적인 것은 대부분 허위이다. 이러한 사실을 확인하기 위해서는 어떠한 과학이라도 좋으니까, 20년 전에 나온 가장 유명한 체계적인

---

* 호라티우스 Quintus Horatius Flaccus : BC 65~BC 8. 고대 로마 시인. 이탈리아 베누시아 출생. 로마에서 교육을 받고 아테네로 유학하여 아카데미아의 학원에서 공부하였다. 베르길리우스와 친교를 맺었으며 뒤에 황제 아우구스투스와도 친하게 되어 황제 비서가 되어 달라는 요청을 받았으나 이를 거절하고 작품활동에 전념하였다. 『서정시』는 아우구스투스의 치세를 찬양하였으며 로마인들에게 조상들의 엄격한 윤리적 생활로 돌아갈 것을 강조하였다. 『세기의 노래』는 BC 17년 국가적 제전인 「100년제」를 위하여 지은 것이며, 『피소에게 보낸 서간』은 후세 사람들이 『시론』이라고 하였던, 여기에 전개된 그의 시문학론은 아리스토텔레스의 『시학』에 필적되어 근대 문학이론가에게 큰 영향을 주었다. 루키리우스의 풍자시를 계승한 『풍자시(2권)』는 인간의 욕망이나 속물성을 비웃는 한편 문학비평과 여행기도 있어 수상시에 가깝다. 그의 시는 고귀한 내용과 아름다운 라틴어의 사용으로 높은 평가를 받고 일찍부터 교과서로 쓰였다. 사상적으로는 에피쿠로스의 학도로서 자족·중용과 속세로부터의 이탈을 현자의 덕으로 삼으면서, 다른 한편으로는 국가와 정치에 큰 관심을 나타냈다.

교과서를 살펴보면 충분히 알 수 있다.

철저하다는 것은, 그것이 철저하게 규명되어야 할 진리에 관한 한 무방하고 또한 필요한 것이라고 한다. 그러나 한편으로는 거짓도 철저하다고 말하는 경우도 있다. 그것은 애써서 탐구할 가치가 없고 또 알 수도 없으며 그다지 중요하지도 않은 일, 사소한 일이 뒤엉키고 있는 가운데에 잘못 말려들어가기 때문에 끝이 없을 때도 있는 것이다.

그런데 이따금 박식이라고 하는 위대한 후광을 빛낼 수도 있다. 그 이유는 수많은 사람들의 의견을 종합해 보면 학문의 대상은 이미 고속이고 눈에 보이지 않는 목적과 이익마저도 갖지 못하고 있으며, 또 어떤 학자가 한 평생을 통해서 단 한 권의 책을 내기 위해서 머리를 싸매고 골몰했을 경우에 비로소 그것이야말로 학문적인 것이 되기 때문이다.

진리라는 것은 어떤 면에 있어서 대부분 단순한 것이고 때로는 전혀 학문적으로 보여지지 않기 때문에, 보기 좋은 아카데믹한 성격을 나타내기 위해서 그것에 속해 있는 것 위에 다시 무엇인가를 덧붙여 놓지 않으면 안 되는 것이다.

그런데 학자층에 끼이기 위해서는, 어느 누구든 지금까지는 아직 알려져 있지 않은 어떤 세기의 저 밑바닥에 숨겨져 있는 사실들을 긁어 보아야만 된다. 자신에게나 다른 사람에게 있어서도 이롭지 못한 일을 함으로써 먼저 학자가 되는 주(株)를 사지 않으면 안 된다.

그러므로 라살이 '어둠 속의 인간'인 헤라크레이토스에 관한 저 유명한 대작을 완성하고서도 한 평생동안 지력과 견식을 계속 지닐 수 있다고 하는 실례는 정말 희귀한 것인 만큼 누구에게나 주어지는 것은 아니다.

그와는 달리 대부분 그런 노력으로 학계의 인정을 받기 위한 저작에 골몰하고 있는 동안에 육체적인 시력 뿐만 아니라 더 한층 가치가 있는 마음의 시력마저도 잃게 되어, 그 목표에 도달했을 때 그들은 이미 전혀 쓸모가 없는 인간이 되어버리는 것이다.

> *학문과 행동을 교대로 행한다는 것은 일반인의 정신 건강에 매우 좋은 방법이다. 단순한 학식이라는 것은 약간 병적인 것이어서 '창백한 사상의 병에 걸린다'고 하는 형용은 결코 과장된 것이 아니다. 모든 시대의 최고의 학자 중에는 자칫하면 인간으로서 가장 중요한 것이 부족할 때가 있다. 그것은 특히 국가적인 생활에서 뚜렷하게 나타난다.
>
> 말하자면 그들은 학자답게 자유의 대변자가 되는 것이 아니라, 흔히 권력의 찬미자가 되는 것이다.

(8) 또 한 가지 효과적인 시간 절약법은 모든 일을 일시적으로 얼버무리지 않고 즉시 처리해 버린다는 것이다.

그런데 오늘날 그것을 이행하는 사람은 매우 드물다. 내 개인적인 생각으로는 그렇게 된 이유는 많은 사람들이 피상적으로 훑어보게 되는 신문에 있다.

그 신문의 논설란의 끝맺음에는 흔히 '이 문제는 다른 기회에 쓰겠다'고 말하고 있다. 그러나 말은 그렇게 해놓고도 그것이 일찍이 실천된 예는 거의 없다. 그런데 요즈음의 독자들도 똑같은 짓을 반복하고 있다.

그러므로 그들은 이전에 읽은 기사를 이용하려고 할 때는 처음부터 다시 읽어보지 않으면 안 된다. 지금은 거의 하나의 전문용어가 되어버린 성급한 속독으로는 아무것도 머리에 남지 않는 것이다. 그러므로 그것에 소비된 시간은 잃어버린 시간인 것이다.

오늘날의 대부분의 사람들은 근본적인 것은 아예 모르고 있다고 할 수 있다. 그래서 무슨 일이 있을 때마다 이미 열 번이나 읽었던 것을 다시 열한 번째 읽고 연구를 해야 하는 실정이다. 아니 심한 경우에는 자기가 쓴 것만이라도 기억하고 있었으면 좋겠다고 하는 사람까지 있을 정도이다.

(9) 그것과 외면적으로 연관되는 것은 질서와 원본을 읽으라는 것이다. 누구든지 경험하는 일이지만 질서를 잘 지킨다면 사물을 탐구할 때, 시간 뿐만 아니라 일에 대한 흥미마저 잃지 않아도 되는 것이고, 또 연구 대상도 차례대로 처리해 나갈 수 있다.

또 원본을 읽었을 때의 첫째 이득이 되는 것은 그것으로써 그 논지를 정확하게 알고 그것에 관해서 스스로 철저한 판단을 내릴 수 있다는 것에 있다.

다음 둘째 이득은, 원본은 대부분의 경우 그것에 관해서 쓰인 책보다도 훨씬 간결할 뿐만 아니라 한층 흥미진진한 것이기 때문에 기억하기 쉽다는 것이다. 들은 풍월식의 겉발림 지식이나 남에게서 배운 지식은 결코 원본 그 자체에서 얻을 수 있는 진실된 용기와 자신감을 줄 수 없다.

또 현대의 학문과 지식이 고대의 학문에 비교해서 크게 뒤떨어지고 있는 점은 (이미 윈켈만이 말했듯이) 대부분의 경우 다른 사람이 어떤 문제에 관해서 무엇을 알고 있었고 어떤 생각을 하고 있었다는 것을 아는 데 머물고 있는 것이다.

***

시간을 만드는 기술적인 요점은 앞에서 말한 것으로 끝난 것이 아니다. 그것은 모든 이롭지 못한 것을 우리들의 일상생활에서 쫓아내야만 하는 것이다.

그런데 현대문명이 요구하고 있는 것처럼 보이는 모든 일들은 실제에 있어서는 거의 이롭지 못한 것이라 하겠다. 그러므로 다음에 예시하는 것을 독자가 각기 자기 나름대로 적당히 선택해서 채택하는 것이 바람직한 것이다. 예를 들겠다.

첫째로 이롭지 못한 것은 아무 때나 마시는 맥주이다. 비스마르크공의 덕택으로 일반적으로 아침에 한 잔씩 마신다는 것은 특히 좋지 않은 습관이다.

오늘날 맥주 양조업자는 최악의 시간 도둑일 것이다. 그러므로 맥주를 지나치게 마신다는 것에 대해서는 오늘날 이미 다른 알콜에 대해서도 비판의 소리가 있지만 단호하게 배척될 날이 반드시 올 것이라고 본다.

대부분이 사람들은 술 한 잔쯤은 하루의 일과를 마치고 피로 회복이나 울분을 터뜨리는 뜻이 있다고 하지만, 그것이 습관화 되면 건강면으로나 경제면에서 마땅히 비난받게 될 것이다.

다음은 대부분 신문을 지나칠 정도로 장시간 읽는 것이 습관화되고 있다는 것이다. 오늘날 소위 교양이 있다는 사람들이 신문이외에는 책을 가까이 하지 않고, 또는 우리가 꾸밀 수 없는 그렇게 구상할 수도 없을 만큼 갖가지 양식으로 건축된 집에 모든 문명이기를 설비해 놓았지만 서재가 없을 뿐만 아니라 다소의 양서도 보이지 않는 집을 가지고 있다. 그들은 자신의 사상적인 요구를 오직 신문이나 잡지에서 충족시키고 있으니, 신문사나 잡지사에서는 점점 더 신이 나서 독자를 넓히는 흥미 위주의 편집을 하고 있는 것이다.

신문을 닥치는 대로 읽는다든가 또 신문만을 열심히 읽는다는 것은 흔히 정치적인 관심에서라고 변명을 하고 있다. 그러나 그 말이 어느 정도 진실성이 담겨 있는 것인지 알기 위해서는 신문의 어느 면을 흥미있게 읽고 있는지를 보면 알 수 있다.

또 신문을 읽는 시간은 어느 시간이든 좋은 것은 아니다. 특히 매일 아침 가장 머리가 맑은 귀중한 시간을 우선 한두 가지 신문을 읽으므로써 소비해 버리는 사람들은 그 날 하루의 올바른 일에 대해서 흥미를 잃게 된다.

> *현재 정계에서 중대한 정치적 활동을 계속하고 있는 사람들 중에는 전혀 신문을 읽지 않고, 오직 알아둘 가치가 있다고 생각되는 사건만을 측근자를 시켜 간단히 요점만 보고하도록 하고 있는 사람이 있다. 앞으로는 반드시 이런 식으로 '요약된' 신문이 나올지도 모른다.

그 밖에 축제일 행사와 모임 등이 있다. 오늘날 무슨 무슨 모임을 움직이고 있는 사람은 도저히 진실된 일을 할 시간적 여유가 없다.

그 이유는 잘 알겠지만 그들은 대중을 어깨에 짊어지고 있고, 때로는 대중의 어깨에 업혀 자신의 힘 대신에 대중의 힘을 빌었기 때문이다.

또 축제행사라는 것은 여러 가지 생각해 낼 수 있는 모든 기회를 찾아낼 뿐만 아니라 축제행사 그 자체도 굉장한 시간이 소요되는 것이니, 예를 들면 축제행사 그 자체만 하더라도 3~4일 또는 몇 주일이 걸리게 되고 그 행사 준비를 위해서도 수개월씩 걸려도 충분하지 못한 경우가 흔히 있다.

그러나 엄밀히 따져보면 그 일 때문에 필요한 '노동' 시간은 겨우 반나절이면 충분하다고 생각된다. 그러므로 유능한 사람은 차츰 그런 일에서 손을 떼게 되고 오로지 그냥 '놀기 좋아하는 난봉꾼' 등속만이 그 행사에 남게 되는 것이다. 그들은 언제나 시간의 여유가 있으니, 축제행사란 그들을 위해서 실행되고 있는 것이라고 하겠다.

*후세의 사람들은, 오늘과 같은 시대를 행복했던 시대였다고 생각할 것이 틀림없다. 왜냐하면 오늘처럼 축제행사가 많은 시대는 일찍이 없었기 때문이다.

우리들은 늘 무엇인가 축하할 일을 머리에 그리며 준비하고 있다. 그렇게 관심을 가지고 있으면 즉시 그런 대상이 떠오른다. 오늘을 사는 사람은 대부분 시간에 쫓기고 있다. 옛날 같으면 백년 정도가 되어야 기념행사나 축하행사를 생각하게 되지만 지금은 그렇게 오랜 시간을 기다리지 않는다.

75년, 70년, 50년, 25년, 20년 또는 10년 정도만 되도 축하해 주고 싶어서 야단들이다. 한 예로 어떤 시인이나 작가가 회갑을 맞이했나 싶더니 어느덧 70세 고희의 나이가 된다.

박사 학위를 받은 학자가 50주년이 되었다고 해서 축하하다가 보면, 다른 한 관리는 근속 25년이 되었다는 파티 초청장이 날아든다. 그것들은 하급자가 신경을 써서 선배들을 위로하기 위해 돌리는 것이다. 만약 그런 축하행사를 등한시했다가는 당장 '선배 대접도 할 줄 모르는 녀석'이라고 힐책을 받게 된다.

그러므로 이러한 축하나 위로를 해주게 되는 동기는 그 모두가 일하기 싫어서 생긴 습관적인 것이라고 해도 지나친 말은 아닐 것이다.

일부 현대 인사 중에는 그럴 듯한 한 가지 미명 아래 많은 시간을 허비하고 있는데 바로 예술을 한다는 구실이다. 그런데 그것도 음악에 관한 것은 약간 별개로 하고, 결코 그들 자신이 실제로 습작이나 탐구하는 예술이 아닌, 오직 수동적으로 받아들이고 있는 것에 지나지 않는다.

오늘날 수많은 사람들은 그들이 본래 자기 내부에 가지고 있는 이상주의 정신이라든가, 아름다움이나 위대한 것에 대한 호기심이나 자각을 그러한 고상한 향락에다 점잖게 발산시키고 있는 것이다.

솔직히 말한다면, 현대의 부인 사회의 일부에서는 오로지 아이들의 행복만을 목적으로 교육을 받고 있다. 그리고 그런 교육을 받은 결과 나중에 어떤 유익한 일을—단지 그것만이 인간을 내면적으로 만족시킬 수 있는 것이라고 할 때 곤란한 투쟁과 공연한 헛수고를 반드시 하지 않으면 안 되는 것이다.

*그것이 세속적인 것이든 종교적인 것이든 그다지 다를 바가 없다. 많은 귀부인들의 부업처럼 되어 있는 소위 '선행'이라는 것도 흔히 있는 게으른 습관의 매우 표면적인 구실에 지나지 않는 경우가 많다.

오늘날에도 가장 교양 있는 훌륭한 부인들은 대부분 그러한 이롭지 못한 향락생활을 실험하고 있다. 그녀들은 이제는 그 무거운 짐을 더 이상 짊어지고 있을 수 없고, 오히려 그것에 사로잡혀 어찌할 바를 모르고 있는 것이다.(이사야서 제40장 2절 참조)
구세군의 부인들의 단순한 히스테리적이 아닌, 진실된 행복은 단순하고 매우 규율적인 활동을 하기 때문이지만, 그런 모습은 이전에는 전혀 찾아볼 수 없었던 것이다.

이외에도 수많은 사교적인 모임과 그것과 연관성이 있는 견해, 그다지 중요한 목적도 없는 방문 습관이 있다. 이러한 예의범절은 실제로 옛날에는 매우 의미가 있었고, 개인적인 교제에 의해서 서로 정신적인 자극과 진정한 우정을 나눌 수 있었지만 오늘에 이르러서는 한갓 허례에 지나지 않는 것이 되고 말았다.

*나는 다음과 같은 괴테의 말을 대단히 존중하고 있다.
'어떤 태도를 취하는 것이 자신에게 가장 잘 어울리는 것인지는, 귀부인들에게 물어보지 않으면 안 된다.'
그러나 그 물음에 대해서 지금까지보다도 훨씬 짧은 시간에, 아침 일찍 대답을 들을 수 있는 방법이 발견되지 않으면 안 된다. 그렇지 않을 때는 나중에 사람들은 부인들의 대답을 듣기 위해 아마 백번쯤 들락날락하지 않으면 안 될 테니까.

연극에 관해서만은 굳이 여러 말을 하고 싶지 않다. 그것이 진정한 목적을 만족시키기 위해서는 현재 상태의 그 모습을 남기지 않을 만큼 철저한 개혁이 필요하기 때문이다.

거기 덧붙여서 현재 문화적 요소 중에서 다른 몇 가지를 들어보면 유물론적인 철학의 천박성과 대중적인 저서, 예를 들어 프랑스의 속된 소설이라든가 희곡 등에 관해서는 오늘날 가장 교양있는 사람들, 특히 대학관계의 사람들은 '자기는 그런 것은 잘 모른다'고 공언할 용기를 가져야만 할 것이다.

> *오늘날 성대하게 유행하는 음악회도 정신적인 공허감을 채우려고 하는 것일 뿐이다. 마찬가지로 끊임없는 정치적인 소란주의 대부분도 보통은 일에 대한 흥미를 느끼지 못하고, 따라서 언제나 무슨 돌발 사건이나 생겼으면 하는 패거리 중에서 일어나는 것이다.
> 여러 경향의 대표적인 작품 중에서 한 편을 읽는다는 것은 교양을 넓히기 위해서 필요하다.
> 그러나 문학가, 저널리스트, 또는 문학사가도 아니면서 프로벨, 입센, 그밖의 문학작품을 한 편 이상 읽는 사람은 시간을 읽게 되고, 좋은 취미에 손상을 입게 될 것이다, 특히 그가 아니고 '그녀'일 경우에는 오히려 그녀의 천성과 사회적인 의무를 범하게 되는 것이다.

그렇게 한다면 우리들은 무엇인가 진지한 일반적인 교양을 넓히는데 진실로 도움이 되는 것을 매일 읽을 만한 시간을 가지게 될 것이다. 그것은 정신력을 강화시키는 데도 필요하고, 그것에 의해서 우리들은 시대의 정신적인 흐름과 합치될 수 있는 접촉을 유지할 수 있게 된다.

그렇다면 여러분이 '대학에서의 강연에 시간을 보내는 것'에 관해서 아무런 불평을 하지 않도록 두 가시만 더 언급해 두겠다.

그 한 가지는 '사사로운 일을 가지지 않는다는 것은 특히 노력할 가치가 있는 목적인 것이다.' 라고 로테가 말한 것처럼 확실히 우리들은 그렇게 하려고만 생각한다면 사사로운 관심과 그 처리를 축소시켜, 그 대신 훨씬 넓은 사상을 바탕으로 생활할 수 있을 것이다. 그리고 그것은 아주 기분이 좋은 일이 될 것이다.

또 다른 한 가지는 훨씬 실리적인 목적을 가지고 있는 것이지만, 그것은 '자네가 배운 것, 자네에게 맡겨진 것을 끝까지 지키라' 고 하는 것이다. 그러기 위해서는 여러분은 항상 충분한 시간을 가지게 될 것이다.

옛날의 이스라엘의 잠언은 그것을 더욱 소박하게 표현하고 있다.

'자기 전답을 경작하는 사람은 식량이 풍족할 것이다. 그러나 이롭지 못한 일에 열을 올리는 사람은 지혜가 없는 사람이다.'

우리들에게 직접적인 관계가 없는 사물이라도 어떻든 사회적으로 무엇인가 뜻이 있고 어느 정도 문화에 공헌할 수 있는 것이라면, 평생에 한 번쯤은 그것의 실질적인 본질이나 진수에 관해서 명확한 개요를 최선의 원천에서 얻으려고 노력하지 않으면 안 된다. 그렇게 하고 나서는 더 깊이 그것에 관여하지 말고 가만히 내버려 두는 것이 최선의 방법이다.

> *예를 들면 법률가는 코호의 치료법에 관해서 전문가의 입을 통해서 한 번만 정확하게 그 내용을 듣는다면 그것으로 충분하다. 그렇게 되면 신문의 몇 단을 채운 긴 논문을 모조리 읽지 않아도 될 것이다. 라사알이 그의 '공개 회답장'이라는 글에서 말한 것은 진실인 것이다.
> 즉, 자신이 맡은 일의 결과를 효과있게 이룩하는 비결은 자신의 능력을 한 곳에 집중시키고 곁눈질을 하지 않아야만 된다. 그리고 더 바라고 싶은 점은, 다만 그 한 곳이 적당한 높은 위치에 있어야만 된다는 것이다.
> 한 마디로 말해 그것은 단순한 놀이라든가 호기심이 아니라, 인류를 위해서 무엇인가 가치가 있어야만 된다는 것이다.

나는 그런 시간 보내는 것에 대해 다음과 같은 말로 끝내고 싶다. 즉 우리들은 결코 이롭지 못한 일을 자신에게 맡겨서는 안 된다. 그런데 오늘날 그런 일은 대단히 많다. 예를 들면, 통신, 위원회, 보고 등의 형태로 얼마든지 있다. 물론 강연도 그 범위에 속한다. 그것은 시간만을 요구하는 것이지, 확실히 아무것도 얻는 바가 없다.

사도 바울까지도 그가 아테네 사람을 상대로 설교를 할 때 그들은 다만 무엇인가 '신선한 것'을 듣고 싶을 뿐이지, 진실한 것이나 진정으로 그들의 마음을 움직이는 말은 가능한 한 듣지 않으려고 한다는 사실을 경험하지 않을 수 없었다.

그러므로 그의 선교의 결과는 많은 사람들의 조소거리가 되었고, 가장 호감을 가지고 있던 사람들마저도 '그런 것이라면 언젠가 다른 날에 듣기로 하지' 하는 식으로 무슨 선심이나 베푸는 것 같았다.

그러므로 그 사건의 보고서는 사도 바울의 이야기를 들은 사람들 중에서 그 마을의 한 재판관과 한 숙녀만이 계속적인 이득을 얻을 수 있었다는 것을 특기하지 않으면 안 된다고 생각했던 것이다.

그렇다면 여러분에게 묻겠는데, 현대의 '강연'이라는 것이 또 어떠한 방향이 정해진 계속적인 결실과 결심으로 여러분을 이끌어갈 것인지 아닌지, 또는 단지 '아카데믹'한 것이고 언제나 그런 것이나 아닌지.

> *강연이 언제나 그런 식이라는 것에는 청중에게도 책임이 있다. 그들은 대부분 강연을 겉으로만 평가하며, 내용이 전혀 무가치한 것이라도, 이해가 되지 않는 것이라도 훌륭한 것이었다고 평가하는 것이다. 그런 점에서는 참으로 지식계급의 사람들에게는 놀라울 정도로 판단력의 결핍이 눈에 뜨일 만큼 철저하게 물

들어 있으며, 일반 사람들 쪽이 오히려 정직하고 올바른 감각을 가지고 있다.

그들은 진실보다도 비평의 소리에 신경을 쏟고, 예술과 이성은 밀쳐 놓고 자신의 의견만을 내세운다.

—단테 『신곡』 연옥편에서

또 그것에 관한 것은 나의 저서 『독서와 연설』을 참조하기 바란다.

현대의 진정한 불행의 한 가지는 보편적으로 다만 '아름다움'에 관한 문학만을 깨우치는 교육을 받았기 때문에 그런 교양만을 쌓아놓고는 그것을 오직 진정한 교양인이라고 생각하고 있는 사람이 많다.

그들은 참된 만족감을 경험해 보지 못했기 때문에 '무엇이 흥미가 있는 것'인지 알지 못한 나머지 늘 정신적인 갈증을 느끼며 생활하고 있다. 문학적인 신문이나 잡지, 문예란 등에 실린 잡문 따위, 선정적인 소설이나 경향 소설, 과학적인 것이나 그밖의 강연 따위는 모두가 원인이 되고 있다.

그런데 그것은 매우 짧은 기간은 '시대적인 요구'에 응하는 것처럼 생각되지만, 그러나 오래지 않아 그렇게 되게끔 이끌어간 공허감을 채우는 데는 미흡하다는 것을 알게 된다.

지금까지 서술한 것이 오늘과 같은 상황 아래서 가능하리라고 생각되며 또한 응용할 수 있는 시간 절약법인 것이다.

위와 같은 방법을 이용하는 사람이 있다면 다음과 같은 말을 기억해 두기 바란다. '남을 만한 시간이 없다'고 하는 것은 우리들이 이 세상에서 도달할 수 있는 행복 중 가장 중요한 요소인 것이다.

인간의 행복의 최대 부분은 항상 계속되는 일과 그것에 바탕을 둔 축복으로 구성되고 있다. 그리고 그 축복은 나중에 일하는 것을 기쁨으로 변형시켜 주는 것이다.

사람의 마음이라는 것은 그가 올바른 일을 발견했을 때보다 더 유쾌할 때는 없다. 사람이 행복해지고 싶다면 무엇보다도 올바른 일을 붙잡는 것이 가장 좋다. 인간이 실패한다는 것은 그 사람이 전혀 일거리를 갖지 않았을 때, 일이 보잘것 없을 때, 또는 올바른 일을 갖지 못했을 때 비롯되는 것이다.

인간의 흥분하기 쉬운 심장은 활발하고 마음에 만족감을 주는 자연스러운 운동을 함으로써 가장 평온하게 똑딱똑딱 고동 소리를 내는 것이다. 그렇다고 해서 일을 자신이 시중을 들어야만 되는 우상이라고 생각해서는 안 된다. 오히려 일을 하는 것으로써 하나님을 섬기지 않으면 안 된다. 그런 것을 마음에 새겨두지 않는 사람은 모두가 노년기가 되면 정신과 육체에 착란증이 일어나게 된다.

* 로테는 다만 그것을 정신적인 일에 관해서만 말했기 때문에 어떤 제한도 하지 않았다. 그러나 우리들은 모든 올바른 일은 그것

에 포함시키려고 생각하고 있다.

그러므로 나는 이렇게 강조하고 싶다. 그 일이 능력에 알맞은 것이고 근본적으로 그렇게 하는 것이 옳다고 생각된다면 하라고. 사회주의자가 제창하는 노동군(軍)이라고 하는 관념에 따른다면, 모든 인간에게는 각각 그 사람에게 정해진 알맞은 지위가 지정되는 것이지만 그것은 실제에 있어서 올바른 일의 분배가 보장된다면 인류를 불행하게 하는 대부분의 요소를 구할 수 있는 방법이 될 것이다.

그러나 보통 어떤 종교를 가진 사람에게나 평생 그를 버리지 않고 어떠한 불행에 부딪치더라도 언제나 그를 위로해 주는 것에 두 가지가 있다.

즉, 일하는 것과 사랑하는 것이다. 이 두 가지를 버린다는 것은 자살 이상의 비참한 지경에 이르는 것이다. 그들은 자기가 버린 것이 어떤 가치를 가지고 있는지 그 진가를 모르고 있다. 우리들은 이 세상을 살아가는데 있어서 일을 하지 않고 휴식만 취한다고 하면 그것은 견딜 수 없는 고역이다. 인생에 있어서 최상의 약속은 아셀에게 모세가 약속한 축복의 말이다.

'당신의 발자국은 쇠와 구리에 새겨놓은 것처럼 똑똑하게 남아 있고, 당신의 힘은 해를 거듭해서 오래도록 유지되리라' (구약 신명기 제33장 25절 참조).

인간이 그 이상의 것을 바란다는 것은 금물이다. 그러나 그것보다도 훌륭한 것을 가지게 된다면 그것은 고맙게 생각해야 된다.

그런데 그처럼 끊임없는 일을 하면서도 만족감을 느끼려면 반드시 야심이 없어야만 된다는 것이 필수요건이다. 야심이라는 것은 일을 하면서 즐거움을 느끼고자 하는 것이 아니다. 단지 될 수만 있다면 빨리 형식적으로라도 성공을 거두고 싶은 것을 말한다.

그런 야심이야말로 실제에 있어서 우리들의 자식들을 희생물로 제공하지 않으면 안 되는 현대의 모로호 신(인신을 제공하라고 강요하는 가나안 사람의 신)인 것이고, 그것은 다른 어떠한 원인보다도 훨씬 더 많은 젊은이의 희생을 강요해서 육체적으로나 정신적으로 멸망시키게 된다.

그것은 보통 순전히 물질적인 바탕 위에 구축된 짧은 인생이라는 관념과 결부되는 것인 만큼, 그러한 인생관을 따른다면 인간은 누구를 막론하고 최우수족만이 승리를 얻을 수 있는 무자비한 생존경쟁이 평상시에 명령하고 있다고 생각되는 모두의 일을 짧은 시일 안에 이룩하지 않으면 안 되는 것인데, 그렇게 된다면 그때는 차분한 마음에서 느낄 수 있는 행복한 일 따위는 문제 밖의 일인 것이다. 실제에 있어서 시간이 너무나 짧고, 어떤 것이나 지나치게 긴 시간 일을 하지 않으면 안 된다는 것이 된다.

*오늘과 같은 모순 투성이의 시대에 있어서 가장 현저한 모순은

일반적으로 야심적인 것임에도 불구하고, 그 야심이 '하나님은 물론 사람들이 모두 싫어하고 있다'는 것이다.

그러므로 오늘날에 있어서는 어떤 지위에 있는 사람이라도 그가 현명한 사람이긴 하지만 결코 야심가는 아니라는 것을 모든 사람이 한 번 확신하게 된다면 그는 굉장히 큰 세력을 가지게 될 것이다.

그렇다면 우리들은 다소 역설적이기는 하지만 이렇게 말할 수 있을 것이다. 오늘날 모든 방면에서 보편적으로 야심가들이 득실거리고 있는 경우에는 야심이 없다는 것만이 틀림없이 성공할 수 있는 것이라고.

그런 유물론적인 인생관을 다음 세대 사람들은 경험할 수 없게 될 것이다.

그러한 세력은 이미 정점을 넘어서 버린 것이다.

그리고 그것은 본래 어떠한 사람도 만족시킬 수 없는 것이기 때문에 아마 다시 한 번 정점에 도달하는 일은 없을 것이다. 그런 인생관이 생기고 있다는 것도 그 원인을 살펴보면, 모름지기 형식론적인 것이 되어버린 철학에 대한 절망 또한 마찬가지로 내적으로 공허감만이 꽉 차게 되어, 단순히 형식적인 것이 되어버린 교회에 대한 절망에서 생긴 자연적인 결과이다.

자연과학의 과대평가도 또한 그것에 영향을 미친 것이다. 천박한 사상가들은 자연과학의 현실적인 위대한 공적에 오도되어 인생의 모든 방면에 통용되는 진리마저도 그런 방법으로 탐구할 수 있다고 쓰고 있는 것이다. 그런 시대는 바야흐로 종막으로

치닫고 있는 것이다. 다음 세대의 사람들은 그들의 업적을 놀라운 방식으로 과시하게 될 것이다. 그 다음에 비로소 보다 훌륭한 철학의 재건이 시작될 수 있다.

하찮은 일, 이롭지 못한 일을 위해서는 결코 시간을 낼 수 없지만 올바른 일이라든가 진실된 일을 위해서는 언제든지 충분한 시간이 있다고 하는 것이 진정한 일이다.

그런데 그러한 참된 일은 이 세상에서 한정되어 있는 삶의 일부분에 지나지 않으며 따라서 일의 무한한 연속이라는 것을 생각할 수 있는 세계관의 토대 위에서 가장 빨리 성장하는 것이다.

여기서부터 최고의 사명을 다할 수 있는 용기가 생기고 개인적이거나 또는 현실적인 최대의 곤경이나 장애물에도 견디어 나갈 수 있는 인내심이 생기며, 또 어떤 하나의 세계관으로부터는 지금 매우 정당한 것처럼 보이지만 영원의 입장에서 본다면 즉시 모든 가치를 잃어버릴 것 같은 많은 것을 조용히 거부할 수 있는 것이다.

그것이 또한 현재처럼 소란한 시대에는 몇 배나 사람들의 마음을 안정시킬 수 있는 말의 의미이기도 한 것이다.

'지금을 영원으로 보며,
영원을 지금이라고 본다.
그러한 사람은,

모든 싸움을 모면한다.'

*곤경을 견디어 나갈 수 있는 인내심이라는 것은 인간의 개인적인 능력으로 극복하지 않으면 안 된다는 것을 말하며, 또 그러기 위해서는 무한한 시간이 존재하며 위대한 협력, 즉 신의 협조가 예정되어 있는 것이다.

그러므로 그런 경우에는 우리들 개개인이 어느 정도의 일을 해낼 수 있느냐 하는 것은 이미 문제가 되지 않고, 또 눈에 보이는 성과 따위는 벌써 필요성이 없는 우리들 개인적인 만족을 위해서도 중요한 것이 아니다. 그것은 질곡에서의 자유인 것이고 자유인이 할 일인 것이다(시편 제68편 20절, 이사야서 제58장 6~12절 참조).

행복의 조건

1

철학적인 입장에서는 무슨 방법을 써서라도 반대할 수 있겠지만, 의식이 눈 뜰 때부터 의식이 완전히 사라지는 그 순간까지 인간이 가장 열렬히 구하는 것은 누가 뭐라고 해도 역시 행복밖에는 없다.

그리고 행복이 이 세상에서 현실적으로 도저히 찾아낼 수 없다고 확신했을 순간은 아마 인간이 경험하는 가장 비통한 순간이다.

*행복은 진실로 우리들의 모든 사상의 열쇠이다. 각 개인이 스스로 그것을 바라고 개인의 노력으로 그것에 도달할 수 없을 때는 다수의 사람들이 공동으로 그것을 합심해서 추구한다.

행복은 학문의 탐구, 노력, 모든 국가적인 것과 교회적인 시설의 궁극의 거점이 되는 것이다. 인간들은 행복에 대해 제멋대로 해석하지만 행복이야말로 인간생활의 지상 목표이다.

인간이라면 누구든지 어떻게 해서라도 행복해지고 싶어 한다. 가장 엄격한 스토아주의자일지라도 다른 사람들이 행복이라고 인정하는 것을 단념함으로써 그들 사상대로의 행복을 얻으려고 하고 있으며, 극단적으로 이 세상살이의 속된 습성에서 탈피하려는 그리스도교인들까지도 별개의 생활 속에서 행복을 추구하고 있음을 알 수 있다.

또한 염세주의자들도 결국은, 그들의 비밀스러운 자랑을 간직하는 행복을 느끼고 있다. 불교신자들은 무(無), 즉 무의식 중에 행복을 두고 있다. 행복을 추구하는 것만큼 만인 공통의 것은 이 세상에 없을 것이다.

행복이라고 하는 문제는 인류가 살아온 여러 시대의 색채를 통해서 그 근본적인 특성을 나타내고 있다.

신흥민족이 새로운 행복을 바라고 있었던 시대, 또는 전체 인류가 새로운 철학적, 종교적인 방식에 있어서, 또한 경제적인 방식에서까지 세계 개조의 비밀을 발견했다고 믿고 있었던 시대는 쾌할하기 짝이 없었다.

그런데 현대처럼 이미 여러 번 응용된 그런 방식은 모두가 환상에 지나지 않았다고 하는 체험이 모름지기 민중의 머리 위를 억누르고 있는 시대란 것은 음울한 것이다.

오늘날 가장 해박한 지식을 가지고 있는 사람들마저 이렇게 말하고 있다.

'행복이라고 하는 말에는 우울한 면이 감돌고 있다. 인간이 그것을 입에 담았을 때는 이미 행복은 도망치고 우리 곁에 없다. 그러므로 원래 행복은 무의식 중에 있을 뿐이다.'

> *샤를르 스쿠레탄이 지은 『행복론』에는 행복은 음울한 여운이 있다고 서술하고 있다. 또 가장 유명한 고전으로 알려진 아우구스티누스의 『행복한 생활에 대해서』에서도 이와 비슷한 논조를 발견할 수 있다.
> 그러나 이러한 저서에서도 모두 그 진실성에 있어서 마태복음 제11장 28절의 한 구절에는 도저히 따를 수 없다.
> '수고하고 무거운 짐진 자들아 다 내게로 오라, 내가 너를 쉬게 하리라.'

그런데 우리들의 생각은 그것과는 전혀 다르다. 행복은 반드시 얻을 수 있는 것이라고 굳게 믿고 있다.

만약 그렇게 할 수 없다면 오히려 침묵을 지키고 불행을 참고 이겨내면서 그것을 입에 담지 않으므로써 공연히 불행의 자각 증세를 깊게 하지 않는 편이 좋을 것이다.

단지 틀림없는 것은 행복이 화제로 등장할 때는 과연 언제나 그것을 얻을 수 있을지 어떨지 하는 가냘픈 탄식의 소리가 함께 들리는 것처럼 느껴진다는 것에 있다.

행복에 관해서는 어느 정도의 잘못된 관념마저 때로는 필요한 것처럼 생각된다는 것도 확실하다. 그렇지 않다면 개인이나 사회도 진정한 행복의 기초로써 꼭 필요한 정신적 물질적 발전에 도달할 수 없을 것이다.

그러한 행복에 관한 문제 중에서 발견되는 최대의 모순은 바로 그 점에 있는 것이다.

우리들은 자기 자신의 경험에 의해서 행복을 가져올 수 없는 수많은 일들을 미리 알아두지 않으면 안 된다.

저 유명한 세계 최고의 시인과 함께 고뇌의 거리를 지나면서 어두운 오솔길을 밟았고, 자진해서 정화의 산이라고 불리는 험준한 산길을 통과하고 나서, '그야말로 수많은 나뭇가지 때문에 죽을 고비를 당한 사람이 그리워 몸부림치며 찾는 달콤한 과일'이 비로소 '최후의 모든 마음의 소망을 진정시켜 주는 것'이다.

*그런 경지는 단테의 『신곡』, 연옥편 제27장에서 찾아볼 수 있다.
　'그야말로 수많은 나뭇가지 때문에 죽을 고비를 당한 사람이 그리워 몸부림치며 찾는 달콤한 과일은,
　오늘은 틀림없이 그대 소원을 모조리 들어주게 되리라.
　…

올라가려고 원하는 나의 마음 초조하니 문득 내게는 날개가 돋아 날아가는 심정이 되었노라.'

그것이 긴 행로가 끝나는 것이라는 것, 그리고 진정한 행복을 누릴 수 있는 생활은 단테의 천국과 마찬가지로 인간생활의 한계를 벗어나서 있다는 것이다.

그러한 점에서 우리들은 염세주의자에게 양보해도 좋을 것이다.

과연 행복한 상태라는 것은 우리들이 이해할 수 없는 저 멀고 먼 곳에 있지만, 그러나 우리들은 소망의 행복에 도달할 수 있는 것이다.

일반적으로 '나이를 먹는다'는 것은 항상 진보한다는 것을 일컫는 것이지 결코 퇴보한다는 뜻은 아니다.

그것이 인간에게 허락된 행복이다.

스스로 청년시절을 경험한 사람들이라면 그것이 어떤 깊은 의미를 가지고 있는 것인지 알 것이다.

그것은 가르쳐 줄 수 있는 성질의 것은 아니지만 그러나 우리가 노력하면 도달할 수는 있는 것이다. 특히 그 길의 마지막 부분은 누구나가 어디서도 도움을 받지 않고 자기 스스로의 힘에 의해서 넘어가지 않으면 안 된다.

그런데 인간이 그 길의 도중에서 도저히 혼자 힘으로는 극복할 수 없으리라 생각되는 몇 가지 커다란 장애물이 가로 놓였을 때, 말하자면 커다란 내적인 위기의 마지막 순간에는 예기치 않았던 '금빛 찬란한 날개를 가진 독수리'가 나타나서 지쳐버린 그를 날개에 싣고 곤경에서 빠져나갈 수 있도록 해 줄 것이다.

> *단테의 신곡 연옥편 제9장.
> '이 때 나는 무의식 중에,
> 금빛 찬란한 날개를 가진 한 마리 독수리가,
> 날개를 넓게 펴고 하늘을 날으다가,
> 휠휠 내려오는 것을 보았다.
> …
> 그 독수리는 잠시 춤추듯이 날다가,
> 전광처럼 무서운 속력으로 내려 오더니,
> 나를 덥석 태우고는 날았다. 마치 저 화염이 불타고 있는 세상에 올라가는 것이라고 생각했다.'

이 '인생의 단계'에 관해서는 나의 『행복론』 제2권 제8장 플루타르코스에 관련시켜 서술한 바 있다.

본래 상세하게 고찰할 수 있는 것은 다만 수많은 그릇된 행복의 길에 대한 것뿐이다. 그런데 그 길 위에서 새로운 세대의 사람들은 항상 되풀이해 가면서 만족을 느끼지 못하는 동경을 가슴에 품고 헤매고 있는 것이다.

인류가 행복이라고 지목하고 있는 그 길의 외적인 것은 재산, 명예, 삶의 행락, 건강, 문화, 과학, 예술 등이고, 내적인 것으로는 부끄럽지 않은 양심, 덕, 이웃 사랑, 종교, 위대한 사상과 사업 등에 종사하는 생활 등이 있다.

그러한 외적인 수단은 그 모두가 누구든지 쉽게 손에 넣을 수 있는 것이 아니며, 따라서 인류 전체의 행복을 쌓아 올릴 수 없고, 그 위에 고상한 정신의 소유자에게는 양심의 부끄러움을 느끼게 하는 향락 밖에는 아무것도 주지 못할 것이라는 점에서 그것은 매우 큰 결점을 가지고 있는 것이다.

그와 같은 인생의 재물을 소유하면서도 우리들 주변에서는 매일매일 몰락해 가는 수백만의 사람들이 있다는 것을 생각한다면 마음이 천박한 사람이 아닌 다음에야 누구라도 가슴을 찌르는 통증을 느끼게 될 것이다.

그리스도가 불의의 재물의 신에 대해서 말한 적이 있고, 부자가 천국에 들어간다는 것의 어려움을 경고했으며, 다른 사람으로부터 명예를 얻은 사람은 신앙의 길에 들어갈 수 없으며, 여러 사람의 존경을 받는 사람은 대부분 '하나님 앞에서는 미움을 산다'는 것을 설교한 사실도 그런 마음에서였던 것이다.

그렇게 한 것이 아시시의 프란체스코라든가 또 그 이전의, 또는 그의 뒤를 따른 많은 사람들을 움직이게 해서, 모든 희생을 감수하면서 재산을 모으려고 하는 생각을 가지지 못하도록 만든 완전하고도 유일한 논리적인 사고방식의 줄거리였던 것이다.

실제로 부자라고 하는 장애물은 정신면에서 볼 때 대단히 큰 구속을 받게 되는 것이어서 그것에서 완전히 빠져나갈 수 있는 사람은 매우 드물다. 엄청난 재산을 소유하면서 관리한다는 것, 또는 대단한 명예와 권력을 가진 지위는 대부분 절대로 확실하다고 할 수 없는, 말하자면 행복과는 정반대의 마음의 문을 닫는 결과를 가져오게 한다.

정신적인 공허감을 가슴에 지닌 채 스위스의 명산을 찾아가서 적어도 일시적인 것이지만 그 공허감을 없애려고 애쓰는 사람이 해마다 늘어나고 있는 가운데, 우리들은 그러한 재산을 가졌거나 굉장한 명예나 권력을 가진 사람들을 볼 때 마음의 동요가 없을 수 없을 것이다.

> *인간은 본래 사회적인 존재인 만큼 같은 겨레의 고난이 자기와는 아무런 관계가 없다고 자기 자신을 동포와 단절시키고 생각할 수는 없다. 자기는 '행복의 소유자'라고 스스로 말하면서, 충분히 만족하고 있다고 공언하는 이기주의자의 말을 우리들은 여러 가지 경험에서 쉽게 믿을 수 없다.
>
> 그것은 대부분의 경우 오히려 꾸며댄 거짓말이고, 사실은 착한 마음의 움직임을 억지로 잊어버리거나 억눌러 버리고 있는 것이다. 고등동물까지도 사실은 그러한 단순한 자신의 이기적인 욕망이 만족 이상의 행복을 알고 있어서 그러한 만족을 희생할 수 있으리라 생각된다.

＊한편 인간이란 것은 재산이라는 우상에 사로잡혀 자유로운 처지가 되지 않는 한 정신적인 자유라는 것은 도저히 내 것으로 만들 수 없다.

＊우리 사회의 목사들 중에는 '재산이란 것은 집착만 하지 않으면 그것을 소유하는 것은 상관없다'고 말하는 사람이 있다.
그래서인지 그런 지론으로 마음이 가벼워져서 이 세상 재물을 가지고 기뻐하는 사람들이 그들 중에 적지 않다.
또 어떤 교회에서는 선교사라는 성직을 맡고 있는 사람까지 사도 바울과 같은 선인들이 상상도 할 수 없을 정도의 쾌적한 생활쯤은 필요한 것이라고 스스로 인정하고 있다. 우리들은 여기서 그런 생각이 옳은 것이냐의 여부를 따지고 싶지는 않다.
그러나 우리들은 마음이 가난한 생활을 한다는 것이, 현실적으로 가난하게 산다는 것보다도 훨씬 그 실천이 어렵다는 것을 잘 알고 있다.
그런 생활방식을 진지하게 실천하려고 하는 사람은 대부분 보다 쉬운 방식으로 현실적인 가난 쪽을 선택한다.
과연 중요한 것은 정신임이 틀림없다. 그러나 인간의 정신에 미치는 금전의 힘은 실로 강력하고 대단한 것이다.
사유재산을 포기하라는 것은 그것이 부정한 재산이 아닌 바에야 그것을 강요할 수는 없다. 이상은 이론이 정연한 것이고 정당하다고 하겠다. 그러나 재산 소유자는 공적인 이익을 위해서 그것을 관리하면서, 재산의 노예가 되지 않고 그것의 주인이 되도록 노력하지 않으면 안 된다.

그것은 물론 약간 관심이 있는 사람이라면 알 수 있는 일이다. 그들은 실제의 경제생활에 있어서 그런 생각을 실행한다는 것은 가능하다고 믿는 그런 용기를 갖지 못한 것뿐이다.

그리스도교와도 또한 완전히 일치되는 올바른 사회주의는 이상적인 자유 의지에 바탕을 둔 강요되지 않은 재산 공유를 말하는 것인데, 그런 것은 옛날에 아리스토텔레스도 주장한 바 있다. 그런데 보통 사회주의는 그런 도덕적인 마음에 핀 꽃을 모조리 꺾어버리고, 단지 그러한 보편적인 마음을 가진 사람과 못 가진 사람의 구별도 없이 널리 인류에게 폭력적으로 강요하고 있는 것이다. 다만 가진 사람은 그런 마음이 되어야만 비로소 자기가 소유하고 있다는 사실이 오로지 정당한 것이라고 말할 수 있을 것이다.

단순한 물질적인 향락보다도 어느 정도는 고상하다고 할 수 있는 미적인 향락도 위에서 말한 '가장 현실적인 행복의 요소'와 비교해서 그다지 다를 바가 없다.

실제로 그 둘 사이에 경계선을 긋는다는 것은 결코 쉬운 일이 아니다. 미적 향락자도 또한 그들에게 위대한 모범을 보인 괴테가 아닌 자기 생활과 작품에서 증명한 것처럼 이따금 다른 생각, 즉 물질적 향락에 대한 생각으로 바꿔질 때가 있다.(파우스트 참조)

실로 그들의 새로운 유파는 사실은 미적이라고 할 수 없는 많은 것을 이론적으로 억지를 써서 미적이라고 주장하는 위험한 길을 더듬어 가고 있는 것이다. 그런 행복을 추구하는 사람들에 대해서는 실제로 그런 종류의 행복의 여러 가지 조건을 유례 없이 풍부하게 갖추어 놓고 있었던 그들의 우상(괴테) 자신의 말을 기억하라고만 말해 두고 싶다.

'결국 우리들의 생활은 고생과 일 그것 뿐이었다고 하겠다. 나의 75년 동안의 생활에서 진실로 즐거웠던 것은 겨우 4주일 동안 뿐이었다고 해도 지나친 말이 아니다. 그것은 쉬지 않고 끌어올리려고 했지만 영원히 굴러내리는 바위였다.'

그렇다면 75년 동안 겨우 28일 동안의 행복이 있을 뿐이다. 미적인 향락을 즐긴 사람들이 볼 때, 그야말로 빈궁생활에 허덕이고 있는 것이라고 생각될 것이다. 참으로 고생만을 일삼던 정직한 날품팔이 노동자라도 한 평생을 끝마침에 있어서 그런 비참하고 가련한 증언을 남기지는 않았을 것이다.

인간의 본성은 본래 향락만을 즐기도록 되어 있는 것은 아니다. 오히려 항상 일을 하도록 되어 있다. 향락은 설사 그것이 최고이고 가장 좋은 것이라고 하더라도 일을 할 때에 틈틈이 조금씩 쓸 만한 약과 같은 것이고 기분전환 정도가 알맞은 것이지, 그것을 지나치게 쓴 사람은 결국 자기 자신을 기만해서 혼이 나는 것이다.

인간에게 진정한 기쁨을 주는 것은 모름지기 인간의 천성의 요구에 의하는 것이고, 그 요구라는 것은 대부분 올바른 일에 의해서 일깨워지는 것이지 그밖의 방식에서는 결코 멋대로 만들어낼 수는 없다. 그러나 오늘의 새 시대의 젊은이들은 그러한 사고방식을 거의 믿으려고 하지 않는다.

그런데 옛날에는 그런 단순하고도 자연스러운 생활의 기쁨이 어느 정도 감상적인 의미로 과장되어 찬미한 것이었다.

그뿐만 아니라 오늘의 형태 문학이나 미술 전체의 미적 수준의 저하는 너무나 분명한 것이고, 그런 것들은 이미 오늘날의 진실로 교양이 있는 문화국민의 계급을 만족시킬 수는 없다. 머지않아 그들은 그와 같은 과학, 문학, 미술의 전성기에서 탈피해 나갈 것을 열망하면서, 그 대신 건강한 야성미가 넘치는 작품을 기꺼이 받아들일 시대가 올 것이라고 생각된다. 오스트리아의 로제거*는 그것에 관해서 다음과 같은 미래상을 묘사하고 있는데 그것이 엉터리라고 단정지을 수는 없다.

'오늘날 이미 해마다 도시에서 시골로 또 산골로 굉장한 민족 이동이 실행되고 있다. 그러나 산의 나무들이 누렇게 물들어가는 계절이 되면 그들은 다시 도시의 돌벽이나 시멘트 속으로 되돌아가는 것이다. 그러나 머지 않아 유복한 도시인은 농민의 땅을 사들여서 스스로 농사를 짓고, 노동자는 황무지를 개간해서 경지로 만드는 시대가 올 것이다. 그들은 박식한

---

*로제거 Peter Rosegger : 1843~1918. 오스트리아 소설가. 슈타이어미르크주의 산촌 알프르에서 가난한 산악농민의 아들로 출생하여 거의 독학으로 교양을 쌓았다. 사투리로 씌어진 그의 향토문학은 19세기 마을이야기의 전통과 결부되었고, 또한 L. 안첸그루버의 사실주의를 본보기로 하여 지역사회의 습관·신앙을 파괴해 가는 근대화에 대해서도 문제삼았다. 『최후의 인간 야곱』, 『영원의 빛』 이외에 자전적 작품 『숲의 고향』 등 작품이 많다.

척하지 않고 육체노동의 즐거움과 건강을 발견하게 될 것이다. 그들은 또 옛날의 독립된 명예로운 농민사회의 성립을 인정하는 법률까지 만들게 될 것이다. 그리고 사람들은 그때에 가서는 '무식한 백성'이라고 하는 경멸의 말을 듣지 않게 될 것이다.'

* 인간의 본성은 향락적인 것이 아닌 만큼 인간을 교육시킴에 있어서 가장 큰 장애가 되는 한 가지는 인간의 공상이 아니라, 그 공상과 인간의 실제의 향락 능력과의 차이에 있다. 자신의 소망을 그 상상력에 의해서가 아니라 자신의 능력에 맞추어서 조정하는 것을, 인간은 나중에 가서 그것도 대부분의 경우는 다만 경험에 의해서 비로소 배우게 되는 것이다.

* 고전에 속하는 다프니스와 클로에*는 이미 우리들의 문학에 있어서는 그 역할을 다 할 수 없게 되었다. 그러나 오늘의 사실주

---

* 다프니스와 클로에이야기 Poimenika ta kata Daphnin kai Chloen : 고대 그리스의 연애소설. 2세기경 롱고스가 저술했다고 전한다. 전4권. 무대는 에게해 레스보스섬 시골. 산양치기가 주워온 사내아이가 다프니스라는 이름으로 자라고, 2년 가량 뒤에 이번에는 이웃 목장에 버려진 여자아이가 양치기에게 발견되어 클로에라 불렸다. 성장한 두 사람이 서로 사랑하여 허물없이 입맞추게 되었을 때, 평화로운 전원의 목가적 생활에 파란이 일었다. 다프니스가 해적에게 붙들려 갈 뻔도 하고, 전쟁으로 클로에가 적에게 끌려가기도 하며, 아슬아슬하게 구조된 클로에에게 다른 구혼자가 나타나기도 한다. 그러나 결국 징표로 인해 다프니스는 훌륭한 농원 주인의 아들이고 클로에도 신분 좋은 집안의 딸이라는 것이 알려져서 두 사람은 축복받으며 결혼한다. 이 작품은 고대 이야기에 공통된 요소가 많지만, 무대에 통일성이 있으며, 목가적인 분위기 등이 같은 시대의 다른 소설에서는 볼 수 없는 독자적인 '맛'이 있어 후세에 많은 영향을 끼쳤다. J.W. 괴테를 비롯해서 근대에 널리 애독되었다. 러시아 발레단 디아길레프가 안무하고 프랑스의 M.J. 라벨의 발레음악으로 1912년 파리에서 초연되었다. 라벨의 음악은 연주용으로 편곡되었다.

의 문학 다음에는 다시 정열적인 문학시대가 되돌아 오리라는 것을 굳게 믿고 있다. 그런데 오늘날 사람들은 벌써 현실 인생에 있어서 가장 싫어하고 파렴치한 것을 예술에 의해서 더욱 더 확대하려고 애쓰고 있다.

*건강한 야성미를 받아들이려고 하는 경향은 학자나 저술가, 또는 예술가들의 여름철에 지친 표정을 보는 것으로도 충분하다. 그들은 항상 '휴식'이 필요하고, 더구나 그 휴식을 하기 위한 여행 중에 다른 일에 관해서는 무슨 이야기도 즐겁게 얘기하지만, 그들의 인생이론에 따른다면 그야말로 인간 최고의 기쁨이고, 동시에 또 인류의 최대 보물이어야 하겠는데, 그것에 관해서는 조금도 터치하려고 하지 않는다.

그런데 보통 사람들은, 누구 할 것 없이 자기의 행복에 관해서는 자진해서 신나게 얘기를 하고 또 그 이야기를 듣고 싶어하는 사람은 누구와도 긴 이야기를 나누면서 즐거워하고 있다.

---

*마리 앙투아네트 Josphe Jeanne Marie Antoinette : 1755~1793. 프랑스왕 루이 16세의 왕비, 오스트리아 황제 프란츠 1세와 여제 마리아 테레지아의 막내딸로서 프랑스와 오스트리아의 정략결혼으로 1774년 왕비가 되었다. 당시 재정 궁핍을 고려하지 않고 베르사유궁에서 호화로운 생활을 하였으며, 빼어난 미모와 허영과 무분별한 사고방식 등으로 좋지 못한 평판을 남겼는데 '목걸이 사건'이 그 좋은 예이다. 프랑스혁명이 일어난 뒤 1789년 10월 파리의 튈르리 궁에 갇혔으며, 철저한 반혁명적 태도를 고수하고 C. 미라보 등을 수족으로 하여 음모의 중심이 되었다. 애인인 스웨덴 귀족 페르센과 짜고 왕족 일가의 도망을 기도했다가 실패하였고, 오빠인 오스트리아 황제 레오폴트 2세의 도움을 얻어 혁명을 타도하려 하였으나 또한 실패하였다. 92년 8월 10일 봉기 이후 탕플탑에 투옥되었다가 남편 루이 16세와 함께 단두대의 이슬로 사라졌다.

자연으로 돌아가서 소박한 생활을 사랑하는 취미의 시대가 지금 또다시 가까워지고 있다는 사실만은 확실하다. 그런 사실은 18세기 말경에도 일어났던 일인데, 그 당시 프랑스의 여왕 마리 앙투와네트*는 튈르리의 별궁에서 그녀의 측근 신하들과 함께 양치기의 흉내를 내주었다고 한다.

그런 희화와 같은 옛일은 오늘날에도 틀림없이 신사숙녀들 생활에서 찾아볼 수가 있다. 그들은 한 여름철에 두꺼운 모피 옷을 입고, 쇠징을 박은 무거운 등산화를 신고, 그것으로 대자연을 맛보려는 인생관을 형성하려고 하고 있는 것이다.

그리고 또 실제로 그들은 그런 중장비 옷차차림으로 농부라든가 알프스산 주민의 생활을 모방하는 것으로써 그들의 지친 몸과 마음이 용납할 수 있는 한계 내에서의 행복을 느끼고 있는 것이다.

*그 한 실례가 불행했던 바이에룬 왕 루드비히 2세였다. 그는 그의 생애 최고의 시기를 스위스에서도 가장 순진한 사람들과 함께 지냈다고 한다. 프리드리히 대왕이 지독한 말로 비난한 것처럼 '고귀한 사람들'이 언제나 이롭지 못한 수렵에 날이 지새는 줄도 모르고 있는 생활도, 적어도 일부 사람들만은 그것과 같은 배경을 가지고 있다고 하겠다.

미술에 있어서의 데프렛가(치롤 지방의 평화스러운 농민생활을 주제로 많이 그린 독일출신 화가)의 방향이라는가, 특히 독일문학에서 즐겨 취급했던 굳센 것, 또는 '거인적인 것'의 묘사도 마찬가지이다. 그것은 그 모두가 미적인 인생관에 대한 항의였다.

걱정거리가 없는 생활이라는 것도 엄밀하게 생각해 볼 때, 결국 평생 걱정이라는 것을 모르고 살아간 사람의 이상에 불과한 것이다. 적당한 걱정거리, 그리고 그것에서 해방이 된다는 것, 그것은 인간의 행복 중에서도 매우 중요한 부분을 형성하고 있는 것이다.

이 세상에서 많은 경험을 쌓게 된 사람들의 말에 따른다면 인생에 있어서 진실로 견디기 어려운 것은 악천후의 연속이 아니라 도리어 구름이 없는 날의 연속인 것이다.

그런 물질적인 경향의 행복을 추구하는 사람보다는 오히려 의무의 충실한 이행, 덕, 부끄럽지 않은 양심, 일, 공공사업, 애국, 넓은 의미에서의 인간애, 또는 교회적인 사물에 대한 사고방식들에 의해서 저 '푸른 꽃'을 찾아나서는 사람들이 더 영리한 것이다.

하지만 오늘날의 염세적인 기분의 원인은, 그 대부분이 '행복은 도망쳐 버리기 쉬운 것이어서 좀처럼 얘기한 것과 같은 행복은 얻어지지 않는다.'라고 하는 경험에 있는 것이다.

실제로 지금 도처에 퍼져 있는 염치없는 '현실주의'라는 것은 대부분 그것에 의해서 행복하게 되리라는 확신의 결과인 것이 아니라, 그밖의 모든 것에 대한 절망의 결과에 지나지 않는다고 생각하더라도 아마 잘못은 아닐 것이다.

일이나 덕이라는 것도 영혼의 평화를 가져오게 하는 것이 아니고, 공공의 사업도 선행도 애국도 그 모두가 사기적인 것이며, 종교에 이르러서도 대부분 전혀 헛소리라고 말할 수는 없겠지만 아무런 객관적인 확실성이 없는 형식에 지나지 않는 것이라면 그때는 그만 고린도전서 제15장 32절*의 편지 사연과 같이 '내일 죽을 터이니 먹고 마시자'라는 것이 되고 말 것이다.

우리들은 도학자의 논법과는 달리 위에서 말한 것 같은 사고 방식의 결론만을 부정하려고 하는 것이기 때문에, 결코 현대의 장점을 잘못 볼 리는 없다. 그 장점이라는 것은 모든 단순한 헛소리에 반대하는 분명한 진리인 것이다. 그 진리에도 또한 행복을 요구하고 있다.

그러나 그 행복은 누구나가 반드시 도달할 수 있는 구체적인 사실로서의 객관적인 행복인 것이지, 단지 머리로만 생각해낸 것이어서는 안 된다. 그것은 오로지 정당한 생각인 것이고, 2천 년 전부터의 역사에서도 그런 전례는 없었던 것이다. 우리들도 또한 그런 행복을 찾고 있는 것이다.

어떤 사람이거나 인생의 올바른 길을 가려고 하는 사람은 모두가 우선 모두의 우상을 팽개쳐 버리지 않으면 안 된다. 가문이라든가, 처지, 습관 등에 의해서 얻은 편견을 모조리

---

*고린도전서 제15장 32절 : 내가 에베소에서 맹수와 싸웠다고 하더라도 그것이 다만 보통 인간들의 관례대로 한 것이라면 내게 무슨 유익이 있겠습니까? 만일 죽은 자가 다시 살아나지 못한다면 우리는 "먹고 마시자, 내일이면 죽으리라" 하는 속담대로 하게 될 것입니다

버린다는 것이 진실된 행복에의 제1보인 것이다.

  행복에 있어서 매우 드물게 볼 수 있는 행복한 사람 중의 한 사람인 멕시코 국왕 '막스'처럼 '어떤 진리가 아닌 것, 또는 편견을 버린다면 반드시 그 다음에는 행복감이 뒤따르게 되는 것이다.'라고 말하고 있는 것은 정당한 판단이다.

  그것도 또한 어두운 길에서 볼 수 있는 도표이니, 그것이 없다면 우리들은 아마 올바른 길을 찾아낼 수가 도저히 없을 것이다.

  '행복은 이 세상에 있는 것인데,
  우리들은 그것을 모르고 있다.
  아니, 알고는 있지만
  그것을 존중할 줄 모르고 있는 것이다.'

— 괴테 '타소'에서

  덕은 행복한 것이 아니다. 무엇보다도 먼저 청렴한 로베스피엘이 칭찬한 그런 우상을 버려야 한다. 덕이라는 것은 인간의 자연 그대로의 마음 속에 머물고 있는 것은 아니다. 항상 자기 자신에게 만족하기 위해서는 덕이라는 관념은 전혀 불필요한 것이고 매우 부족한 두뇌로도 충분하다.

  가장 허영심이 강한 사람들까지도 결국은 역시 자신에게 만족하고 있는 것은 아니다. 허영심이란 것은 대체적으로 자기의 가치에 대한 판단의 불확실성 때문에 생기는 것인 만큼 언제나 다른 사람의 확인이 필요하다.

> *우리들은 물론 그런 독자를 가지고 싶은 생각은 없지만, 그러나 만약 그런 사람이 있다면 그에게 권하고 싶은 것은 모세의 십계명이나 그리스도의 산상수훈과 같은 간단명료한 도덕규율을 한 번 숙독하라는 것이다. 그리고 또 부자인 청년과 마찬가지로, '그런 것은 어릴 때부터 모두 지키고 있었습니다.'라고 말을 할 수 있다면 그 청년에게 일어났던 것과 똑같은 일이 당신에게도 일어날 것이다. 즉, 한 가지 요구조건이 당신에게도 절실히 요구되어 당신은 그것에서 빠져나올 수가 없으니, 결국 당신은 크게 창피를 당하게 될 것이다.

언제나 자신의 의무에 충실한 사람의 부끄럽지 않은 양심은 '부드러운 휴식을 취할 수 있는 베개와 같은 것'이라는 속담이 있다. 우리들은 그런 양심의 소유자에게 축복의 꽃다발을 보내자. 그러나 우리들은 아직은 그런 거룩한 분을 발견할 기회를 가지지 못했다.

그것은 현재에 이르기까지 단 하루만이라도 자신의 의무를 완전히 수행한 사람은 한 사람도 없었던 것이다. 그 일에 관해서는 더 이상 말하지 않겠다. 우리 독자 중의 한 사람이 그러한 사람이라고 할 때 '내가 바로 그런 사람이다' 하고 스스로 나선다면 아마 그렇게 대우할지도 모르지만 그러나 우리들은 그와 친해지고 싶지는 않을 것이다. 인간이란 그의 의무를 이행한다는 점에서 발전하면 발전할수록 점점 더 의무에 대한 감각과 식별 능력이 예리하게 된다.

그 뿐만 아니라 의무의 범위 그 자체가 그에게 있어서는 객관적으로 넓혀져 가는 것이다. 사도 바울이 자기 자신을 일컬어서 '죄인의 우두머리'라고 한 심정도 그런 뜻임을 우리들은 잘 알 수 있다. 그것은 확실히 정직한 고백이라고 하겠고 결코 허위나 과정이나 겸손은 아닌 것이다.

*양심이라는 것에 대해서 돌이켜 볼 때, 생 쥐스트*는 그가 스스로 보증했듯이 사실 부끄럽지 않은 양심의 소유자였다는 것을 우리들은 믿고 있다. 그런데 다처주의의 회교도도 그것은 가지고 있다. 그리고 잔혹한 복수를 일삼는 알바니아인도 그것은 가지고 있다. 알바니아인은 그들의 적을 죽이지 않을 때 양심의 가책을 느끼게 될 것이다.

독일의 오래된 종교서사시 『구세주』를 읽어보면, 그 책을 낸 게르만의 선량한 목사가 '적을 사랑하라', '오른 뺨을 때리면 왼쪽 뺨도 대어주라'는 그 말씀을 같은 민족인 독일인에게 이해시키

---

*생 쥐스트 Louis Antoine Lon de Saint-Just : 1767~1794. 프랑스혁명 때의 정치가. 드시즈 출생. 프랑스에서 법률을 공부하고 방탕한 생활을 보냈으나 혁명이 일어나자 정치에 몰두하여 M. 로베스피에르를 찬미하였다. 루이 16세의 처형을 주장하여 주목되었고, 산악파의 권력을 장악한 후에는 공안위원회의 일원으로서 두드러진 활동을 보였다. 군사면에서는 라인방면군의 승리에 이바지하고 군사전반에 걸쳐 L.N.M. 카르노 다음가는 공적을 세웠다. 에베르파 · 당통파를 고발 · 단죄하는 데에도 큰 역할을 하여 공포정치의 대천사로 불렸다. 반혁명 용의자들의 재산을 가난한 사람에게 무상분배하는 방토즈법을 추진하였다. 그러나 반로베스피에르파가 대두하였을 때 조정역을 실패하고, '테르미도르의 반동'에 의해 로베스피에르 · G.A. 쿠통 등과 함께 처형되었다.

는데 얼마나 애를 썼는지 알 수 있겠지만 그것을 보더라도 양심이라는 것이 결코 신뢰할 수 있는 표준이 아님을 알게 된다.

*부끄럽지 않은 양심이라는 것은 그야말로 환영할 일이고, 또 우리들은 그것을 가볍게 볼 생각은 없지만, 그러나 그것은 본래 양심의 가책을 받지 않는다는 의미이며 어디까지나 다만 소극적인 것이다. 그것이 적극적인 자각이 될 때는 자기를 시인하도록 이끌어 가는 것이다.

사랑, 그리고 그것과 관련되는 공사간의 모든 선행, 그런 것들은 진실로 훌륭한 말이라 하겠다. 우리들은 또 사도 바울이 그의 편지에서 사랑은 모든 진실된 생활의 시초이고 끝이라고 한 유명한 말의 뜻을 충분히 이해할 수가 있다.

그러나 그는 또 동시에, 천사의 입으로 얘기하고, 재산을 송두리째 가난한 자에게 나누어 주고, 그 위에 인류를 위해서는 자신의 몸을 불태운다고 하더라도, 오히려 사랑이 없을 수도 있다고 생각되었지만, 그것은 어떠한 상세한 설명을 하는 것보다도 사랑이 어떤 것임을 잘 설명하고 있다.

사랑은 본래 신성의 일부이기에 인간의 마음에는 생길 수 없는 것이다. 진정한 사랑을 가진 사람은 그것이 자신의 소유가 아니라는 것을 확실히 알고 있을 것이다.

그러나 인간의 마음 속에 그려진 사랑의 희미한 그림자마저도 인간에게 행복을 줄 수는 있지만, 그러나 그것은 오직 이따금 있는 것이고, 또 항상 다른 사람의 의지에 의해서 사랑을 되돌려 준다고 하는 매우 불확실한 전제 아래 있는 것이다.

그리고 자신의 마음과 신뢰심의 대부분을 사랑에 기준을 둔다는 것은 언젠가는 저 유태의 예언자의 두려운 말(예레미야서 제17장 5절)을 가슴 깊이 듣게 되면 사랑이 미움으로 바뀌는 일이 일어나기 쉬운 것이다.

우리들이 오늘날 많은 사람들 입을 통해서 듣게 되는 증오에 대한 찬미는 매일 수백만의 사람들이 되풀이하는 비통한 사랑에 대한 경험의 결과인 것이다.

*이 세상에 태어난 모든 어린이, 아니 실로 동물의 새끼들마저도 사랑에 대한 본능을 가지고 있고 또 사랑에는 민감한 것이다. 그러나 그들이 차츰 성장함에 따라서 모름지기 하나의 예외도 없이 환멸의 슬픔을 맛보게 되는 것을 보는 것만큼 비참한 것은 없다. 더구나 매우 수많은 사람들에게 사랑은 다시 돌아오지 않는 것이다.

일을 한다는 것은 인간의 행복 중의 가장 큰 요소의 한 가지이다. 단순한 도취가 아닌 진실로 행복을 느끼는 것이 일을 하지 않고는 절대로 주어지는 것이 아니라는 의미에서라면, 실로 그것은 최대의 요소가 된다고 하겠다. 인간이 행복하고 싶다면 '일주일에 엿새 동안은 일을 하지 않으면 안 된다.'

또 '자기의 이마에 땀을 흘리면서 빵을 먹지 않으면 안 된다.' 이 성공의 두 가지 전제를 피하는 사람은 행복을 추구하는 인간 중에서 가장 어리석은 자인 것이다.

> *이미 구약성서에서도 이 세상에서 인간이 발견할 수 있는 최상의 것은 '인간은 그가 일을 함으로써 즐기는 것이 이상은 없다. 그것이 그에게 주어진 것이기 때문이다.'라고 언급되고 있다.

일을 하지 않고는 실제에 있어서 이 세상에서의 행복이란 있을 수 없다.

일을 한다는 것은 그 자체가 행복인 것이니, 따라서 모든 일은 행복을 반드시 수반하는 것이라고 한다면 그것도 또한 잘못이다.

인간의 공상이란 별난 이상을 안고 있다고 하는 것 뿐만이 아니다. 아마 쉴 틈없이 일하는 천국이나 지상낙원 따위를 상상할 수는 없을 것이다. 오히려 그 편이 더 중요하지만 자기가 하는 일에 만족한다는 것은 바보가 아니면 할 수 없는 일이다.

실제로 우리들은 이렇게 말해도 좋을 것 같다. 현명한 사람일수록 자기가 하는 일의 결점을 잘 알고 있다. 그날 할 일을 마치고 나서 '보라, 모든 일은 잘 되어가고 있다!'고 말할 수 있는 사람은 지금까지 한 사람도 없었다.

그러므로 노동을 찬미하는 소리를 제창하는 그 뒷면에는 대부분 자신이나 다른 사람이 일을 하지 않고는 못배기도록 하는 채찍질 같은 촉진제가 숨겨져 있는 것이다. 큰 소리 치면서 스스로 '노동자'라고 자랑하고 있는 사람들까지도 대부분 '정규적인 노동시간'을 감축시킬 생각을 하고 있다. 만약 일을 한다는 것 그 자체가 본래 행복과 똑같은 의미라고 한다면 그들은 가능하다면 일하는 시간을 연장하려고 노력할 것이다.

행복을 추구하는 사람들 중에서도 가장 이상한 것은 행복을 염세주의에서 찾으려고 하는 사람들일 것이다. 그런데 그런 사람들은 결코 적은 숫자가 아니다. 그렇다고 그들이 가장 비천한 인간 또한 아닌 것이다.

그러나 그들 중에는 일종의 과대망상증 환자가 많다. 모든 일을 팽개쳐 버리고 자신을 포함해서 모두를 악이라고 선언하는 것이 장엄하게 들릴 것이다.

그 악인 중에서도 스스로를 악인이라고 보고 그렇게 고백하는 사람이 사실은 가장 선량한 사람이라고 내세우고 있는 것이다.

그리고 실제로 그가 다른 사람이 악인아라고 생각한다는 사실에 진정으로 만족감을 느낀다면, 그런 대로 그는 무엇인가 선량하고 올바른 통로에 있다고 말할 수 있을 것이다.

그러나 영속적인 상태로서의 염세주의는 대부분의 경우, 단지 찢어진 철학의 외투 같은 것에 지나지 않기에 그 찢어진 구멍에서는 인간의 허영심이 얼굴을 삐죽 내밀고 있는 것이다. 그들은 그런 대식가인 괴물을 언제나 키우지 않고는 도저히 행복이라는 목표에 접근할 수 없는 것이다.

그렇다면 가장 불행한 사람은 어떤 사람들일까. 그들은 단지 어떤 종교적인 종파에 속하는 것으로써 행복을 얻으려고 하면서 결국은 속았다고 느낌으로써 크게 실망하는 사람들이다. 그런 부류의 사람들은 오늘날에도 꽤 많다. 그 이유는 모든 종교 단체에서 실제로 해낼 수 없는 일까지 이루어진다고 약속하고는 그와 똑같은 그물로 모든 종류의 물고기를 잡으려는 경향을 가지고 있기 때문이다.

지금은 고인이 된 겔트너 교수는 그의 저서 중에서 이렇게 말한 적이 있다.

'대체적으로 교회에 나가는 신앙인은 일주일에 한 번 최고의 은총을 얻기 위해 나가는 왕실 근무자와 같은 것이다. 인류에 대해서도 그와 똑같은 왕실 근무자가 있다. 인간이 이따금 인류에게 봉사하면서 사회를 위해서 선행을 한다는 것은 남의 시간 즉, 여생을 안락하게 지내기 위한 이기심을 기르는 것에 지나지 않는다.'

*현대의 유명한 설교인 중 한 사람은 그것에 관해서 이렇게 말하고 있다.

'신앙이란 결국 유쾌한 성찰로 사람들을 인도하는 어떤 교의의 진리성을 확신하는 것이다'라고 생각하고 있는 사람들이 있다. 그것은 실제로 널리 행해지고 있는 견해이다. 그것을 철저하게 배제하기 위해서는 그런 오해를 낳게 하는 '신앙'이라는 말을

'신뢰'라는 말로 바꿔야만 된다. 신뢰라는 것이 어떤 말이라는 것은 모두들 잘 알고 있다.

그런데 '신앙의 개념'에 관해서는 거추장한 신학적인 설명이 필요하다. 어떻든 그것에 관한 고전적인 정의는 이미 예언자 다니엘서(제3장 17,18절)에 기록되어 있다. 그것은 아마 그리스도 자신도 읽었을 것이다. 그것은 그리스도교보다도 더 오래된 것이니까.

그 방면에 있어서의 이 사람의 훌륭하고 풍부한 경험에 우리들은 감히 반대할 생각은 없다. 그렇지만 또 어떤 혼란한 방법이거나 인간이 하나님을 섬기며 적어도 어떤 방식으로든지 하나님을 신뢰하고 있는 한, 하나님 또한 결코 인간을 버리시지는 않을 것임을 우리들은 믿고 있다.

그리고 대단히 빈약한, 또는 여러 가지 불순한 것이 섞인 종교적인 노력마저도, 일시적일지라도 정직하게 그것에 의지하고 있다면, 역시 그 사람은 재치가 있는 무신론자보다는 훨씬 더 많은 행복을 얻을 수 있으리라는 것을 우리들은 믿고 있다.

*재치가 있는 사람이면서도 오히려 윤리적인 세계질서를 믿을 수 없는 사람은 대부분 오만과 심한 의기소침과의 중간에서 흔들리고 있다. 그러나 자신만을 믿고 있는 사람의 마음은 수천 년 전과 마찬가지로 오늘날에도 오만하고 비겁한 것이다.

그러나 '하나님의 관용아래 살고 있는' 그러한 단순한 사람들의 특권은 보다 한층 높은 견식을 갖춘 사람들과는 비교가 안 된다. 그런 사람들은 그리스도교가 이미 2천 년 전부터 병들어 있는 철저하지 못하다는 병에서 그것을 해방시킬 의무를 짊어지고 있다.

그리고 교회의 여러 가지 예법이라든가 또는 '종교학' 등에는 스스로 만족할 수 없다는 의무도 짊어지고 있다. 특히 종교학은 아직 어떠한 사람도 행복하게 해준 사실이 없고, 그것을 이해하지 못하는 수많은 대중들에게는 빵 대신 돌을 주는 것과 같다.

*빵 대신 돌을 주는 것이라면 어떻게 하는 것이 좋을까. 그러나 여기서 그것을 상세히 해명하려고 하지는 않는다. 아마 그것은 대체적으로 그리스도교 자체를 '단순화' 하는 것에 의해서 할 수 있을 것이다.

그러기 위해서는 거의 그리스도 자신의 말 이외에는 어떤 교리도 필요하지 않다. 그리스도의 말은 모든 경우에 완벽하게 통용할 수가 있다. 다만 필요한 것은 그리스도의 말을 언제나 진실되고 실천할 수 있는 진리라고 인정하는 것이다.

그런데 그것이 오늘날에 이르러서는 거의 실천되고 있지 않은 것이다. 어찌 되었거나 다른 모든 것은 그만 두고 그것이 각자가 서로 자신의 종교적인 확신에 도달할 수 있는 가장 쉬운 길인 것이다.

왜냐하면 그리스도의 말은 진실한 영혼에의 호소인 것이나, 마치 살아 있는 것처럼 영향력이 있어서 직접 인간의 마음에 충격을 주는 특성을 지니고 있기 때문이다. 그러한 살아 있는 것처럼 영향력이 있다는 특성이 약간 다르기는 하지만 단순히 종교상의 교양을 쌓은 것이라든가, 또는 학문을 한 사람과 영적인 지혜가 풍부한 천재적인 사람과 구별하는 것이다.

그런 사정에 있는 한 행복에의 길도 마침내 환멸이 가득찬 길인 것이다. 더구나 그 길에서의 환멸은 사람들이 보편적으로 그것을 자기 자신에게나 다른 사람에게나 굳이 고백을 하지 않기 때문에 좀처럼 환멸 상태가 줄어들지 않는다. 그런 지점에서는 도저히 평화와 행복으로 돌아갈 길은 전혀 발견할 수 없기 때문이다.

그다지 중요한 것은 아니지만 지금까지 서술한 것에 다시 몇 가지를 수정하고 두서너 가지를 결합시킨다면 인류의 역사가 있고 나서 찾아 헤맨 행복의 길은 거의 설명이 된 셈이다.
가령 우리들은 역사에서는 그것을 발견할 수 없다고 하더라도 우리들은 스스로의 인생경험에 의해서 많거나 적거나 그것을 알 수 있을 것이다. 그러나 인간은 그 길에서는 도저히 행복을 찾아낼 수 없었던 것이다.

2

　절대로 빼놓을 수 없는 행복의 첫째 조건은 원리적인 세계질서에 대한 굳은 신앙심이다. 그런 질서 없이는 세계는 단지 우연에 의해서, 또는 약자에 대한 대우는 그야말로 잔인하다고 할 수 있을 정도로 엄격한 자연법칙에 의해서 지배되고, 또 인간의 책략과 폭력에 의해서 움직여지는 것이라고 한다면 개인의 행복 따위는 문제도 되지 않는다.

　그런 세계질서 속에서의 사람들은 폭력을 휘두르든가 폭력을 참고 견디든가, 아니면 철추가 되든가 쇠바탕이 되어 얻어맞는 역할이 되는 것 밖에 다른 방법이 없다. 그런 것은 고상한 사람에게 있어서는 어울리지 않는 비참한 상태이다.

　＊그러한 것은 오늘날 일반에게 보급되고 있는 다윈학파＊의 자연

＊다위니즘 Darwinism : 생물진화의 요인에 관한 C.R. 다윈의 학설. 넓은 의미로는 사회사상에서의 진화사상 일반을 뜻하기도 한다. 다윈은 1859년에 간행된 『종의 기원』에서 예로부터 생물은 불변의 것이 아니었으며, 오랜 세월 동안 진화해 왔다는 사실을 많은 자료에 근거하여 과학적으로 입증했다. 또한 그 진화는 자연도태에 의한 적자생존의 결과이며, 인간 역시 생물로서 예외가 아니어서, 현존하는 원숭이와 공통 조상에서 갈라져 나온 것이라는 학설을 제창했다. 다윈의 진화론은 자연과학의 합리성을 주장함으로써 그때까지의 세계관을 변혁시켰고 또한 사상계에 커다란 영향을 미쳤다. 다윈 자신은 진화론을 인간사회에까지 연역하여 적용할 것을 고려하지 않았는데 다윈 이후 자연도태와 생존경쟁을 사회에도 그대로 적용하려는 사상이 나타나 이를 사회다윈주의(Social Darwinism)라고 불렀다. 인간사회의 개인간에 발생하는 우열성이나 약육강식의 측면을 사회의 보편적인 원리라고 주장하는 반동적 사상이 그것이다. 이 사상은 생존경쟁을 개인간뿐 아니라 계급이나 국가, 민족과 인종간에까지 적용하여 적자생존보다도 오히려 열자도태를 강조, 빈곤과 전쟁의 필연성을 주장하는 형태로도 나타났다.

과학적인 견해이다. 그것을 윤리적으로 매우 단순화되는데, '강자는 항상 옳다', '권력은 바로 정의이다' 라는 말이 된다.

그러한 인생관의 귀결은 여러 나라 국민들 사이의 끊임없는 전쟁 또는 전쟁 준비 상태인 것이다. 그리고 정치교과서는 마키아벨리의 '군주론'*인 것이다.

*엄밀히 말해서 인간은 이기주의자이거나, 또는 위선자일 수밖에 없다. 그런데 많은 사람들이 지금도 그렇게 되지 않는 것은 자신의 철학에 대한 완전한 결론을 내지 않고 있기 때문이다.

*마키아벨리의 '군주론'은 이탈리아에서 국비로 출간되고 있다.

그럴 경우 불완전하지만 유일의 가능한 구제 방도는 철의 폭력으로 지배되는 세계국가의 건설인 것이고, 그것은 전세계

---

*군주론 君主論 Il Principe : 16세기 이탈리아 정치사상가 N. 마키아벨리의 저서. 1532년 간행된 이 책은 르네상스시대 대표적인 정치적 저작으로, 근대 정치사상의 기원이 되었다는 점에서 근대정치사상사에서 중요한 의의를 지니고 있다. 전편 26장으로 되어 있으며, 그 구성면에서 각종의 군주국, 특히 신흥군주국의 통치방법(1~11장), 군주의 군사문제(12~14장), 군주가 좇아야 할 행위의 준칙(15~25장), 군주에의 호소(26장) 등으로 분류할 수 있다. 저자가 묘사하는 군주의 모습은 이를테면 반인반수가 될 수 있어서 인간과 짐승을 부릴 줄 알아야 하며(18장), 그 이상상을 '여우와 사자의 2역을 실행하는' 군주의 모습에서 찾아냈다. 저자는 인간성에 대하여 조금도 존경을 보이지 않고 인간의 모든 심리적인 약점을 들추어 폭로하면서 새로운 정치 기술을 논하고 있으며, 여기에 마키아벨리즘의 본질이 나타난다. 근대정치사상사의 고전적 저작 중에서 가장 많은 논의를 불러일으켰으며, 저자의 사상뿐만 아니라 집필동기를 둘러싸고 숱한 해석이 행해졌다. 오늘날 마키아벨리즘은 당시 이탈리아의 정치적 상황에서 생긴 필요악으로 이해되고 있다.

의 이른바 문화국민을 포괄해서 최소한 그들 사이의 전쟁을 불가능하게 하는 것이다. 황제시대의 로마제국, 또는 나폴레옹 1세의 주된 생각이 그와 비슷한 것이었다.

> *모든 국법 및 국제법을 그런 식으로 최후적으로 만들려고 하는 생각이 이전과 마찬가지로 오늘날에도 권력을 휘두르고 있는 사람들의 머리에 떠오르고 있다는 것은 의심할 여지가 없다. 그러나 우리들은 '하나님께서 그들을 웃으며 대해 주기를' 그리고 무거운 짐을 짊어지고 괴로워하는 모든 겨레를 다른 방법으로 구제해 주실 것을 바라고 있는 것이다.

인간을 개인적으로는 동물로, 정치적으로는 '노예'로 격하시키는 그런 인생관의 진리성은 약간만 고상한 정신의 소유자라면, 그 마음 속 깊은 데서 치솟아 올라오는 감정적인 항의만으로도 그것을 부정할 것이 틀림없다. 설령 역사는 언제나 되풀이해서 그 무가치성과 엉터리라는 것을 문자로 표현하지 않더라도 말이다.

그렇게 하더라도 윤리적인 세계질서의 존재는 충분히 증명된 것이 아니므로 그런 인생관을 버릴 수는 없다고 생각하는 사람들을 위해서, 우리들은 단테의 신곡 중의 '지옥의 문'에 기록된 구절을 전해줄 수 밖에 없는 것이다.

'우리들은 슬픔의 시가지 입구,

우리들은 영원한 고뇌에의 입구, 우리들은 멸망하는 겨레의 입구,

그대들 여기 들어가려면

모두의 소망을 버리라.'

— 지옥 제3장

*이러한 전제 아래 단테의 지옥에 표현되고 있는 여러 가지 묘사를 살펴보면, 이 세상에서의 오늘날의 현실주의적인 인간의 생활과 많은 점에서 비슷한 점이 있음을 알 수 있다. 그것은 마치 가이벨*의 시에 나타난 것과도 같다.

'미소를 잊기 위해

거기까지 내려가지 않아도 된다.

내가 노래하는 모든 고통 모든 고민, 공포와 아픔을,

나는 이 세상에서, 이 프로레츠에서 찾았노라.'

그것과는 달리, 윤리적인 세계질서를 숫자화한다는 것은 불가능하다. 이미 고대인의 견해에 따른다면 하나님은 볼 수 없

---

*가이벨 Franz Emanuel Geibel : 1815~1884. 독일 시인·극작가. 뤼베크 출생. 베를린대학을 마친 뒤 여행중 1838년 아테네 주재 러시아대사의 가정교사로 일하였다. 40년 『시집(Gedichte)』을 발표하여 큰 성공을 거두었으며, 52~68년 막시밀리안 2세의 요청으로 뮌헨에서 명예교수로 독문학·미학을 가르치면서, 막시밀리안 2세가 뮌헨에 불러 모은 문인집단 뮌헨시파의 중심 역할을 하였다. 그 뒤 여생을 연금으로 살았다. 『시대의 소리』, 『6월의 노래』 등의 서정시는 고전적이고 이상주의적이며, 그 밖에도 낭만주의 시인과 고대 시인들의 작품을 번역하여 『스페인 노래집』, 『고전노래집』 등을 남겼다.

는 것이다. 또 그리스도교는 그런 종류의 복잡한 논리는 깨끗이 물리치고 있다. 단지 한 가지 열려 있는 길은 성서의 복음편(마태복음 제5장~제8장 참조)에 서술된 산상의 설교에 있는 길뿐이다.

그 길을 갈 수 있는 용기를 스스로 느끼고 있는 사람은 그것을 실천해 보아도 좋다. 그러나 단순히 지식만을 얻고자 하는 사람은 결코 힘만으로 하나님의 베일을 벗길 수는 없다.

*출애굽기 제33장 20절, '또 가라사대 네가 내 얼굴을 보지 못하리니, 나를 보고 살 자가 없음이니라.'
또 사사기 제13장 22절에 '그 아내에게 이르되 우리가 하나님을 보았으니 반드시 죽으리로다'

글자 그대로 '신학'이라는 것은 우리가 생각할 때 본래 해택이 불가능한 것이다'(마태복음 제11장 27절 참조) 교회에서는 여러 가지 명칭을 쓰고 있지만 그것도 단지 한정된 가치밖에 없다.
인간이란 모두 개인적으로 끊임없이 하나님과의 직접적인 고통을 가질 필요가 있으며, 특히 진실된 하나님 이외의 여러 신들과는 전혀 교섭이 필요가 없는 것이다.
그렇게 해서 사람들은 그 다음에는 조용히 오직 예언자 미가의

---

*마태복음 제11장 27절 : 내 아버지께서 모든 것을 내게 맡겨주셨습니다. 아버지 밖에는 아들을 아는 이가 없고 아들과 또 아버지를 계시하여 주시려고 아들이 택한 사람 밖에는 아버지를 아는 이가 없습니다"

말만을 준수하면 그것으로 만족할 수가 있는 것이다.(미가서 제6장 8절 : 사람아 주께서 선한 것이 무엇임을 네게 보이셨나니 여호와께서 네게 구하시는 것이 오직 공의(公義)를 향하며 인자를 사랑하며 겸손히 네 하나님과 함께 행하시는 것이 아니냐)

행복에의 길은 여기서 열려 있다. 문은 열려 있으며 '내가 네 앞에 열린 문을 두었으되 능히 닫을 사람이 없으리라' (요한계시록 제3장 8절).

그 이후는 마음 속 깊은 곳에 꿋꿋한 한 가지 신념이 자리를 잡게 되어 영원한 평화와 확신을 얻게 된다. 그런 것들은 밖에서 불어오는 폭풍에도 전혀 영향을 받지 않고 오히려 더 그 힘이 증대되어 간다.

이전에는 오만하기도 했고 또 낙담할 때도 있었던 마음 그 자체가 지금은 굳게 뭉친 것이다. 그 다음부터는 오직 매일 일어나는 일에서 빚어지는 감정적인 것에는 그다지 신경을 쓰지 말도록 노력하면 된다.

그리고 굳게 부동의 신념을 지니고 생활하면서 감정의 지배를 받지 않고 오히려 활동을 하는 생활에서 행복을 의식하면서 매일 매일의 보수를 받기 위한 노력을 하지 않으면 안 된다. 그렇게 해야만 비로소 올바른 일이 생기는 것이다.

*행복의 길이 열려 있다는 것에 대해서 시편 119편(45절)에는 다음과 같이 표현하고 있다. '나는 당신의 가르치심을 구했기 때

문에 자유롭게 걸어갈 수 있다' 오늘날에는 프로테스탄트보다도 가톨릭쪽이 이러한 마음의 즐거움을 훨씬 더 많이 지니고 있는 것처럼 생각된다.

그러한 심적인 즐거움은 본질적으로는 하나님의 세계질서에 대하는 것보다도 의심할 필요도 없이 한층 더 견고한 확신에 기초를 두고 있다.

* 감정에 치우치지 않아야만 되지만 그것은 믿음이 철저한 사람들에게 보편적으로 많은 결점이다.

그들은 언제나 감정에 빠지기 쉬운 행동을 취한다. 그것은 천성인 마음의 쾌락주의가 다만 경건한 척 겉치레의 옷을 입힌 것뿐이고, 마음의 가장 깊은 곳은 아무런 변화도 없는 것이다.

그러므로 그들은 '신앙을 권유하는 시간', '종교적인 담화', '하나님 나라의 사업', '신앙적인 친구' 그 밖에 특수 목적인 '하나님 나라의 집' 등을 마음 속에 아무리 많이 간직한다고 해도 그것은 도움이 되지 않는다. 그러한 성스러운 마음의 뒷면 깊은 곳에 숨겨져 있는 것은 향락욕밖에 없으니, 그런 것은 형체만 다소 다를 뿐인 것이다.

* 올바른 일에 대해서는 오늘날 세계적인 큰 인물들마저 항상 사업욕에 대단한 열의를 보이고 있으니, 이런 현실은 현대의 비극이라 하겠다. 그러나 그것은 올바른 일을 시작한다면 근본적으로 중지될 것으로 본다.

그것은 이미 사람이 항상 경건하게 모시는 우상도 아니고, 또 그것으로 인해서 자기 자신을 숭배할 우상도 아니다.

오히려 그것은 인간의 가장 자연스럽고 가장 건전한 생활이고, 그런 생활은 나태한 생활에서 비롯되는 여러 가지 정신적인 장애에서 한꺼번에 사람을 구제할 뿐만 아니라, 태만한 것이 원인이 되어 있는 무수한 육체적인 질병까지도 치유시켜 주는 것이다.

그런 즐거운 일은 이 세상에서는 가장 건전한 것이고, '이것에 의해서 시들어진 나뭇가지에서도 움이 트는 것'이다. 올바르게 일을 해서 흘리는 땀이야말로 항상 새롭게 솟아나는 끊임없는 힘과 정신의 쾌활성을 갖게 하는 비밀이고 그런 것들이 종합됨으로써 진실된 행복을 만들 수 있다.

실로 건강이라는 것이 최근의 의학에서의 연구결과 알려진 것처럼, 본래 피할 수 없는 적에 대한 훌륭한 저항방편이다. 그러나 그 저항력도 머지않아 밝혀지겠지만, 순수한 물질적인 성질을 지닌 것이 아니라, 동시에 도덕적인 성질을 지닌 것이어서 여러 가지 도덕적인 속성에 영향력이 큰 것이다.

*오늘날 게으른 사람의 정신적인 병은 어떻게 고치면 될까? 그 한 예를 오늘의 유한 부인에게 빗대어 보자.
 신경성 질환을 앓고 있는 부인들이 이름난 온천장을 찾아가서 만원사태를 이루고 있으니, 오늘날 그녀들을 위해서 그야말로 '기도 치료소'까지 고안해 내는 상황이다.

그런 부인의 대부분을 '강제노동소'에 입소시켰으면… 아니 그 것은 농담으로 돌리고 진실되게 살아갈 수 있도록 일거리를 만들어 준다면 그 정도의 병쯤은 낫게 될 것이다.

일주일에 6일은 일을 하라. 그래도 무슨 마땅한 일거리가 눈에 띄지 않을 때는 불우한 어린이라도 데려다 키워 보라. 그런 노력을 하게 되면 신경도 자연히 건강하게 될 것이다.

그러나 대부분의 유한 부인들은 이미 각각 인생에서 맡은 직분을 가지고 있을 것이 분명하다. 그런데 그녀들은 그것에 만족하지도 않고 이해하려고 하지도 않는다.

그리고 유행처럼 자신은 치료를 받을 만한 병이 있다고 생각한 나머지 자기를 위해서 기도를 드리게 한다든지 걱정을 해주고 위로를 해주는 사람이 있는 편이 살아가는 재미가 있다고 느끼고 그것을 끊임없이 요구하고 있다.

*인간의 끊임없이 샘솟는 힘은 열심히 일한 후 땀을 흘리는 데서 생겨난다.

'당신에게 힘이 있는 한 앞날이 있다'

즉, 힘과 수명이 일치된다는 것이다. 그런 상태는 인간의 말년에 있어서 가장 희망적인 일이다.

그와 반대로 여러 가지 어려운 일, 또는 큰 일을 경험한 인물은 이렇게 말하고 있다.

'나는 세상 사람들이 크게 놀랄 만한 사건들을 많이 경험했다. 그러나 자기 자신의 사업적인 명예를 자기 자신에게 돌렸던 사

랍치고 조만간 하나님으로부터 버림을 받지 않은 자를 나는 지금까지 한 사람도 보지 못했다.'

윤리적인 세계질서의 존재에 대한 확신, 그런 질서를 지키면서 일을 한다는 것, 그 두 가지는 내적으로 불가분의 것이다. 거기에다가 다음에 말할 제3의 것을 더해서 그 세 가지 이외의 모든 것은 부차적인 것인 만큼 그다지 중요한 것이 아니다.

그런 것들은 사람들이 오직 진지하게 처신한다면, 각 개인이 그들의 생활에 있어서 여러 방면의 필요성에 자연스럽게 응해지는 것이다.

*이 세상에 있어서의 윤리적인 세계질서의 실현은 인간에 의해서 이루어지는 것이지만, 그러나 그것은 개인과 가족에 의해서 이루어지는 것이지 처음부터 단체에 의해서 이루어지는 것은 아니다.

각 개인은 단체 속에서 그 자신의 위치를 차지하고 그 위치를 확보해 놓지 않으면 안 된다. 그럴 때는 태만한 태도는 용납되지 않는다.

단테의 작품이나 성서에서처럼 천지의 출현을 묘사하는 참으로 시적인 정경에서 천사는 그 모두가 활발하고 결단성이 빠르고 간결하게 말을 하는 것이지 결코 감상적으로 넋두리를 하지 않는 것은 그야말로 주목할 만한 것이다.

예를 들면, 열왕기 제19장 5절, 사도행전 제12장 7~10절, 단테의 지옥편 제9장, 연옥편 제2장을 보면 알 수가 있다.

장미빛 구름을 타고 즐거운 기분으로 노래를 부르는 천사는 타락한 예술가적인 공상의 산물인 것이다. 아마 천국에서는 이 세상에서 볼 수 있는 것만큼 여러 가지 음악을 들을 수는 없을 것이다.

그 다음에는 경험에 의한 두서너 가지 예를 들어보겠다. 그것은 각 개인의 한 평생에 걸쳐서 적용될 수 있는 것이다.

우리들의 인생에 있어서는 항상 용기와 겸손한 태도를 지닐 필요가 있다. 그것은 약간은 이상하게 느껴지는 사도 바울의 말, '나는 약할 때 강하다' 라는 의미이다. 그런데 그 중의 한 가지만으로는 각 개인에게 불리한 결과를 가져오게 된다.

기쁨은 스스로 기쁨을 얻기 위해 힘들게 노력해서는 안 된다. 그것은 생활만 올바르게 한다면 오로지 자연스럽게 생기는 것이다. 가장 단순하고 돈도 들지 않고 필요에 따라서 얻어지는 기쁨이 최상의 기쁨이다.

인간은 다만 두 가지 일만을 제외하고는 모든 것을 견뎌낼 수 있다. 그 두 가지 것은 바로 걱정거리와 죄를 짓는 것이다.

참으로 선이라는 것은 먼저 작은 일에서부터 시작된다. 어떠한 선도 처음부터 웃는 표정으로 나타나는 것은 아니다. 올바른 길을 걸어가는 사람이 걸어갈 길은 모두가 이미 열려 있는 문을 통해서만 통하는 것이다.

＊보편적으로 흔히 있는 '내일 일에 대한 걱정거리'조차도 사실은 견디기 어려운 법이다. 왜냐하면 우리들의 힘은 언제나 오늘 쓸 정도밖에 없기 때문이다. 상상력이라는 것은 내일 일을 생각할 수가 있지만, 그러나 내일의 힘을 미리 상상할 수는 없는 것이다.

＊생각컨대 '야심'이라는 것은 인생의 올바른 길을 걸어가는 사람에게는 전혀 불필요한 것이다. 이사야서 제35장 8절, 시편 37편, 128편, 23편을 참조하라.

다른 사람과의 교제는 인생경험이 원숙한 경지에 이른 사람에게 있어서도 역시 어려운 문제이고, 또 생각할 여지가 있는 것이다. 인간이란 결코 다른 사람을 미워해서는 안 된다. 또 다른 사람을 숭배해서도 안 된다.

또 그들의 의견이나 요구 판단 등을 지나치게 중시해서도 안 된다. 그들을 심판해서도 안 되고 심판을 받아서도 안 된다. 그들 중에서도 특히 교만한 자, 아니 일반적으로도 그렇게 말할 수 있겠지만(직업적인 면에서의 경우는 별개로 하고), 신분이 높은 사람, 귀족, 부자, 부인 등과 교제를 하고 싶다고 생각해서는 안 된다.

실례가 되지 않는 한 가능하다면 피하는 것이 좋다. 조그만 일에서 느끼는 기쁨, 또 여러 가지 종류의 평범하고 교만하지 않은 사람에 대한 기쁨이 최상의 기쁨 중의 하나인 것이다.

그리고 언제나 위를 보지 않고 아래쪽으로만 눈을 돌리고 있다면, 도리어 여러 가지 괴로운 생각을 하지 않아도 된다. 이 세상을 살아가는데 있어서 만족을 느낄 수 있는 최상의 방법은, 이 세상에서 지나치게 많은 것을 기대해서도 안 되고 세상을 지나치게 겁내서도 안 되는 것이다.

그리고 세상을 올바르게 보고, 선을 인정하고, 악은 무력한 것이며 영속성이 없고, 머지않아 자멸하는 것이라고 보아야 되는 것이다.

*토마스 켄피스가 부인에게 관해서 다음과 같이 말했던 것은 정곡을 지적했다고 할 수 있겠다.
  '그녀들과의 교제에서는 언제나 연기가 아니면 불이 나올 뿐이다.'
  하긴 약간은 스님 냄새가 풍기는 것 같기도 하고 어쨌든 가족에게는 적합하지 않을지도 모르지만, 그러나 독자 여러분은 이 말을 무시해 버리기 전에 다시 한 번 깊이 생각해 보기 바란다.

그런데 마지막으로 말해 두고 싶은 것은 대체적으로 이 세상에서의 일은 그다지 중요시해서는 안 되는 것이다. 우리들이 '오직 하늘에 머리를 두고' 생활을 하고 있다면, 이 세상의 수많은 일들은 어떻게 되어가거나 신경이 쓰이지 않게 된다.

중요한 일만이 잘 되어간다면 사소한 일쯤은 중요시하지 않아도 된다. 대부분 사소한 일을 중요시하기 때문에 특히 다른 사람이나 다른 사람의 판단을 중요시하기 때문에, 헛되이 괴로워하고 있는 자가 가장 훌륭하다고 인정되고 있는 사람 중에도 비교적 많다.

그러므로 그들은 평상시의 일을 그렇지 않은 경우보다도 훨씬 어려운 것으로 만들고 있다.

* '하늘에 머리를 두고 있다'는 말은 샤를르 수크레탄의 말이다. 인간은 자신에 관한 것도 스스로 심판을 해서는 안 된다. '그대에게나 다른 사람에게나 판단 받는 것이 내게는 매우 작은 일이라, 나도 나를 판단치 아니하노리'(고린도전서 제4장 3절). 단순히 우리들의 지식 뿐만 아니라 우리들의 존재 그 자체가 이미 불완전한 조립물인 것이다.

  그러므로 고대철학에서 '그대 자신을 알라'고 말한 뜻은 한 번쯤 추잡한 허영심을 초월한 사람에게 있어서는 성가신 무거운 짐이기도 하고, 또 실제로 엉터리 같은 일이기도 한 것이다.

  그것보다는 자신의 의무를 알고 그것을 확실히 완수하고, 그것에 의해서 자기 자신을 잊어버리는 편이 좋다. 그렇게 하는 것이 인간적인 행복을 얻는 데 있어서 가장 필요한 수단인 것이다.

* 사도 바울이 격앙된 말투로 말했듯이 사소한 일은 오히려 그것을 '더러운 것이라고 생각하라.' 그리고 특히 그 중에서도 소위 적을 그다지 중시하지 않는 것이 필요한 것이다. 적은 이따금 나

중에 둘도 없는 친구가 될 수도 있는 것이다. 말하자면 이 세상의 선은 첫째 이 세상의 악을 멸망시키기 위해서 있는 것은 아니다. 악을 멸망시킨다는 것은 악인의 자기들 동지끼리 매우 보기 좋게 해치우고 있는 것이다.

선은 다만 살아 있기만 하면 되는 것이고, 우연히 자신의 길을 걸어가면서 자신을 과시해 보이면 되는 것이다. 현재 이 세상에 있어서 결여되고 있는 것은 결코 선에 대한 감수성이 아니다. 그것은 모든 위대한 업적과 위인이 열렬하게 환영받고 있는 것을 보더라도 알 수 있다.

오늘날 결여되어 있는 것은 오히려 선을 실행할 수 있다는 신념이다. 소위 '생존경쟁'이라느니, 또 특히 약자에게 있어서는 아무런 위안도 되지 않는 '다윈'설 등은 오히려 별도의 살아가는 방식이 있다는 것을 대다수 사람들이 깨닫게 된다면, 그들은 즉시 '다윈'설 따위는 포기해 버릴 것이다.

그러나 우선 맨 처음에는 그런 살아가는 방식의 가능성이 믿어지지 않으면 안 된다. 그렇지 않다면 진실로 도덕은 있을 수 없기 때문이다.

*특히 건강에 대한 배려도 오늘날 그것은 우상을 섬기는 것과 같다. 건강 유지에 많은 희생을 바치고 있다. 건강이라는 것도 사람들이 올바른 일을 하기 위해서 쓰지 않는다면 도대체 무슨 가치가 있다는 말인가.

건강, 그것은 올바르게 이용하지 않는 사람에게는 오랫동안 머물러 있는 것이 아니다.

이른바 이러한 '처세훈'은 그밖에도 얼마든지 덧붙일 수가 있다. 그러나 그런 것들은 이미 설명한 것처럼 본래 불필요한 것이다. 그 이유는 위에서 설명한 것과 같은 토대에서 오직 자연스럽게 더구나 각 개인의 필요에 의해서 생기는 것이기 때문이다.

그러나 그럴 경우 소중한 것은 그 토대인 만큼, 그것이 없다면 모처럼의 '처세훈'도 실행이 불가능하다.

우리들은 이 세상에서 일컫는 '교훈', 또는 그것에 관한 훌륭한 저작을 총체적으로 그다지 중요시하지 않는다. 그런 교훈도 어떠한 신념에서 자연스럽게 흘러나오는 것이고, 그런 신념은 또한 어떤 인생관에서의 필연적인 산물이다.

그런 만큼 그런 인생관이야말로 사람이 무엇보다도 먼저 획득하지 않으면 안 되는 것이고, 읽기라든가 표어로 썼을 때는 멋지게 보이지만 그러나 사람의 마음을 변화시킬 수 있는 것은 아니다.

우리들은 격언 수집가를 위해서 이 이상의 재료를 제공하는 대신에 오히려 독자에게 또 한 가지의 소중한 진리를 일러주고 싶다.

즉, 불행은 인간의 생활에는 언제나 수반되는 것이라는 점이다. 약간 역설적일지 모르겠지만 불행은 행복을 위해서 필요하다는 것이다. 또 한편으로는 사실상의 경험에서 나타나듯이 불행은 대부분 피할 수 없는 것이므로 사람들은 어떤 방편으로든지 반드시 그것과 타협하지 않으면 안 된다.

인생에 있어서 도달할 수 있는 것은 자기의 운명과의 완전한 화해뿐이다. 그것은 저 '넘치는 흐름'과 같은 확실한 마음의 평화인 것이고, 그리스도도 그의 제자들에게 다만 이것만은 약속하고 있다. 사도 바울이 그의 곤란하기 짝이 없던 마지막 생활에서 깊은 감정을 토로하면서 얘기한 것도 그러한 마음의 평화인 것이다.

* '넘치는 흐름'이란 것은 이사야서 제6장 12절에서 볼 수 있다. 즉 '여호와께서 이같이 말씀하시되 보라 내가 그에게 평안을 강 같이, 그에게 열방의 영광을 넘치는 시내 같이 주리니 그대가 그 젖을 빨 것이며, 그대가 옆에 안기며 그 무릎에서 놀 것이라.'

* 그리스도교는 결코 끝없는 행복을 약속하지 않는다. 그러나 이 세상을 이겨나갈 수 있는 평화를 약속하고 있다. 즉, 요한복음 제14장 27절에는 '평안을 그대에게 끼치노니 곧 나의 평안을 그대에게 주노라. 내가 그대에게 주는 것은 세상이 주는 것 같지 아니하니라. 그대는 마음에 근심도 말고 두려워하지도 말라'고 하였고, 또 마태복음 제11장 28,29절에도 '수고하고 무거운 짐 진 자들아 다 내게로 오라, 내가 너를 쉬게 하리라'고 말하였다.

그러므로 진실된 행복감을 느낀다는 것에는 외부의 사정 따위는 오로지 어떻게 되어도 상관없다는 것이다. 스토아 철학에서는 무감각증을 터득해서 그러한 외부에서 생기는 여러 가지 문제를 해결하려고 하였고, 그 목적을 달성할 수는 없었지만 그들은 다른 방법으로 유효하게 해결할 수 있는 것이다.

인간이란 이 세상살이에서 괴로움이나 불행을 피할 수는 없다. 반드시 그것과 타협하지 않으면 안 된다. 그럴 경우 먼저 생각을 신중히 해야만 된다. 그 다음에는 일시적인 가정을 초월해서 변하지 않는 신념을 가지는 것이다.

불행은 세 가지 목적이 있고, 동시에 세 가지 단계를 형성하고 있다.

첫째는 벌이다. 그것은 여러 가지 행위의 자연스러운 귀결인 것이니, 그런 행위 자체에 담겨 있는 것이다. 따라서 벌이 반드시 행위의 뒤를 따르는 것은 마치 논리적인 귀결이 논리적인 것과 다를 바 없다.

둘째는 정화이다. 이것은 사람이 불행에 의해서 보다 충실하고, 진지하게 되고, 진리에 대한 커다란 감수성에 의해서 성립된다.

셋째는 자기 시련과 강화이다. 이것은 자신의 능력과 하나님의 능력을 경험함으로써 행해진다. 이러한 경험을 여러번 되풀이함으로써 비로소 사람은 자신 속에 올바른 용기를 솟아나게 하는 것이지만 이것은 오만과는 거리가 멀고, 오히려 겸손인 것이다.

＊스토아 철학에서 해결하지 못한 것은 오직 '하늘만 믿는 것'으로서는 불충분하다. 그것은 우리들도 충분히 이해가 된다. 그것을 해결하기 위해서는 오히려 '현실주의자'가 그들의 방법으로써도 만들어낼 수 없었던 현실적인 행복감을 이 세상에서 만들어 내는 것이 필요하다.

설사 그것이 우리들의 '공상'에 지나지 않는 것이라고 하더라도 적어도 그것은 인간을 행복하게 할 수 있는 공상인 것이다.

＊그런데 불행의 세 가지 목적 이외에 넷째 목적으로서 다른 사람의 불행에 대해서 동정심이 싹트는 것을 들 수 있다. 그런 의미에서 독일의 여류시인 아마리에 폰 헤드비히는 이렇게 노래하고 있다.

'불행 그 자체에서 많은 이득은 없지만,
그것은 세 사람의 건실한 아들을 가지고 있다.
그 아들의 이름은,
힘과 인내력, 동정심이라고 부른다.'

위에서와 같이 건실한 아들을 가진 어머니는, 그 자신도 건실할 것이 틀림없으리라고 우리들은 믿고 있다.

한 마디로 말해서 인격의 깊이, 또는 우리들이 많은 사람들에게서 즉시 알 수 있는 여유있는 기품, 그런 것은 훌륭하게 불행을 견뎌낸 사람에게만 갖추어지는 것이어서 그밖의 사람들은 아무리 높은 대가를 지불해도 불가능한 것이다.

'환난을 기뻐한다'(로마서 제5장 3절 참조)는 사도 바울의 말은 수많은 그의 말과 같이 불행한 생활에서 어떤 힘이, 내적인 행복이 얼마나 깊게 잠재해 있었던가를 스스로 경험해 보지 못한 사람은 진정한 의미를 절대로 알 수 없다.

이 불행 속의 행복은 사람들이 그것을 올바르게 느끼게 되었다면 평생 결코 잊어버릴 수 없는 것이다.

*그와 반대로, 이를테면 언제나 행복하다고 느끼고 있는 사람들은 반드시 무엇인가 조그마한 불안이 언제나 우리 주변을 감돌고 있는 것이다. 그리고 그런 현상은 노년기가 되면 그 사람의 인상에도 나타나게 된다.

그리고 또 당연한 보상이라고 할까, 그들은 그 행복을 잃어 버리지나 않을까 하고 언제나 불안에 사로잡힌 마음을 지닌 채 살아가고 있다.(욥기 제3장 25절 참조)

그런데 불행을 수없이 겪은 사람은 그 경험을 토대로 하여 냉철하게 살아가는 침착성을 터득해서 고난에 직면해도 실망하지 않고, 오만하게 되지 않는다면 오히려 스스로 고난을 감당하겠다고 바라게 된다.(예레미야기 제17장 8절 참조)

이것에 관한 아름다운 시는 욥기에서 볼 수 있으며, 좀더 숭고한 묘사는 히브리서 제11장에서 음미할 수 있다.

어찌 됐든 그 자체가 부단한 행복으로 느낄 수 있는 바탕이 필요한 것이다. 그렇지 않다면 계속되는 고난은 인간을 무정하게 만든다.

때로는 본래 고결한 사람이라도 지나치게 자주 고난에 직면했기 때문에 실제보다도 무정한 사람으로 보일 때가 있다. 그들은 마음을 열고 행복감을 받아들일 힘을 잃고 있는 것이다.

*한 가지 덧붙여 두고 싶은 것은 굳은 인정의 연결도 불행한 삶에서 맺어진다는 것이다. 인간이 서로 고난을 겪으면서 신의를 잃지 않는다면 어떤 장애에도 굴하지 않는 보배를 얻었다고 하겠다. 그 보배는 진실된 우정이다.

착한 사람은 행복해야만 되는 것이라고 생각되지만, 이 세상은 그렇게 돌아가고 있지 않으니 그것은 확실히 수수께끼라고 하겠고, 실로 수많은 사람들을 실망시키고 올바른 길을 가지 못하게 한다.

'지난 날은 신앙에 용맹스러웠던
예수의 증인,
가난과 근심과 위험 속을
헤매는 것을 사람들은 보았다.
이 세상에서는 적합하지 않은 귀인,
곤궁의 나날을 보냈다.
왕족 중의 왕,

그를 인간들은 십자가에 못박았다.'

실제가 바로 그렇다. 그것도 어찌할 수 없는 것이라고 각오하지 않으면 안 된다.

그런 각오를 하지 않으면 평생 행복을 발견할 수 없을 것이다. 행복은 '앞길을 가로막고 있는 사자'이다. 사람들은 대부분 그 광경을 보면 겁을 집어먹고 되돌아선다. 그리고는 오히려 행복에는 미치지 못하는 무엇인가를 손에 넣고는 그것으로 만족하고 있는 것이다.

그런데 우리들은 경험에 의해서 이렇게 말할 수는 있다. 즉, 향락을 탐하는 경우와 마찬가지로 이 경우에도 인간의 상상력은 훨씬 현실을 앞질러 가는 것이어서, 상상력이 미리 그릴 수 있을 만큼 실제의 고통이 더 심했던 일은 절대로 없었다.

*스파론은 '사람은 자기 자신과 대하는 것이 아니라, 다만 하나님과 얘기하는 습관을 길들이지 않으면 안 된다'라고 말한 적이 있다.

가장 심한 고통의 순간은 대부분 고맙게도 감각이 둔해져서, 고통을 여러번 경험한 사람은 그 고통을 쉽게 극복할 수 있다는 것을 누구라도 알고 있다.

그리고 첫째 불행은 그 다음에 닥친 불행을 견뎌내게 하는 것도 잘 알고 있는 것이다.

그리고 여러 가지 고통은 '각각 멋진 행복으로 들어가는 문'이
라고 말해도 좋다.

*그러므로 요즈음의 진정제 같은 약도 계속해서 쓰는 것은 해롭
다. 고통에 대한 정신적인 싸움은 도리어 인간을 강하게 만들어
주며, 정신적으로 뿐만 아니라 육체적으로도 건강하게 해주는
것이다.
의학에서도 프랑스의 한 의사가 '양 세계평론'에서 지적하고 있
지만, 오늘날 이러한 과학을 덮어버리고 있는 유물론적인 경향
이 한번 잃어버려져서 질병의 치료에 협력하는 인간의 '혼'이라
고 하는 것을 의사들이 받게 된다면, 장래 의학의 이러한 측면은
더욱 강조될 것이다.

그리고 자기 자신을 어느 정도 가차없이 다루는 것, 즉 네
가 좋아하건 싫어하건 너는 그렇게 하지 않으면 안 된다는 것
을 자기 자신에게 알려줄 수 있다는 것이 참다운 생활에는 진
실로 필요하다.

진리에 대한 사랑과 정의에 대한 용기, 그것이 모름지기 진
실된 교육의 기둥인 것이다. 그것이 없다면 교육은 아무런 쓸
모가 없다. 사실 천국에 들어가는 것마저 힘이 필요한 것이
니, '힘을 쓰는 자, 그 사람은 들어갈 수 있다'는 것이다.(마태
복음 제11장 12절 참조)

행복을 얻기 위해서는 인간의 성질 중에서도 용기가 가장

필요하다. 이 말은 틀림없는 사실이다.

그런 만큼 우리들은 현대의 한 재치있는 여인이 그녀가 죽고 나서 공개된 저서에 서술된 말을 마지막 결론으로 삼겠다.

'행복이란 하나님과 함께 있는 것이다. 그 영역에 도달할 수 있는 힘은 영혼의 소리인 용기이다.'

이 세상에는 그 이상의 행복은 없다. 만약 그런 조짐을 지니지 않은 행복이 있다고 하더라도 우리들은 그것을 갖고 싶지 않을 것이다.

* 위의 재치있는 여인은 괴테의 손녀인 기레라 구립이고, 저서로는 『고대 스코틀랜드』, 이 작품은 이색적인 희곡이지만 전체적으로 이런 명구가 넘쳐 흐르고 있다.

'이기심을 버리고,
영원을 파악해서,
사랑에 이끌려서
이 세상 일은 수단이라고 보고
이것을 지배한다.
이것만이 이 세상에서
있을 수 있는 행복한 상태인 것이다.'

— 게르추어에서

이러한 행복은 한 가지 현실이며 한 가지 사실이기도 하다.

그밖의 모든 행복의 꿈처럼 상상으로 그린 그림은 아니다. 이러한 꿈은 젊은 시절은 몰라도 나이를 먹으면 누구라도 꿈에서 깨어나지 않으면 안 되는 것이다.

진정한 행복은 또한 우리들이 끊임없이 자기 능력이 미치는 대로 항상 자신을 격려하며, 강제로 요구하는 것에서는 얻어질 수 없다. 오히려 우리들이 다시 이러한 인생관을 믿고 반드시 이 인생관을 실행해서 다른 것은 돌아보지도 않는다면 그때 행복은 자연스럽게 우리들을 찾아오게 되는 것이다.

다시 말해 이것은 내적인 흐름을 말하는 것이며, 이 흐름은 나이를 먹을수록 차츰 강해져서 우리들 자신의 정신이 성숙한 다음에는 마지막으로 다른 사람에게 넣어 줄 수가 있는 것이다.

* 위에서 내적인 흐름이라는 것은 객관적으로 해석하면 이렇게 말할 수도 있다. 행복이란 의미 외적인 운명에 지배되지 않고 완전히 그것을 극복한 그러한 부단한 평화를 일컫는 것이라고.
요한복음 제10장 11절, 마태복음 제6장 19절, 히브리서 제4장 9절*, 단테의 『신곡』 연옥편 제27장 참조.
그것은 보통 이해하기 어려운 말이라고 일컬어지고 있는 '내가

---

*요한복음 제10장 11절 : 나는 선한 목자다 선한 목자는 양을 위하여 목숨을 바친다
*마태복음 제6장 19절 : "너희는 자신을 위하여 재물을 땅에 쌓아두지 말라 땅에서는 좀이 먹고 녹이 슬어 못쓰게 되며 도둑이 뚫고 들어와 도둑질한다
*히브리서 제4장 9절 : 그러므로 안식하는 일이 하나님의 백성에게는 그냥 남아 있습니다

구하고 있는 것은 행복이 아니라 축복인 것이다'라고 하는 말의 의미이다.

또 다른 한 저작가는 사람이 매일 밤 잠자리에 들어갈 때, 내일 아침에는 다시 눈을 뜨게 된다는 것은 기쁨이라고 생각하는 것을 행복의 실천적인 특징으로 서술하고 있는데, 지금 실제 그렇게 되어가고 있다.

우리들의 생활이 어떠한 가치를 가지고 있다고 하려면 반드시 그 목표에 도달하는 일이 필요하다. 또 실제로 우리들은 그것에 도달할 수 있다. 그 뿐만 아니라 한번 결심하고 나서 첫 단계를 정복했다면, 단테가 말한 것처럼 올라가는 것에 커다란 기쁨을 발견하게 된다.

* 『신곡』 연옥편 제4장
'이 산을 올라가려는 자,
그 산 기슭에서 큰 곤란에 부딪치게 되리라.
하지만 차츰 올라가면 곤란은 감소되고,
그대의 괴로운 고통은 지금부터 즐거움이 된다.
이윽고 올라가는 일은 매우 쉬워져서,
작은 배로 급류를 타고 흘러가는 것처럼 되리라.'

'정화의 산'의 기슭, 거기서 올라가려고 할 때는 진정한 행복을 위해서는 요구하는 대로 어떤 대가도 지불하겠다는 굳은 결심과 분명한 선언을 하지 않으면 안 된다.

그렇게 하지 않고는 들어가지 못한다. 그것보다 쉬운 길로는 아직은 어느 누구도 행복에 도달한 사람은 없는 것이다.

*토마스 켄피스는 이러한 사정에 대해서 다음과 같은 말로 표현하고 있다.
'모두를 버리라. 그러면 모두를 발견하리라.'
이런 결심은 이 문제를 다룬 모든 책에서 요구되고 있다. 그 대가는 나중에 할부로 조금씩 되돌려 받을 수 있다. 처음부터 당장 그 전액을 돌려 받은 사람은 한 사람도 없다.

괴테는 다른 방법으로 행복을 구한 사람들의 스승이기는 하지만, 그의 75년 동안의 고생스러운 생애에 겨우 4주일 동안만의 안락밖에 얻지 못하였다.

그렇다고 누구나가 그의 생애를 끝마침에 있어서 양심적인 고백을 하라고 했을 때, 괴테와 같이 빈약한 대답을 해서야 되겠는가?

*괴테는 그의 풍부한 생활을 영위하는 동안에 여러번 행복에 접근한 적이 있었다. 그것은 그의 수많은 작품 중의 문장을 살펴보면 알 수 있다.
그의 장편소설 『빌헬름 마이스터』*는 그야말로 행복을 추구한 사람에 대한 이야기이지만, 그 주인공 구레텐베르그 양의 일기

가 삽입되어 있는 대목에서 일시적으로 목표에 가까워졌지만, 이윽고 거기서 멀어져 갔던 것이다.

그러나 우리들은 이렇게 말할 것이다. 우리들이 잘 살아야 70년 또는 건강한 사람이라도 고작 80년이면 종말을 고하게 되지만, 그 한평생이 비록 괴롭고 고통스러웠고 또 근로로 일관했지만 그래도 그것은 존귀한 한평생이었다고.
이것이 행복이다!

---

*빌헬름마이스터 Wilhelm Meister : 독일 시인 J.W. 괴테의 장편소설. 「수업시절」과 속편 「편력시절」 등 2편으로 되어 있다. 한 인간이 사회 속에서 어떻게 자기를 이루어가는가를 주제로 한 독일 교양소설의 대표적 작품이다. 그것이 완성되기까지 50년 이상 걸렸으며, 괴테의 생활과 사상을 아는 데에도 중요하다. 괴테는 처음에 주인공 빌헬름이 독일의 국민연극을 창시하는 것을 테마로 하여 『빌헬름 마이스터의 연극적 사명』을 썼으나 이를 중단하고, 뒤에 새로운 구상 아래 고쳐 썼는데, 이것이 「수업시절」이다. 처음의 연극적 경험은 주인공의 인생수업의 한 단계에 불과하며, 그는 '탑의 결사'라고 하는 프리메이슨양식의 비밀결사에 의하여 세상을 위해 쓸모 있는 실천적 생활을 해야 함을 배우게 된다. 부유한 상인의 아들 마이스터는 연극에 열중하던 중 여배우 마리아네를 사랑하지만 사랑이 깨어진다. 그 뒤 그는 순회 극단에 들어가 귀족사회와 접촉하고 '아름다운 영혼'이라 불리는 경건한 여성을 통하여 종교생활의 아름다움을 알게 된다. 그의 누이동생 나탈리에는 전날 도둑의 기습을 받아 부상당한 마이스터를 돌보아 준 기마의 여성인데, 두 사람은 최후에 결합하게 된다. 속편에서는 편력에 나선 주인공이 산업혁명 이후의 사회적 변혁을 예상하게 하는 여러 환경에서 견문을 넓히는데, 근대사회에서는 여러 방면에 걸친 교양이 궁극적인 목적이 아니라, 하나의 구체적 직능을 지녀야 된다는 것을 깨닫는다. 「편력시절」은 한 편의 정리된 소설이라기보다는 여러 가지 이야기를 모아 놓은 것인데, 괴테는 거기에서 새로운 시대를 살아가는 사람들에게 자기 자신의 말년의 사색과 문제의식에 대한 의견을 자유로이 진술하고 있다.

인간이란 무엇인가?

 이것은 의문 중의 의문이다. 아주 천박한 사람 또는 동물적이 아닌 인간은 누구나 적어도 평생에 한 번쯤은 이 의문에 대한 해답을 구할 것이다.

 그리고—재빨리 이렇게 말하지 않으면 안 되는 것이 유감스럽기는 하지만—대다수의 사람들은 오늘날 이것에 대한 회답을 얻지 못하고 그대로 이 세상을 하직하는 것이다.

 어떤 사람은 이따금 어떤 중세기의 사상가가 엮은 우울한 탐색적인 말에 맞부딪칠 것이다.

 '나는 살고 있다. 그러나 언제까지 살 수 있을 것인지 모른다. 나는 죽을 것이다. 그러나 언제 죽을지 모른다. 나는 간

다. 하지만 어디로 갈 것인지도 모른다. 그런데 태연히 즐거운 표정으로 살아갈 수 있을까!'

어떤 사람들은 그런 음산한 '결국은 아무것도 되지 않는다'라고 생각했을 때 즉시 깨끗하게 머리 속에서 쫓아내 버리고, 그리고 이렇게 말한다.

'우리들은 먹고 마시자. 내일은 죽을 신세가 아닌가' (이사야서 제22장 13절 참조)

이렇게 생각하면서 살고 있는 사람이 오늘날 굉장히 많다. 교양이 있는 지식계급에도 그런 사람은 적지 않다. 그러나 그들은 교육의 덕택으로 당연히 조금은 더 깊은 인생관에 관해서 어느 정도 지식을 얻었을 것이다.

그럼에도 불구하고 결국 때로는 젊은 시절부터 무엇인가 표면적인 공허한 자기 구제의 테스트를 한 다음 그런 슬픔에 싸인 한평생의 최종적인 프로그램에 도착하게 되었던 것이다.

그리고 그들은 이 프로그램을 가능한 한 오래 존속시키고자 한다. 하지만 시간이 경과됨에 따라 매우 자주, 그것에는 반드시 필요한 건강을 해치게 된다.

그렇게 되면 그들은 무리를 이루어서 계속—언제나 부인을 앞장 세워서—크나입 목사, 메츠가 박사, 그밖의 현대 사회의 의사 중에서 최고 권위자를 찾아 순례자처럼 엎드려 빌면서 잃어버린 건강을 가능한 한 빨리 회복해서 또다시 그것을 남용하려고 한다.

다른 사람들은 그러한 계획을 실천에 옮길 자금이 없다. 그런 사람들은 무엇인가 다른 방법으로 조속히 그런 자금을 만들어 낼 수 없다는 것을 깨닫게 되면 이번에는 '위장을 배부르게 하는 문제'를 인생의 유일한 '현실적' 문제로 제기해서 새로운 '사회 정책'에 의해서 모든 사람이 만족할 수 있는 해결책을 강구해 주지 않으면 안 된다고 주장한다.

*현대의 '사회 문제'의 대부분은 철학적 하층 건축을 가지고 있다. 이 문제는 기초 위에서 처음으로 오늘의 가장 정당한, 아니 유일하게 정당한 문제가 될 수 있는 것이다.

그밖에 약간 깊은 생각을 가지고 있는 사상가들의 대부분 그런 방도로는 인간의 고뇌를 구할 수 없다는 것을 깨닫고, 어중간한 방식으로 이것저것 테스트를 한 다음에 왕 중에서 가장 현명한 왕 솔로몬의 '모든 것은 공(空)이다.'라고 하는 말에 도달하여, 거기서 생존 그 자체에 대한 절망과 무(無)의 숭배로 방향을 바꾸게 된다.

그들에게 있어서는 열반, 적멸, 생(生)의 망각이 인생의 목적이 된다. 그리고 그들은 그런 분명한 생의 부정에 대해서 항상 항의하는 자기 자신의 건전한 상식과 여러 해에 걸쳐서 곤란한 싸움을 계속한 다음, 최후에 인도의 현자 석가를 따라서 다음과 같은 말을 약속하게 된다면 무엇인가 대단한 일을 이룩했다고 믿는 것이다.

'내가 찾는 건축사를 찾지 못한다면, 무한의 윤회가 내 앞을 가로막을 것이다. 사실 끝없는 탄생은 고통이려니! 건축사여 그대는 앞일을 미리 짐작하고, 지금 다시 집을 짓지 않으리. 그대가 지은 대들보는 부러지고 널빤지는 떨어졌다. 적멸에 들어간 영혼만이 그런 대로 나의 번뇌의 갈증을 고쳐 주노라.

> *석가의 감사기도이다.
> 삶을 사랑한 그리스인마저도, 그런 깊은 세상살이의 고통 흔적을 남겼다. 예를 들면, '여러 가지 신들의 사랑을 받은 사람은 빨리 죽는다'고 하는 말 중에 그것이 나타나고 있다.

요컨대 그것이 이 철학의 결론이다. 인간 생존을 위해서도 빛도 희망도 존재하지 않는다. 그런 만큼 가장 좋은 길은 그 이치를 재빨리 깨닫고 가능하다면 빨리 한 평생을 끝내는 것이 옳을 것이다.

그러나 인간의 정신은 어지간히 강한 생명력과 생존욕을 가지고 있기 때문에, 현재 일반적으로 '세기말'이라고 일컫고 있는 일시적인 쇠약 상태는 별도로 치고, 전면적인 파산선고는 결코 오랫동안 만족할 수 있는 것이 아니다.

오히려 그런 암흑 속에 광명을 비춰주는 것이, 언제나 철학의 영원한 사명이라고 보여지는 것이다. 물론 철학은 시종 그 사명을 완수하려고 테스트해 보았지만, 그 의도와는 달리 아무런 진실의 의미도 없는 말로만 표현되었을 뿐 고민하는 사람의 마음에 조금도 실질적인 위안을 주지 못했다.

그러므로 그런 형식주의 철학이 헤겔에 의해서 근대철학의 장점에 도달하고 나서 현재 그러한 철학의 불신을 초래하게 되었다는 사실은 반드시 이유없는 것은 아니다.

> *우리들의 청년시절에는 그것은 '세계고(世界苦)'라고 불리어져서 수많은 사람들의 관심을 집중시켰던 것이다.
> 하이네의 시 중에서 가장 우수한 것도 그의 버릇인 경박성이 우연하게도 심각한 정신적 고통과 합치되고 있는 한 역시 그런 것을 표현하고 있다. 예를 든다면 '의문'이라는 제목의 시도 그런 부류인데, 그 논문의 표제도 대체적으로 그 내용에 따라서 붙여진 것이다.
> 이 '세계고'는 그 밖에도 레오팔디나 뮤세의 시에서도 나타나 있다.

철학은 예로부터 주로 그 자체로부터 세계를 설명하려고 노력했다. 그것이 철학의 필요적 전제라는 것은 오늘에 이르러서도 대체적으로는 반대할 수 없는 근본원리 중의 하나라고 간주되고 있다.

그 이유는 그 밖에는 설명의 근거를 댄다는 것은 철학이 독립된 학문으로서 성립되지 않기 때문이다. 논리적으로 말한다면 그것은 확실히 올바른 것이지만 그렇게 되었다고 해서 그다지 슬퍼할 계제는 못된다.

왜냐하면 생각컨대 인간은 자기 자신의 모든 면을 비춰보면서 그의 인생 목적, 그의 과거와 미래를 비춰보는 광명을 구하는 것은 어디까지나 자신을 위한 것이지 무슨 학문의 성립을 위한 것은 아니기 때문이다.

오히려 반대로 인간의 생활 관계를 설명하고, 그것을 개선한다고 하는 그 목적을 언제까지나 채울 수 없는 모든 학문을 사람들이 경멸하는 것은 매우 정당하다.

*오늘의 법학, 의학, 신학 등도 그와 같은 상대에 빠져 있다. 우리들은 그러한 학문에서 인간의 정신적 및 육체적인 향상을 위한 공헌을 기대하는 것일 뿐, 과학으로서 단순한 존재를 바라는 것은 아니다.

그러므로 사람들이 철학에 대해서 요구해도 좋은 것은 철학이 그 목적에 부응해서 어느 정도까지는 상식적인 것이므로, 생존의 최고의 문제에 관한 진리와 해명을 요구하는 인간의 영혼의 굶주림을 애매한 말로 속이려고 해서는 안 되는 것이다.

그런데 그것이 '귀신과 같은' 플라톤에서 헤겔, 쇼펜하우어라든가 니체에 이르기까지, 전적으로 그들의 주요한 일이 되었다.

그리고 철학에는 철학대로 발명된 헤아릴 수 없을 만큼 많은 술어가 있어서, 그것이 통과할 수 없는 높은 담장처럼 보통 인간의 이해력이나 언어 능력의 영역에서 철학을 차단하고 있다.

하지만 평상시의 보통 용어법으로는, 말은 무엇인가 확정된 내용의 기호인 것일 뿐, 결코 무(無)의 기호는 아니다.

지금 철학의 술어를 그러한 보통 언어로 번역한다면 그렇게 가리워져 있는 여신과 같은 신비성은 가리고 있던 그 힘과 위엄 따위의 베일을 벗겨버리게 될 것이다.

* 플라톤의 '대화편', 스피노자의 '윤리학', 헤겔의 '정신현상론', 그리고 쇼펜하우어의 '의지 및 표상으로서의 세계'를 읽고 자신의 사상을 한층 명확하게 할 수 있었던 사람은 매우 희귀한 것이라고 생각된다.

  모든 시대의 철학은 철학에서 구하는 사람에게 그가 듣고 싶다고 바라는 사물에 관해서는 오히려 아무런 대답도 하지 않고 그 대신 수많은 정의만을 나열해 보이지만, 그는 말할 것도 없이 그 대부분은 이해도 할 수 없고 이해할 수 있는 작은 부분도 그것을 올바르게 이용할 수 없는 것이다.

지금까지의 추상적 철학은, 실제로 '존재'도 '생성'도 만족스러운 설명을 할 수 없었다. 더구나 이 두 가지 근본 개념을 결부시켜서 한 가지 통일적인 원리에서 그것을 해명할 수는 없었다.

그 대신, 언제나 아무런 진실성 있는 설명도 내포되지 않은 단순한 말로써 써넣은 것에 지나지 않은 것이다. 그러나 철학은 인간의 과학으로서 이미 몇천 년에 걸쳐서 존속된 것이므로 그동안 그 옛날에 이 과제를 해명할 수 있었을 것이다.

철학은 그런 근본 이념에 관해서는 이미 그 이상 해명할 힘이 없다.

또 그 능력의 한계에 도달함으로써 모두의 존재와 생성에는 모름지기 인간의 지식이 도저히 접근할 수 없다는 것을 고백했어야만 했다.

이러한 설명 대신에 우리들이 언제나 철학적 사상 계열의 모두가 발견하는 것은 증명되어 있지 않은, 또 증명을 할 수도 없는 어떤 가정인 것이다.

예를 들다면 어떤 '생생한 실체'가 가정되어 있고, 그것이 유일하고 불변의 것이라든가 또는 가장 작은 구성요소(원소)의 무한량에서 형성되고 있다고 한다면 아마 그것만큼 알기 어려운 것은 없으며, 무엇보다도 먼저 물음에 대한 대답이 전혀 되어 있지 않다.

왜냐하면 우리들이 정말 알고 싶은 것은 그 물질의 크고 작은 것이 문제가 아니고, 그것이 어디서 왔는지, 어떻게 해서 그 물질이 생명을 얻었으며 또 생명을 낳을 수 있는지 하는 것에 있다.

어쨌든 원자가 다만 운동을 해서 감각이 되고, 사상이나 의지가 된다는 것은 확실히 하나의 비약이긴 하지만 지금까지는 그 비약을 구체적으로 설명해 보려고 시도한 사람은 단 한 사람도 없었다.

가장 연구를 많이 한 유명한 저서에는 우울한 문구, '우리들은 모른다. 앞으로도 알 수 없으리라'라고 씌어 있다.(저서 이름은 듀 보아 레이몬의 『우주의 7가지 수수께끼』)

또한 우리들은 벌써 고대의 사물에서 수많은 어마어마한 말로써 적어도 유와 무와의 사이에서 생각했고 생각할 수 없었던 대립이 존재한다고 듣고 있었다.

그러나 우리들은 그 대신 오히려 우리들과 관계가 있는 유일의 존재인 즉 우리들 목전의 이 세계가 단지 겉보기만이 아니라 우리들 자신의 사고의 화상이 아니라면, 그것이 어떻게 해서 성립되었는가 하는 것을 알고 싶은 것이다.

하물며 세계는 오직 우리들의 상상 안에서만 존재하는 것이라고 하는 절망적인 피신길도 실제로는 이미 발견된 적이 있다.

또 무에 대해서는 우리들은 무슨 논리적인 관심을 가진 것은 아니다. 그것은 결코 올바르게 파악할 수조차 없는 관념인 것이고 단순한 대립 관념에 지나지 않는다.

우리들은 가끔 그런 관념을 내세울 수는 있겠지만 다시 더 깊이 탐구할 수가 없으니, 하물며 인생을 위해서 그것을 이용한다는 것은 불가능하다.

그러나 우리들이 주위에서 흔히 보면서도, 궁극의 근원을 포착할 수 없는 사물에서 출발하는 대신, 다른 철학자와 더불어 우리들 자신의 의심할 필요도 없는 자각적인 자아, 어떤 성가신 사색도 필요한 것이 아니고 직접 알 수 있으리라고 생각되는 그러한 자아에서 출발한다면 어떻게 될까.

그럴 때 빈약한 자아는, 자의식에서 세계로 한 걸음 내어디딜려고 하든지, 또는 자신의 위치에서 세계의 수수께끼를 풀어나가려고 한다면, 즉각 자기 자신이 아무리 열성적으로 자기 이외의 확고한 설명의 근거를 구할 것인지 어떨지는 알 수 있을 것이다.

또는 철학이 자연과학 앞에 무릎을 꿇고, 모두의 생명을 '발전, 진화, 유전, 자연도태' 등으로 설명하려고 해서, 모든 생존은 어떤 원형질에서 또는 1개의 원세포에서 자연 발생한 것이라고 설명하려고 한다면, 도대체 어느 누가 이 세포를 만들어 그것에 무한의 생명력과 발전력을 주었을까 하는 의문점이 여전히 남을 것이다.

* 철학이 자연과학 앞에 무릎을 꿇었을 때, 개개의 자연력(증기라든가 전기 등등)에 관해서 순전히 이교적인 관념에 빠져들어갈지도 모른다. 그런 관념은 오랜 시간을 지나오면서 언제나 도덕에 상처를 입히고 있었다.

이교에 있어서는, 세계는 그런 현상군으로 분열이 되고 더구나 그런 것들은 하나하나 의인화되어 있었는데, 교양이 있는 사람들에게 있어서는 그것은 다만 한 가지 명칭에 지나지 않는 것이었다.

그런데 오늘날의 우리들 교양인도 그것과 종이 한 장 차이에 있는 것이다.

 그런 사실은 언제나 세밀하고 또 실제적으로 대처하던 나폴레옹이 백년 전에 이집트의 별이 반짝이는 매혹적인 하늘을 보고 학자인 몬쥬에게 이런 질문을 하였다.
 '도대체 누가 이런 것들을 만들었는가?'
 그 물음에 대해서는 추상적인 철학도 실증적인 박물학도 오늘날까지 아직 한 번도 대답을 할 수 없었고, 아마 앞으로도 결코 대답할 수 없을 것이다.

 세계를 그 자체로부터, 또한 그 자체에 의해서 설명한다는 것은 도저히 불가능하다. 그렇다면 최후의 근거는 발견되지 않을 것이다.
 인간이 자기 자신을 숭배하고 다른 사람의 숭배를 받는다는 것은 오늘의 철학이 당면한 일시적 결과인 것이다. 그러나 인간이 조금만 더 영리하다면 그는 반드시 그 교만에 대해서 항시 작용하는 제약을 느끼게 될 것이다.
 첫째로 자신의 능력이나 수명이 대단히 제한된 것이라는 괴로운 의식에 의해서, 그리고 인간 예찬에 의하여서는 아직도 제거할 수 없는 자기 자신의 불완전성에 관한 한 어떻게 할 수도 없는 감정에 의해서, 그리고 또 마지막으로 자신의 생활 내용으로부터는 자기 자신을 이해할 수 없다는, 전혀 불가능하다는 자기 제약을 느끼는 것이다.

＊자연과학적 무신론의 직접적이고 실제적 결과는 인간숭배와 인간에의 신뢰심이다. 그러나 이 둘 사이는 약간 이 세상에서의 경험을 쌓은 사람에게 있어서는 결국 심각한 염세주의로 끝나고 만다.

인간을 신뢰하지 않고, 오히려 다른 보다 신뢰할 만한 도움을 받고 있는 사람들만이 도리어 인간을 오래 사랑할 수 있는 것이다. 따라서 단순한 인도주의적인 감격을 느낀 끝에 영리한 사람의 경우 자칫 잘못되면 심각한 인간 경멸에 빠지기 쉬운 것이다.

＊지난날 코호 박사의 발견에 대한 세상 사람들의 환호성은 대단한 것이었다. 그 사실을 보더라도 인간이란 항상 죽음을 얼마나 두려워 하고 있었던 것인가를 짐작할 수 있다.

그러한 죽음의 공포는 무덤 저편에도 이미 아무런 희망을 가지지 못하는 오늘의 지식계급을 모조리 노예로 삼고 있는 것이다.

보통 범신론적이라고 일컬어지고 있는 최후의 철학적 인생관의 형식은 스피노자 이래 철학계를 지배했고, 헤겔, 쇼펜하우어라든가 괴테 이래 지식계급이 아직도 추상 철학에 골몰해 있는 한 그것을 일반적으로 지배해 온 그러한 철학적 인생관은 실로 모든 인생관 중에서도 도덕적으로 가장 해가 많은 것이었다.

이러한 철학에 따른다면 존재하는 것, 자라나는 것 모두가 신이기 때문에 특히 악한 것만을 정복하지 않으면 안 된다는 것인데 그것은 이치에 맞지 않는다.

그것은 '윤리적 힘을 증발시키며' 선을 실현시키고 악을 정복할 의지를 잃게 한다.

그러므로 그 철학에는 조만간 어떤 형태로든 주장하지만 강력한 미신이 뒤따르게 된다. 이미 우리들은 최면술이나 강신설이리든가 그 밖의 상식선을 벗어난 교회적 신앙의 형태로 그것이 시작되고 있는 것을 보게 되는 것이다.

그리고 그 미신에서 새롭게 철학적 사변의 계열이 시작되어 수백 년 뒤에 다시 똑같은 출발점에 귀착하게 되는 것이다. 그러므로 진리의 궁극적인 형식은 아마 어떤 개인의 추상 철학적 또는 신학적 사변은 아닐 것이다.

그것은 언제나 기만적인 것이고 만족스럽지 못한 것이다. 궁극의 진리는 오히려 많은 민족의 운명 속에 매우 명료하게 나타나고 있는 역사적 경험이다. 그런 형태로 실제 추상 철학보다도 좋은 철학이 그와 나란히 이미 옛날부터 존재했던 것이다.

* 지식계급이 추상 철학에 골몰하고 있는 경향은 오늘날에는 대체로 전(前) 세기의 초반인 30년 경까지 비교한다면 훨씬 뒷걸음질치고 있다.

그리고 아직도 변함없이 큰 감명을 주고 있는 유일의 철학서적은 칸트의 『순수이성비판』이다. 추상 철학은 실제에 있어서 이 책으로 영원히 끝을 맺은 셈이다.

철학서적을 스스로 읽는 사람은(직업적으로 읽은 사람은 별도로 하고) 지식 계급에서는 비교적 드문 편이다. 대다수의 사람은 '필요한 경우에 관하여 더불어 말할 수 있기 위해서' 철학사만을 가지고 만족하고 원저서는 멀리하고 있다.

오늘날 그들은 대부분 근대철학, 예를 들면 데카르트, 스피노자, 칸트, 헤겔 또는 쇼펜하우어의 주된 저서마저도, 거의 자기 자신의 연구로는 알고 있지 않은 것이 보통이다.

그것은 성서에 관해서도 마찬가지이다. 그들은 그 두 가지에 관하여 다만 제삼자의 판단에 따라서만 얘기하는 것이다. 학자 중에는 이따금 자기가 살고 있는 가장 가까운 이 세계조차도 알지 못하고 애써 세상과의 접촉을 피하고 있는 사람이 있지만, 서재에서만 큰소리치는 그런 학자의 공연한 논리를 요즈음 세상사람들은 환영하지 않는다.

오히려 그것은 일반민중의 생활 상황의 형성에 어떤 깊은 영향도 줄 수 없는 사고의 연습쯤으로 생각한다. 다만 추상적 개념에 관해서 오성(悟性)을 연마하기 위한 학습목적에 도움이 되는데 지나지 않는다고 인정하는데 이르게 된 것은 대체로 현대의 실용적인 상식의 한 특징이다.

그러나 어느 정도의 철학 연구가 아직은 교양에 필요하다는 것, 또 실생활을 영위하는 사람으로써 나면서부터 종교에 관심을 가지지 않은 사람은 일반적으로 철학에도 관심이 없고, 넓은 시야를 차츰 잃어 버리게 되는 것을 막을 수 없음을 부정하지 못한다.

만물의 근원을 만물 그 자체에서 설명하려고 하지 않고 오히려 인생의 경험에 이끌려 가면서, 세계 전체 및 각 개인의 창조자이며 유지자인 생기있는 영적 존재에 그 근원을 두고 있는 철학은 이스라엘의 철학, 즉 그리스도교의 철학인 것이다.

지금 일반적으로 행해지고 있는 견해에 따른다면 그것은 확실히 철학적 설명은 아니다. 그것을 철학적 설명이라고 한다면 그 근거가 또 설명되지 않으면 안 된다.

특히 '신의 학문'이라고 과감하게 스스로 칭한 과학도 사실상 신을 증명한다는 것이 불가능함을 보여주고 있다. 그것은 마치 철학이 세계라든가 인간을 그 자체로부터 설명하려고 하다가 실패한 것과 마찬가지이다.

일반적으로 신의 존재에 관한 증명이라고 일컬어지고 있는 것도 사실은 대단히 빈약하여서 그것을 승인하려고 생각하지 않는 어떤 사람도 설득할 수는 없다.

그러므로 오히려 처음부터 이렇게 말하는 편이 훨씬 자연스러울 것이다. 즉 설명을 할 수 없다는 것이 신의 본질이다. 그렇지 않다면 신은 신이 아니고, 신을 설명할 수 있는 인간은 인간이 아니다.(출애굽기 제33장 20절, 요한복음 제1장 18절 참조) 신을 보는 것이 아니고 오히려 이 땅 위의 것, 인간의 일들을 신의 눈으로 보고 이해하는 것이 분명히 우리들의 인생 목적이다.

그러므로 문자 그대로의 과학적인 신학이라는 것이 도대체 성립될 수 있는가라는 의문이 옛부터 제기되고 있는 것이다. 예를 들면 그리스도는 그런 것은 있을 수 있다고 하는 의견이 아니었다.(마태복음 제11장 27절, 요한복음 제3장, 누가복음 제10장 22절 참조)

또 실제로 신학적 사변은 본래 그리스도부터 나온 것이 아니라, 오히려 바울로부터 유래되었다. 그는 대단히 특이한 유태인적인 명민성과 유태교 중에서도 이미 완성되어 있던 교의론을 그리스도교의 논증에 응용했다.

그리하여 그는 본래부터 신학적 경향이 강렬했던 그의 겨레를 설득하는 것이 절실히 필요했던 것이다.

> *이 땅 위에 있어서 신을 보고, 만물의 관련성을 인식하는 길은 하나밖에 없다.
>
> 그것은 마태에 의한 복음서 제5장 8절에 나타난 것이지만, 총체적으로 철학은 옛부터 그 길을 걷지 않았다.
>
> 만약 여러분이 신에 관해서 단순한 지식 이상의 무엇을 얻고 싶다면 그 길을 시도해 보라. 단지 그것에 의해서만, 예외없이 신은 어느 정도 신과 닮아가고 있는 인간의 영혼에 가까워질 수 있는 것이고, 모두의 의문이 해명될 수 있는 것이다.
>
> 그 이유는 비슷한 것만이 비슷한 것을 이해하기 때문이다. 만약 어떤 철학자가 자신의 인식능력 중에는 전혀 신의 흔적을 인정할 수 없다고 말한다면 그는 자기 자신에게 한 가지 선고를 내린 것이 된다.

모두의 존재 및 생성의 근원으로서의 신은 설명할 수도, 증명할 수도 없다. 또 그렇게 해서도 안 된다. 오히려 우리들은 먼저 신을 믿고 그 다음에 몸소 경험하지 않으면 안 된다. 이것은 다시 한 번 확실히 일러두지 않으면 안 될 명제이다.

또 그것은 만물의 보다 좋은 학문적 설명을 구하는 사람들의 대부분은 여기에서 발꿈치를 돌이키는, 즉 좌절하는 돌이고 분노의 바위인 것이다.

그런 사람들은 어찌할 수가 없다. 물론 이쪽에서 자진해서 환영할 수도 없다. 확고한 무신론자를 우리들은 철학적으로 포기하지 않으면 안 된다. 하지만 그런 요구는 철학적, 종교적 영역에 있어서 뿐만 아니라 실제적, 정치적 영역에 있어서도 그 안에 차츰 그림자를 감추게 될 것이다.

다만 종교 문제에 있어서는 믿느냐 안 믿느냐라고 하는 한 가지 요건, 다만 이 한 가지 점에만 넘어갈 수 없는 장벽이 있다.

그리고 그 장벽은 같은 국민, 같은 정도의 교양, 같은 시대의 사람들, 그리고 한 가족 사이에서도 그 근본적 견해에 있어서 서로 갈라지고 있는 것이다. 그밖의 차이나 거리는 모두 화해될 수 있는 것이고, 화해의 길은 반드시 찾아낼 수 있을 것이다.

*당신들이 신을 믿는다면 신의 영광을 보게 되리라고 그리스도는 말한 적이 있다. '신에 대한 두려움'은 단순한 감정이 아닌

정신적으로는 안다는 것이고 도덕적으로는 행하는 것이 된다. 그것은 물론 작은 일에서 시작된다. 그와 반대로 인간이 한 번 신을 버린다는 결심을 했다면, 훌륭한 한 학자가 말했듯이 자책하는 말 소리가 좀처럼 사라지지 않고, 마침내 자신을 정당화하기 위해서 그러한 배신을 진보라고 궤변하고, 충실한 것을 시대에 뒤떨어진 입장이라고 경멸하려고 무리한 노력을 하게 될 것이다.(힐슈의 '구약성서 주해' 레위기 698편 참조)

* 우리들은 다음과 같이 물어볼 수 있을 것이다. 여러분은 세계를 공간적 시간적으로 어디에선가 끝나는 유한적인 것이라고 생각할 수 있을까?

대답은 아마 '아니다'라고 할 것이다. 그렇다면 여러분은 세계를 시간, 공간에 있어서 무한한 것이라고 생각할 수 있는가? 마찬가지로 '아니다'라고 할 것이다. 그렇다면 생명의 과정을 설명하고 그 기원과 종말을 분명히 밝힐 수 있을까? '아니다'. 그렇다면 여러분은 사유 그 자체를 설명할 수 있을까? 그 모두를 '아니다'로 일관할 것이다.

그렇다면 여러분은 가장 비근한 본질적인 사실을 알지 못하고, 또 알 수가 없다면 여러분은 신앙에 관해서 전혀 무관심하든가, 또는 신앙만은 없을 수 없다는 결론을 내리지 않으면 안 될 것이다.

오늘날 수많은 그리스도교인이 하는 것처럼 결코 보통 생각 그대로 내버려 두라고 하는 것은 아니다. 데사롤니가 후서 제3장

15절, '그러나 원수와 같이 생각지 말고 형제 같이 권하라'

종교의 자유가 인정되고 나서 공공연하게 무신론자로 행세하면서 오히려 고상하고도 깊은 생각을 가지며, 애써서 선을 행하고 있는 사람들이 있다. 그런 사람들은 혹시 마태복음(제21장 28~31절)의 관대한 말들이 적합할 지도 모른다.

무신론은 매우 자연스러운 것이고, 어떤 일에나 생각하는 사람이라면 누구든지 그 생애를 통해서 어떤 때라도, 전혀 그것을 벗어났다고 말할 수 없을 것이다.

또 가장 경건한 사람들까지도 때로는 무신론자이기도 하다. 즉 그들은 이 세상에는 하나님이 존재하지 않는 것처럼 행동한다. 그러나 행복한 무신론자란 있을 수 없다.

그들은 결코 완전한 정신의 평화와 인생의 모든 재앙을 두려워하지 않을 때가 없을 것이다.(이사야서 제48장 23절, 제57장 20절 참조) 그런 차별은 누구나 비근한 실례에 의해서 스스로 관찰할 수가 있다.

* 보통 인간은 순수하게 자신의 주의대로 행동하고 있는 것은 아니다. 만약 주의대로 행동한다면 현재 그것이 있는 것보다도 실제적인 차이는 훨씬 큰 것이 될 것이다.

그러한 신앙에 관한 차이는 인간의 자유라고 하는 천성에 근거를 두고 있는 것이기 때문에 언제까지나 존속하는 것이다.

'인간의 영혼은 본래 기독교인이다'라고 말하고 있는 데르툴리아누스의 말을 문자 그대로 받아들인다면 완전히 잘못이다.

위인의 생활이란 것이 모두 그것을 반증하고 있다. 인간의 영혼은 단지 그리스도인이 되도록 부름을 받고 있어서, 자기 자신의 인생경험에 의해서 그리스도인이 될 수 있다는 것에 지나지 않는다.

데르툴리아누스의 말 뜻도 아마 그런 것이다. 인간의 영혼은 본래 무관심한 것이어서, 결코 무신론을 실험하지 않는다. 인간이 하나님을 알 수 없는 것 같이 또 하나님을 경험할 수 없다면, 신앙은 실로 신경 계통의 흥분에 의한 일종의 광증이다.

로마의 태수가 바울에게 '그대는 미쳤구나'라고 말한 것은 정당했으리라.(사도행전 제26장 24절 참조)

* 오늘날 기도하는 것을 미친 짓이라고 말하는 사람들이 간혹 있지만, 기도의 결과를 경험할 수 없다면 그들도 옳다고 말할 수 있을 것이다.

이해할 수 없는 것을 거부하는 것이야말로 이성과 양심의 의무라고 생각했다. 모든 시대의 저 로마 태수와 같은 수많은 후계자들도 또한 마찬가지로 정당했을 것이다.

*그들의 스승이라고 숭배하는 마르크스 아우렐리우스는 그의 『자성록』에서 그들이 흔히 자기 주장을 위해서 인용하는, 그 자체로서도 아름다운 말들을 남기고 있다. 즉, '모든 일에 직면했을 때, 항상 결연한 태도를 지니고, 정의를 안중에 둔다는 것이 필요하다.

그러나 '사상생활에 있어서는 대부분 이해할 수 있는 것으로써 그대를 이끌어주는 별로 삼으라' 또 '미래의 일로 괴로워하지 마라. 미래의 일을 처리할 필요가 있다면 그대로 하여금 현재의 일을 처리할 수 있는 그와 같은 힘으로 그대는 반드시 그 일을 처리할 수 있을 것이다.'

그렇지만 하나님은 그 사람 자신의 경험에 의한 것이외의 신앙을 인간에게 구하지 않는다. 오히려 하나님은 개인의 체험과 인류의 전 역사 중에서 스스로를 충분히 명확하게 증명하고 있다.

그러므로 인간은 불신앙의 죄를 스스로 짊어지지 않으면 안 된다. 더구나 그 죄는 그 죄인 이외의 어떤 사람도 그 깊이를 알 수 없을 만큼 깊고 깊은 죄인 것이다.

*하나님은 그 사람이 경험한 것이외의 신앙을 인간에게 구하지 않는다. 그것은 성서 중에 무수히 기록되어 있다.

(신명기 제4장 1~4절, 제5장 29절, 욥기 제22장 22~30절, 시편 제81장 14절, 제37장 25절, 제22장 10절, 제25장 3절, 요엘 제3장 5절, 예레미야기 제6장

16절, 제32장 41절, 제10장 6절, 이사야서 제65장 13절, 제31장 5절, 제49장 15절, 말라기서 제3장 9~18절.)

사람에 따라서는 그 정신적인 소질 때문인지, 또는 그의 교육의 영향인지, 다른 사람들보다도 하나님을 믿기 어려운 사람이 있다.

그러나 만약 그들이 전혀 신앙생활을 할 수 없다면, 반드시 무엇인가 그것을 방해하는 것이 있을 것이다. 그들은 자신의 생활양식 중의 어떤 것을 버리려고 하지 않았던가, 또는 처음부터 그 시도를 정직하게 해보지 않았기 때문이다.

*욥기에서 (33장 29~30절) 하나님이 모든 인간에게 평생에 2, 3회는 반드시 충분한 내적인 경험을 할 수 있는 기회를 주고 있다는 것은 확실히 옳은 일이다.

그러므로 자신의 결심을 잘 확인해서, 경우에 따라서는 자신의 경험을 따르는 것이 신앙생활에 들어가는 제1보이지만, 그러나 그것은 본래 인간의 의지행위인 것이지, 옆에서 누구에게나 면제시켜 주는 것도 아니고, 또 당사자가 자신의 경험에서 터득한 이상, 옆에서 설득시켜서 확신을 줌으로써 그것을 쉽게 해줄 수도 없다.

사실 그 첫걸음을 이미 이스라엘의 예언은 적절하게 '회심'이라고 일컬으면서 사람에게 그것을 요구했고, 더구나 그 회심 직후에 스스로 생기는 깊은 내적인 만족과 확신을 약속했던 것이다.

그리고 옛날에도 몇천 명이 그 회심을 실행해서 몸소 그 효과를 증명했다.

> *이사야서 제45장 22절, 제55장 1~3절. 경험은 나중에 가정을 증명한다. 그것은 신학에 있어서는 있을 수 없는 일이다. 인간은 하나님을 우러러보고 하나님을 배반하고 떠나지 않는다면 그것으로 충분하다.
>
> 인간은 자신의 의지로 하나님을 배신할 수도 있고, 설령 전능하신 하나님으로부터도 노예로서 강제로 복종하지 않아도 된다는 것은 인간의 커다란 재산인 '의지의 자유' 때문이다.
>
> 그러므로 하나님을 섬기거나 배신하거나 인간에 관한 것을 분명히 알고 있는 사람이라면 누구나가 알고 있듯이 거기에는 단순한 오성적(悟性的) 이유 이상의 것이 있는 것이다.
>
> 가장 단순한 사람이라도 그가 하나님에게 얼굴을 향하고 있는 동안에 자기로서는 그렇게 할 마음이 아니었던 여러 가지 일에 대해서, 스스로 자유를 버리게 되는 것을 느끼게 될 것이다.
>
> 하이네는 그의 '노래책'에서 그 논문의 표제의 물음과 똑같은 물음을 내세워서 '대답을 기대하는 사람은 어리석은 인간이다'라고 말했다. 그러나 그것은 어떤 대가를 지불하더라도 대답을 구하려고 하지 않는 사람의 말인 것이다.
>
> 하나님은 성실한 사람에게는 반드시 대답을 하고 있다.

＊17세기 초에 한 가톨릭의 성스러운 여인이 이렇게 표현하고 있다. 약간 감정적이기는 하지만 잘못은 아니다.

'인간은 우선 최초로 강하고 변하지 않는 결심을 가지고 하나님에게 모든 것을 맡기고 그리고나서 영혼은 모든 것을 버리고, 돌봄이 없이 오직 하나님 말씀만 따를 것을 마음 깊이 맹세하지 않으면 안 된다.

그리고 그 결심을 여러번 되풀이하지 않으면 안 된다. 그렇게 한 다음 내 마음 속에서 일어났던 일은 이전과 비교해서 너무나 의기양양해서 자기로서도 거의 알 수 없을 정도였다.

지혜는 깊고 깊었고 기쁨은 다했으니 영혼은 마치 이미 천국의 평안과 주님의 환희 속에 있고 하나님 안에서 완전히 모습을 바꾸게 된 것처럼 느껴진다.

즉, 정직하게 하나님께 마음을 맡기고, 더구나 오랫동안 어둠 속에 남겨지거나 또는 아주 버림을 받았다는 사실은 지금까지 한 번도 없었다.

그러한 자유스러운 결심 속에 또한 인간의 '의(義)'가 있고, 저 예언자의 말을 따른다면, 인간은 그러한 '의'에 의해서만 구원을 받을 수 있는 것이다.(이사야서 제1장 27절, 제49장 9·24절, 로마서 제10장 4절, 야고보서 제4장 8절을 참조) 그는 또 그것 때문에 무엇인가 하지 않으면 안 된다. 그렇게 한다면, 또 다른 한 가지를 요구할 권리가 생긴다.

더구나 그 권리는 성서를 통틀어 보더라도 결코 어떤 때는 주고 어떤 때는 주지 않는 단순한 은총이 아니라, 오히려 적극적으로 약속이 되어 있는 것이다.(이사야서 제28장 16절, 제30장 19절, 제31장 5절, 제40장 31절, 제4장 1절, 제49장 15절, 제65장 24절 참조)

*이상과 같은 '의로움에 의해서 구제되는 것'을 나타낸 이야기는 욥기이다.

그러므로 구약성서에는 그런 관계를 언제나 서로간에 권리가 있는 계약으로 표현하고 있다. 그래서 스스로 자신이 그 계약을 정직하게 지키려고 생각하는 사람은 자신의 권리를 지나치게 강하게 주장할 필요는 없다.

그는 오히려 그가 지킬 의무는 다만 상대방인 계약자에 대한 순수하고 변하지 않는 신뢰에 지나지 않는 것이지만(히브리서 제11장) 오히려 자신의 의무 이행에 대한 책임을 언제나 충분히 할 수 없으니, 따라서 언제나 상대의 순수한 은혜를 필요로 한다.

루터는 성서 이상으로 그 은혜(로마서 제3장 28절)를 강조하고 있지만, 그러나 그것은 사람이 악에서 완전히 구원을 얻기 위해서는 그로부터 필요로 하는 회심의 부단한 노력과 그 기반을 자유의지에 따라서 유지하는 힘을 때로는 어느 정도 약화시킬 수 있다.

＊만약 그가 그릇된 신들을 따른다면, 적어도 몇번씩 되풀이 해서 굳세게 회심하려고 생각하지 않으면 안 된다. 그렇게 한다면 그는 몇번이라도 하나님의 용서를 받게 될 것이다.

예레미야서 제29장 13절, 이사야서 제1장 18절, 제45장 31절, 제43장 25절, 제51장 22절, 에스겔서 제16장 63절, 제18장 25·31절, 호세아서 제14장 4~6절, 마태복음 제9장 13절, 요한복음 제6장 37절.

그러므로 사도 바울도 그리스도의 가르침이 그의 마음 속에서 강렬하게 성장한 사람(단순히 피동적으로 듣기만 하지 않은 사람)에게 있어서는 이미 생명에 필요한 모든 선물에 모자라는 바는 없다고 말하고 있다(고린도전서 제1장 7·8절 참조). 그와 반대로 본래 좋은 소질을 가졌고, 충분한 교육을 받은 사람이라 하더라도 모두 무효가 될 수도 있다(예레미야서 제6장 29절 참조).

인간은 자신을 위해서 확고한 회심을 할 뿐만 아니라, 무엇인가 강력한 충격이나 들려오는 음성을 경험하지 않으면 안 된다는 것을 우리들은 승인한다.

그러나 그럴 때 하나님의 말소리를 듣고, 그 말에 따르지 않으면 안 된다. 모름지기 그런 것들은 신학에서도 가르쳐준다.

하지만 그 말씀은 너무나 교의론적이어서 오늘날 많은 사람들을 이해시키는 것은 어렵다. 훨씬 간단하게 심리학적으로 그것을 논증해야만 될 것이다.

그런 입장에서 볼 때, 세계는 개인의 생활과 마찬가지로 분명하고도 이해하기 쉬운 것이 된다. 또 한편으로는 세계를 창조하고 이를 지배하는 '자연법칙' 따위에는 결코 속박되지 않는 한 가지 자유로운 의지가 있다.

그러나 그것은 오히려 '질서의 신'이고 법칙이므로 결코 멋대로 지배하는 것을 바라지 않는다. 그와는 반대로 한쪽에서는 인간의 자유로운 의지가 있고, 그것은 하나님을 따르거나 따르지 않아도 된다.

인간은 악을, 즉 하나님을 배신하는 것도 자기 책임으로 감히 할 수 있도록 완전한 자유가 주어져 있는 셈이지만, 그러나 하나님의 질서를 파괴할 힘은 없다.

하나님의 질서는 오히려 모든 악을 선으로 돌릴 수 있는 것이지만, 그러나 고의로 악행을 저지르고 뉘우치지 않는 사람은 예외이다.

인간의 생활은 그 올바른 발전에 있어서는 영원히 변하지 않는 하나님의 법칙에 따른 자유로운 순종인 것이고, 또 그것에 의해서 차츰 고조되는 정신적인 생활질서에의 자기 교육인 것이다.

그렇지 않다면 그러한 능력을 자신의 잘못으로 차츰 잃게 되어 이를테면 하나의 자기 처벌을 가하게 되는 것이다.

인생의 행복은 하나님의 세계질서와의 내적인 일치인 것이고, 그렇게 해서 하나님의 곁에 있다고 하는 마음이 드는 것이며, 불행은 하나님을 배신하는 것이고, 언제나 불안이 감돌고, 생애의 마지막에는 아무런 소득도 없어서 남길 것이 없게 되는 것이다.

> *넓은 세계쪽이 개인의 생활보다도 확실히 이해하기 쉽다. 개인 생활은 성장이라는 것을 본질로 삼기 때문에 그때마다 불완전한 인식 밖에 얻을 수 없다.
>
> 하나님만이 인간에 대해서 잘 알고 있다. 인간은 자기 자신조차 잘 모른다. '너 자신을 알라'라고 말한 고대철학의 유명한 요구는 어리석은 짓이다.
>
> 그런 점에서 모든 자서전이나 일기식으로 쓴 자신에 대한 관찰도 마찬가지이다. 인간은 결코 있는 그대로의 자기 모습을 보지 못한다. 다만 자기가 가고 있는 길만을 보고 있을 따름이다.
>
> 그것도 등산할 때처럼 다만 한 걸음 한 걸음 위로 올라가는 가까운 거리만을 볼 뿐이다. 먼 곳을 보려고 하면 반드시 실수를 하게 되는 것이다.

그래도 우리들의 마음에 무엇인가 남아 있어서 이따금 이렇게 항의를 한다. 아마 모두는 감각적으로 느낄 수 없는 단순한 '형이상학'인 것이니, 중요한 것은 인간과 그 생활 목적을 위해서 공상으로 생각한 것뿐이다.

그럴 때, 인간은 그러한 반항의 소리를 조용히 물리치지 않으면 안 된다. 그와 마찬가지로 차츰 희미해지고 또 약해져 가기는 하겠지만, 그러나 남아 있는 이기주의와 사소한 일에 관여하는 유혹적인 생각마저 물리치지 않으면 안 된다.

그러한 보다 높은 세계는 어디까지나 하나의 신앙이다. 그러나 그것은 차츰차츰 신뢰할 수 있고 위안이 되는 신앙이 되어 일종의 내적인 직관과 비슷한 것이 된다.

그런데 단순한 감각적인 것 위에 구축된 보다 낮은 세계는 최선의 경우에도 오히려 완전한 지식을 주지 않고, 어떤 경우에도 영혼에 평화를 가져올 수 있는 믿을 만한 지식조차 주지 않는다.

오히려 고상하고 사색적인 사람들에게는 불안한 의혹과 굳게 결부되어 풀 수 없는 씁쓸한 지식을 줄 뿐이다.

하나님에 관해서 가장 좋게 인식하고 있었던 원시종교도 역사가 전하는 바에 의하면 그처럼 단순한 것이었다.

그것이 나중에는 수많은 형식으로 덮여져 버린 것이지만, 처음에는 그 형식마저도 단지 환난을 쉽게 예방하기 위한 '금칙(禁則)'에 지나지 않아서, 본래 어디까지나 자유이고 정신이고 생명이어야 할 것을 기계적으로 강제로 하는 것을 목적으로 삼는 그러한 완고한 생활규칙은 아니었던 것이다.

＊예레미야서 제7장 22·23절, 제8장 8절, 이사야서 제1장 11~18절, 시편 55장 7~23절, 미가서 제6장 8절, 호세아서 제6장 6절, 요한복음 제4장 23·24절, 마가복음 제 7장 6~13절 참조.
첫째로 중요한 것은 법칙이 아니라 자유이다.

그와 같은 형식주의는 탈피하고, 하나님의 신앙의 원시적인 본질로 돌아간다는 것이 그리스도교의 역사적 설명인 것이고 그리스도의 사업이었다. 그 다음의 모든 개혁도 또한 마찬가지이다.

그러나 유태민족은 전체적으로 옛날로 돌아갈 결심을 할 수 없었지만, 만약 그렇게 할 수 있었다 하더라도 그들은 그 탁월한 정신에 의해서 세계를 지배한 마지막 민족이 되었을 것이다.

유태민족을 위해서 보내진 것이라고 스스로 선언한 그리스도마저도 차츰 발달한 형식주의에서 그의 민족을 해방시켜, 순수하게 정신적으로 하나님에게 봉사하도록 만들 수 없었다는 것은 세계사의 최대의 비극이다. 동시에 이것은 인간 의지의 자유로운 최대의 증명이었다.

인간은 본래 형식주의에 기울어지기 쉬워서, 그런 경향은 그 뒤에도 점점 더 강화되기만 했다.

> *마태복음 제15장 24절. 제8장 11 · 12절. 역사적으로 본다면 그리스도의 사업도 오로지 인간의 자유를 수용하기 위한 것이었기 때문에 마침내 실패했던 것이다.
>
> 하나님의 사업마저도 대부분 그와 비슷했다. 그것은 당연히 그렇게 되지 않으면 안 되는 것같이, 또 인간의 자유의 일치를 위해서 한다면 오히려 있을 수 있는 것처럼 실제로는 되지 않았던 것이다. 마태복음 제23장 37절.

* 유태교 정교파 신자의 일상생활은 오늘에 이르러서는 매우 번잡성을 띠게 된다(모세 5서에 의함). 율법 때문에 수많은 외면적인 생활 규칙에 둘러싸여서 중대한 죄를 범하지 않으려고 한다면 그러한 세목을 항상 기억하고 있어야만 된다.

그 뿐만 아니라 유태법전의 제63개 조목은 그 상세한 주석과 해설 외에 그리스도시대에는 아직 없었던 수많은 주석을 덧붙이고 있었다.

로마인에의 편지 제11장 17절. '또 한 가지가 꺾여졌는데 돌감람나무인 네가 그들 중에 접붙임이 되어 참감람나무 뿌리의 진액을 함께 받는 자 되었은즉'이라는 말과 '그렇게 가꾸어져서 성장한 원목인 올리브에 접붙임된 야생의 가지'인 다른 민족도 또 약간 다른 방식이기는 하지만 역시 똑같은 형식주의에 빠지지 않을 수 없었다.

그러므로 그들은 오늘날 겨우 역사적 토대를 의지해서 그리스도의 가르침을 알게 된 개인의 영혼에는 그런 형식주의에서 벗어나는 과정을 언제나 되풀이해서 더듬지 않으면 안 된다.

* 그러므로 고목이 된 원목은 어디까지나 원목이기에 그것을 구제하는 날이 올 때까지는 잃어버릴 이유가 없다. 따라서 그 민족을 모멸하고 박해하는 사람은 벌을 받아야 한다.

다른 민족인 우리들은 원래 초청받지 못한 손님이고, 나중에 그 기회를 얻게 된 자에 지나지 않는다.(마태복음 제22장 7~9절)

*그리스도의 가르침을 알게 된 개인의 영혼은, 여기서 현대의 많은 사람들에게서 분명한 모순이 생긴다.

그들도 윤리적인 세계질서를 믿게 될 것이다. 그 윤리적 필연성은 그들에게도 대체적으로 명확하기 때문이다. 그러나 그들은 그리스도의 인격과 세계질서와의 관계를 넘어설 수가 없다.

그것이 오늘날까지 '넘어지는 돌'이 되고 있는 것이다. 그것은 옛날 유태인이 인격을 갖추지 않고 오직 교의만이라면 받아들여졌을 것이라고 생각되는 것과 같은 것이다.(마태복음 제13장 54절, 요한복음 제10장 33절)

당시 그리스도가 스스로 자신의 증거를 대기 위해서 요한의 제자들에게 한 말은 오늘날까지도 그의 인격과 사업을 증명하고 있다.(마태복음 제11장 4~6절)

그 뿐만 아니라 그리스도의 본성에 관한 생각은 교회에 행복보다도 논쟁을 끌어들여, 오늘날에도 그리스도교 자체가 그것으로 다 끝나는 것이라고 생각하는 사람이 많지만, 그런 생각은 물론 중요한 것이 아니다.(그것은 그리스도 자신의 말을 인용해서 증명할 수 있다.)

그것은 물론 처음에는 모두가 똑같지는 않겠지만, 나중에는 사람들의 영혼이 그 자체의 좋은 경험에서 그리스도의 말을 믿게 된다면 저절로 해결될 문제인 것이다.(마태복음 제11장 25~28절, 제12장 32절, 제16장 17절, 누가복음 제10장 22절, 제11장 27·28절, 제12장 10절, 요한복음 제5장 24절, 제6장 29·37절, 제7장 15·16절, 제8장 47절, 제9장 25·39절, 제18장 37절)

그러나 그리스도교의 굽혀지지 않는 진리와 위대한 생명력과의 증거는 그 직접적인 적대자를 항상 정복해 온 것 뿐만이 아니다. 그것은 그리 대단한 것이 아니고 참다운 진리라면 당연한 것이다.

 그것보다는 오히려 그것이 그 금빛의 명료성과 심기를 청량한 힘으로 인간적인 설교라든가, 불필요한 설명, 불건전한 억설이라든가, 그리고 그것에서 비롯된 모든 종류의 인간 예속 등이 쌓이고 쌓여서 토해내는 짙은 안개를 헤치고, 또는 참으로 영속적인 인간 공동사회의 필요조건인 정치적 자유의 가르침으로서, 또는 그것만이 인간 존재의 모두의 문제를 실제로 해결할 수 있는 참다운 철학으로서, 또는 어떤 종류의 커다란 인생에 불행을 당해도 사람의 마음을 떠나지 않고 그것과 대항해 주는 위안으로써 항상 빛을 발할 수 있다는 것이야말로 그리스도교의 진리요, 힘의 증거이다.

> *그리스도교의 힘은 불행에 짓밟힌 영혼, 또는 일상생활의 질컥질컥한 평야에서 매일 떠들어대는 것과 물질적 고통의 무거운 짐에 짓눌린 영혼에 마치 알프스의 높은 산 공기처럼 작용한다. 인간은 한 권의 '안내서'가 아닌 복음서를 손에 들고, 그것에 눈과 마음을 열어서 스스로 그 높은 곳을 향하여 기어 올라가는 수고만 하면 되는 것이다.
>
> 그렇게 하지 않고 다른 사람의 설교만 듣는 것으로는 되지 않는다. 성서의 말씀에는 특유의 숭고하고 평화의 안온함이 담겨 있

어서 조금만 주의깊게 읽은 사람이라면 누구라도 그것을 느끼게 되겠지만, 고대 '작센'의 복음이야기인 '헬리안트'는 가장 완전하게 그 기분을 나타내고 있다.

'그때 지방의 한 목자가 사람들 앞에 앉았다. … 그는 그 자리에 잠자코 앉아서 오랫동안 그의 앞에 앉아 있는 사람들을 바라보고 있었는데, 그 마음은 인자하고 사랑이 넘치고 있었고, 그 성스러운 왕의 기질은 부드러웠다.

이윽고 하나님의 아들은 입을 떼어, 좋은 말을 함으로써 사람들에게 깊은 감명을 주었다.'

그 소식을 이스라엘 정신에서 직접, 즉 문필이 우수하고 이론을 좋아하는 그리스 민족의 손을 거치지 않고 독일 민족의 혼이 받아들였다면 아마 그것은 한층 깊이 우리들 가슴에 뿌리를 내렸을 것이다.

*이기심과 하나님에의 헌신은 인간생활에서 사라질 수 없는 두 가지 원리이다. 그러나 이기심은 종종 완전한 정신의 마비상태로 끝나는 수가 있는 매우 열성적인 교회적 신앙과 충분히 양립될 수 있는 것이다. 단순하게 기억에만 남아 있는 계율은 아무런 힘이 없어서, 단지 짊어질 수 없는 무거운 짐이라고밖에 생각되지 않지만, 그와 반대로 마음 깊이 터득된 하나님의 규율은 모든 재앙에 대한 귀중한 예방약으로써 쓸모가 있어서 차츰 가벼운 짐이 되는 것이다.

즉 여기에 '길과 진리와 생명'이 있으니, 단지 머리로 그린 환상이 아닌 역사에 뿌리를 둔 진실된 철학이 있다. 덧붙여서 말하다면 그 길은 많은 인내자와 동반자가 없는 편이 마음이 가벼울 것이다.

인간 개개인의 영혼은 대부분 지나치게 번거롭지 않은 편이 도리이 그 길을 쉽게 찾을 수 있다. 그런데 사람들은 어릴 때부터 그런 지도를 받고 오히려 그것에 혐오감을 느끼고 있는 경우가 많다.

그 길은 무엇보다도 먼저 마음의 안정이 필요하고, 안정은 다시 나아가서 그 길을 탐구할 용기와 어떤 일이 있더라도 그 생활을 무의미하게 지내버릴 수는 없다는 확신을 주게 된다.

그 다음은 그 길은 정신적 건강과 나아가서 육체적 건강을 얻을 수 있게 된다. 그 이유는 육체적 건강은 대부분 정신적 건강에 의존하는 것이기 때문이다. 그것은 오늘날의 의학이 생각하고 있는 것과는 반대되는 것이지만 인간을 건강하게 하고 또 건강을 유지한다고 하는 의학의 임무는 단순히 물질적 수단으로는 결코 충분할 수 없는 것이다.

*정신적인 건강을 유지하는 데에는 취미로 수집하는 것, 정치활동, 스포츠, 그밖에 현대의 도락 등이 있어서 인생의 참다운 임무와는 관련이 없다.

*한편 정신은 무조건 육체에 의존하는 것이 아니고, 오히려 반대

로 육체에 대단히 강한 영향을 주는 것이라고 하는 것이, 적어도 그리스도교의 영육결합인 것이다.

마가복음 제9장 23·29절, 누가복음 제62장 19절, 사도행전 제26장 6절 참조.

그러므로 옛날의 한 노래에는 이런 구절이 있다.

영혼의 즐거움보다
더 훌륭한 기쁨은 없다.
그 즐거움은 마른 뼈에서 싹을 트게 한다.
그 즐거움을 우리 주님은
언제나 우리들을 위해
더 많이 주시려고 하나니.

심한 결함을 가진 순 유물론적인 과도기시대가 끝났다면 그런 사상도 차츰 과학의 세계에서 중요시하게 될 것이다.

그 길은 또 사회를 건강하게 이끌어 간다. 그것은 어떤 목적에 의해서 행해지는 대중의 끊임없는 선동에 의해서가 아니라, 대중으로 구성하는 개개인이 건강하게 됨으로써 이룩되는 것이다.

그렇게 되어야만 비로소 전체가 진정으로 '치료'를 받게 된다. 그렇게 되지 않는다면 그것은 대부분의 경우 인간을 기만하기 위한 희망에 지나지 않는다.

*그 목적은 선동에 의해서 반드시 변질되므로 그 때문에 언제나 망해버릴 수도 있다. 누가복음 제17장 20·21절 참조.

그리고 또 그 길은 진리를 원하고 있으며, 한편으로 어떤 대가를 지불하더라도 성실하게 그것을 구하려고 하는 모든 사람들에게 내적인 만족을 통해서, 언제나 다툴 필요도 없을 만큼 분명하게 스스로를 증명한다.

*요한복음 제1장 12절, 제4장, 14절. 제6장 35·37절, 제7장 17절, 제8장 12절, 제9장 25·39절 참조.
그러나 열심히 진리를 찾으려고 노력하고 있는 것처럼 보이는 사람들이 반드시 그 모두가 그것을 오래 갖고 싶어하는 것은 아니다.
요한복음 제3장 19절, 누가복음 제16장 14·15절 참조.

오직 그러한 세계관에 의해서만, 더욱 진보한 대규모의 정의와 평화가 모두 가능하게 된다.

이 세계관이 없다면 참담한 생존 경쟁과 국가적 이기주의의 자연적 만행을 피할 수 없게 될 것이다.

그럴 경우, 언제나 오직 최강자만이 승리를 독점할 것이요, 잠시 동안이라도 강력한 지배력을 행사할 것이다. 그것은 빈자와 약자에게는 지옥인 것이다. 하지만 그렇다고 해서 반드시 강자의 천국은 아니다. 강자도 언제나 그들의 세력을 잃을까 봐 두려움 속에서 생활을 하지 않으면 안 된다. 만일 그 힘을 잃게 되면 이리의 습성을 따라서 당장 옆에 있던 자가 처치해 버리고 새로운 강자가 된다.

* 이것은 모든 나라들을 정복하는 제5세계 국가인 것이고, 거기서 사람들은 평화스러운 공동생활을 영위할 수 있다(다니엘서 제4장, 이사야서 제2장 및 제4장). 그렇지 않다면 영원의 평화는 한갓 환상에 지나지 않을 것이다.

* 최강자는 로마황제라든가 나폴레옹 1세와 같은 개인적인 폭군이거나, 또는 사회주의가 반드시 그들의 수령으로 맞이하는 폭군의 집단이거나 그다지 다를 바는 없다. 어찌 되었거나 모든 단체적인 강력지배는 반드시 개인의 독재지배로 끝나는 것이다.

그러나 사실이 그대로 되지 않았던 것은, 하나님이 그러한 세계역사의 새로운 한 페이지마다 분명히 예시해 주고 있다. 인간은 또 모든 악인이 마지막에는 그들 자신의 가슴 속에서 악의 우두머리인 '사탄'을 발견하게 되며, 그와는 대조적으로 '유순한 사람들은 땅덩이를 차지하며, 하나님의 축복을 받게 된다'는 것을 일상 생활에서 관찰할 수가 있다.

인류가 분명히 보다 좋은 것을 향해서 끊임없이 진보를 하고 있다는 것은, 하나님의 존재가 가장 확고하다는 증거인 것이다.

하나님이 없다면 인류는 조금은 선량했던 로마황제가 행한 것처럼 현명한 전제정치에 의해서 겨우 통치될 수밖에 없었겠지만, 그러나 그 때문에 반드시 점점 더 깊이 타락해 갈 것이 틀림없다.(마태복음 제5장 5절, 호세아서 제14장 9절, 시편 제37장 11절 참조).

그러므로 역사를 배우고 자유를 사랑하면서도 하나님을 믿지 않는 사람은 확실히 비논리적인 존재인 것이다.

하나님을 믿으면 인간은 비로소 인류의 진보를 굳게 믿을 수 있으며, 새 시대가 온다는 것을 기쁘게 맞이할 수 있는 것이다.

하나님에 대한 믿음이 없다면 결과적으로는 민중을 두려워하게 되고, 그 결과는 필연적으로 국가와 교회의 인위적인 권력에 굴복해서 한 평생을 마치게 될 것이다.

＊위에서 설명한 것은 오늘날 현저하게 나타난 사실이고, 전(前) 세기의 초기에 있었던 상태와 비슷한 것이다. 총명한 무신론자는 대부분 절대적인 국가권력의 신봉자인 것이다.

홉스, 헤겔, 쇼펜하우어, 괴테 등 그 실례는 많다. 오늘날 비스마르크편을 드는 사람들, 사회주의를 싫어하는 사람들까지도 대부분은 역시 마음에 무신론을 간직하고 있기 때문에 결국 그렇게 되었던 것이다.

그들이 만약 옛날의 소박한 교회시인과 같이 '악마의 나라와 그 족속들은 무엇일까? 하나님의 성령이 손을 드신다면 모든 일은 뒤집어진다'고 생각한다면 좀더 침착하게 많은 것들을 시간의 흐름에 맡길 수 있을 것이다.

시간은 모든 일들을 낳게 하지만 그 결말은 이미 예정되어 있다. 정치적 견해는 보통 믿어지고 있는 것보다는 훨씬 고차원에서 그 사람의 신앙고백이 얼마나 성실한지 그 깊이를 테스트하는 하나의 시금석인 것이다.

독재군주국 한복판에 민주공화국인 스위스가 끼어 있다는 것은, 만약 하나님이 없었다면 도저히 불가능했을 것이다. 오늘의 현실은 옛날보다도 더욱 심해지고 있다.

'아우라'에서 개최된 스위스연방회의의 개회사에 '천지를 창조하신 주님 이름에 의해서 우리들은 가호를 받고 있다'라고 말한 것은 매우 단순하고 소박한 내용이지만 깊은 진실이 포함되어 있다.

정치적인 자유가 없다면, 또 종교상의 자유도 오래 유지될 수 없고, 결국은 인간 속에 빠지게 된다.

'교회와 국가'는 해명될 수 없는 모순이 담겨 있다. 그와 반대로 교회적인 자유자치의 단체와 시민적인 그것과의 병립은 서로 가장 잘 제휴할 수 있는 유일의 적절한 제도인 것이고 확실한 그리스도교의 장래의 형식이 되리라고 믿는다.

세계는 보편적으로 모든 방면에 있어서 자유에 의해서 그 완성의 영역에 도달하지 않으면 안 된다. 모든 종류의 강제도 폭력도 그것에 가해져서는 안 된다.

숭고한 세계적 윤리질서에 대한 각 개인의, 또는 세계의 전체 민족의 자유의지에 의한 순종이야말로 세계사의 목적이고 목표인 것이다.

그러나 인류의 유일의 진실된 진보는 반드시 역사적으로, 즉 생활 그 자체에 의해서 달성되는 것이지, 결코 철학적인 단순한 사고에 의해서 이룩되는 것은 아니다.

그렇다면 독자 여러분! 위에서 설명한 것이 실현되기까지는 어찌되었든 이러한 모든 길 중에서 여러분에게 알맞은 길을 택하지 않으면 안 된다.

진리에 대한 스스로의 인식을 위해서, 스스로의 진실된 행복을 위해서, 또는 우리가 살고 있는 사회의 복지를 위해서인 것이다.

이러한 길을 사람들은 철학이라고 부르며 종교라고 일컫고 있다. 그러나 이러한 것들이 진리와 행복으로 사람들을 인도하지 않는다면 아무런 실질적인 가치는 없는 것이다.

만약 사람들이 올바른 길을 가지 못하고, 그 때문에 마음의 평화와 만족을 얻을 수 없다면, 우리들은 스스로의 운명을 핑계삼아 세상을 허무하다고 한탄하고 있어서는 안 된다. 오히려 현대의 염세주의를 철저하게 경멸하는 것이 바람직하다.

그러한 염세주의는 대부분의 경우 윤리적 결함과 도덕적 약점에서 비롯되는 것이지 결코 위대한 것이 못된다. 만약 사람들이 여기서 권한 길을 아직 충분히 믿을 수가 없다면, 그 점을 다 자신도 이해할 수 있다.

우리들은 아직 진지한 자세로 그것을 시도해 보지도 않았고, 그 귀결을 남김없이 자신을 위해 받아들이려고 결심하지도 않았기 때문이다.

이따금 시간나는 대로 철학적 명상을 한다든가, 어떤 철학적 '체계'를 신봉하거나 (이것은 오늘날 아무런 곤란한 도덕적 의무를 수반하지 않는다), 또는 충분한 건강을 유지하면서 인생을 향락한다든가, 또는 오늘날 많은 사람들이 하고 있듯이 나만 표면적으로 어떠한 모순도 없는 단순하게 어떤 교회에 소속되어 있다거나 하는 그런 일은 과연 인생의 여러 가지 큰 문제와 부딪쳐서 자기 스스로 깊이 생각한 끝에 스스로 독립의 확신을 얻는 것보다는 확실히 쉬운 것이다.

그렇지만 그 최후의 길을 끈질기게 걸어온 사람은 모두가 마침내 그들이 구하던 진실의 기쁨, 죽음과 삶에 대한 힘, 자기 자신의 완전한 조화, 다시 세계 전체에 대한 자기의 올바른 지위를 발견했다고 고백하고 있다.

하지만 우리들의 영혼도 의식적이거나 또는 무의식적으로 그것을 구하고 있으므로, 그것 없이는 이 세상의 재산이나 그 밖의 행락을 즐기는 것으로서는 우리들의 영혼은 결코 만족을 얻지 못할 것이다.

*근대 철학은 관대한 편이어서 도덕적 의무를 수반하지 않는다. 그래서 고대의 스토아주의와는 훨씬 먼 거리에 있다고 하겠다.

다만 쇼펜하우어의 짧은 논문을 읽어보면, 순진한 유물론자에 관해서는 얘기할 필요가 없다.

쇼펜하우어의 글이 독자에게 강렬한 감명을 주는 이유는—그의 글의 전체적인 흐름이, 오히려 반감을 느낄 수 있는 부인들마저도 때로는 그것을 인정하고 칭찬까지 하고 있다.—

그의 글은 허위나 겉치레에 대해서는 심한 혐오감을 토로하고 있기 때문이다.

그는 짧은 논문에는 매우 교묘하게 시대적 우상을 가차없이 과감하게 혐오감을 터뜨리고 있다. 인간의 천성 중에서 좋은 면은 진실을 강렬하게 구하고 있는 것이지, 외관이나 허위에 대한 그러한 힘찬 항의는 그 모두가 사람들의 마음에 반응을 불러 일으켜서 해방적으로 작용하는 것이다.

인간은 무엇을 자신의 인생목적으로 삼을 것인지를 선언함으로써 자신의 입을 통해서 자신에 대한 판결을 하지 않을 수 없다. 그렇게 밖에는 다른 방법이 없다. 모든 시대를 기만할 수 있는, 완전히 성공한 위선이라는 것은 이 세상에서는 절대로 성립되지 않는다.

대부분의 사람들은 오직 육체의 건강을 위해서도, 하물며 자신의 외적 내적 행복 전체를 위해서는 더욱 더, 실로 여러 가지 일을 시도하고 있지 않은가.

맨발로 걸어다닌다든지, 젖은 타올을 감고 잠을 잔다든가, 또는 먼 길을 순례하거나 기도주간을 만들어 기도를 하는 것

등, 그밖에 그와 비슷한 '종교적 고행'은 쉽게 참아내는데, 오직 그런 것쯤은 단순한 신앙의 대단치 않은 표현에 불과한 것이다.

그밖에도 그들은 어떤 일이라도 해볼 각오를 하고 있다. 이미 몇천 명의 사람들이 그들의 영혼을 구하기 위해서 실제로 어떤 어려움이나, 때로는 어리석고 시시한 일도, 그리고 헌신 및 육체의 지나친 노력이나 고문이라든가 죽음의 위험조차 감히 감수하였던 것이다.

그러나 영혼을 구하는 길은 훨씬 가까운 데에 있고 매우 간단한 것이다. 최후에 종교개혁시대의 한 학자가 그것에 관해서 한 말을 들어보기로 하자.

사실은 그 자신도 그 길을 최후까지 완전히 통과한 사람은 아니다. 즉, 중요한 것은 그 길을 안다는 것이 아니라, 그 길을 걸어야만 된다는 것의 좋은 증거가 되고 기념이 되었던 것이다.

그리스도의 입을 빌려서 다음과 같이 말하고 있다.

'무엇 때문에 인간이란 그렇게도 어리석은가,
하나님의 말씀도 믿지 않다니?
나는 나의 약속을 굳게 지키며,
그것을 이행할 힘도 지니고 있다.
그런데 어째서 어리석은 인간들이 이렇게 많을까?
언제나 나를 의심하다니?

나는 자애심을 그대에게 베풀었지. 그런데 무엇 때문에 나를 찾아오지 않는가.

나만은 모든 죄를 용서한다.

확실하고 자유로운 안식처이거늘?

그러므로 오, 인간이여! 나를 잊고,

너의 맹목이 너를 죽음으로 이끌더라도 나를 원망하지 말라, 호소하지도 말라.

너는 네 멋대로 놀아났으니.

현대인의 교양은 마음에서부터

 왕정시대 후기의 이스라엘의 예언자 한 사람이 그 나라 백성들에게 앞으로 찾아올 새로운 시대를 예언해서 다음과 같이 말한 바 있다.

 (이 글은 젊은 상인들을 위한 강연에서 정리한 것이다.)

 '주 여호와께서 가라사대 보라 날이 이를지라. 내가 기근을 땅에 보내리니 양식이 없어 주림이 아니며, 물이 없어 갈함이 아니요, 여호와의 말씀을 듣지 못한 기갈이라, 사람이 이 바다에서 저 바다까지, 북에서 동까지 비틀거리며 여호와의 말씀을 구하려고 달려 왕래하되 얻지 못하리니, 그 날에 아름다운 처녀와 젊은 남자가 다 갈하여 피곤하리라.

무릇 '사마리아'의 죄된 우상을 가리켜 맹세하여 이르기를 '단'아 네 신의 생존을 가리켜 맹세하노라 하거나 '브엘세바'의 위하는 것의 생존을 가리켜 맹세하노라 하는 사람은 넘어지고 다시 일어나지 못하리라.'(아모스 제8장 11~14절)

'난'의 신이라든가 '브엘세바'의 도(道)라든가 하는 것이 어떤 의미의 것이었는지 확실한 것은 알 수 없으나 특별히 찾아낼 필요는 없을 것이다.

오직 여호와와 대립하여 사용되고 있는 점으로 보아 이러한 것이 당시의 교양 요소였다는 것을 알 수 있으나, 그것들이 불충분한 것임이 나중에 밝혀지리라고 예언되어 있는 것이다. 사실 그것은 그리스도교 시대의 초기에 나타났던 것이었다.

우리들 자신이 시대에 일반적으로 알려져 있는 여러 가지 현상은 그 오랜 세월을 지나면서 반쯤은 잊어버려지고 있는 것이 당연한 사실인 것처럼 생각하게 된다.

한편 일반 대중 사이에는 아무런 필요가 없는 싸움이 벌어진다. 가능한 한 재빨리 교양을 터득해서 권세있는 지위로 올라가려 하는 것이다.

그들의 견해에 의하면 권세라는 것은 그렇게 손쉽게 얻을 수 있는 교양과 결부되어 있는 것처럼 되어 있으며, 그들 대부분이 이해하는 바로는 어떤 지식을 터득하는 것과 권력은 한가지라는 것이다.

그러나 본래적인 의미의 교양을 몸에 지닌 지식계급이 상부

층에서는 이와는 반대로 이러한 지식의 결과에 관하여, 지금까지 도달된 결과에 관해서도, 그리고 이로부터 앞으로 도달할 만한 결과에 대해서도 일종의 절망적인 심정이 되고 있는 것이다.

유명한 자연과학자 듀보아 레몽은 '우리들은 알지를 못한다. 우리들은 결코 아는 바 없으리.'라고 하는 널리 알려진 말로 그 절망을 이미 분명히 맹세하고 있으며, 현재 모든 과학이 점점 분화되고 특수화되고 있음에 따라서 그것은 사실로 나타나고 있다.

다시 말해서, 과학이 전문적으로 특수화하여 간다는 것을 추려 본다면, 결국 다음과 같은 의미와 다름없다.

'일반적인 과학이라는 것은 벌써 있을 수 없다. 하물며 인간 능력과 사고의 전체를 이해한다고 하는 보편적 교양 같은 것은 있을 법한 것이 아니고, 있는 것은 오직 개개의 전문적 지식에 지나지 않는다.

그럼에도 불구하고 이 전문적 지식의 배후에는 무지라고 하는 깊은 목이 크게 입을 벌리고 있어서 그것은 박식한 전문가에게 있어서도 매우 평범한 초학자의 경우와 마찬가지이다.'

이러한 악의 전조 아래서 자라고 있는 문명국의 젊은 세대들 사이에는 그 위에 육체적으로나 정신적으로나 무엇인가 지친 모습이 보인다.

그런 모양을 보고 있자면, 현대의 교육 전체가 무엇인가 길을 잘못 들어선 것은 아닌가 하는 의심까지 일어난다.

그 이유는 최근의 교육방법으로써는 한평생 공부를 계속한다고 하는 몸과 마음의 힘이나 즐거움을 생기게 하기는커녕 모든 능력을 쓸데없이 젊은 시대에 감소시켜서 완전히 못쓰게 만들며 너무나 약한 신경질적인 인간을 만들어 내기 때문이다.

이러한 인간만으로는 어디로부터든 건강한 미개인이 습격해 온다면 아무것도 남지 않으리라고 생각된다. 옛날 겉으로는 화려했으나 역시 현대와 같은 문화의 지나침에 앓고 있던 그레시아나, 로마의 세속적인 교양이 야만인에게 대항이 안 되었던 것과 같은 괴로움에 부딪치지 않는다고 생각한다.

이렇게 본다면 우리들은 곧 우리들의 문제의 깊이에 도달하게 된다. 적어도 교양이라는 것이 무엇인가 도움이 될 수 있는 것, 소망되는 것이라면 지식이거나 전문적인 박식이라는 것 이상의 것, 또는 실질적으로 이와 다른 것이 교양이라고 해석되지 않으면 안 된다.

또는 일반적인 교양의 가장 두드러진 성과는 각 개인의 인격을 내면적으로도 완전히 충실하고 만족할 수 있는 생활로 강력하게 만들어 주는 것이 아니어서는 안 된다.

이러한 책임 완수를 빼놓는다면 교양 같은 것은 개인에게 있어서나 또 나라를 위하여서나 아무런 결정적인 가치를 가지지 못하게 되는 것이다.

만약 교양이 위에서 말한 것을 실현하지 못한다면 교양이라는 것에 오랫동안 기대해 왔던 여러 가지 소원을 배반하는 것이며, 그리고 우리들 현대 유럽이 가는 곳에는 인류가 이미 몇번이고 경험해 온 것과 같은 시대가 다가올 것이다.

그것은 대단히 높은 문화를 가진 여러 민족이 야만인 때문에, 단순이 야만인의 편이 체력 및 정신적 발달과 독창성에 있어서 앞서고 있었던 때문에 정복 당하게 된 시대이며, 특히 지나치게 세련된 공화국이 하나의 강력한 의지에 의하여 취해진 그러한 공격의 중압에 저항할 수 없었던 시대이다.

따라서 '교양이란 무엇인가' 라는 문제는 이 세대의 생사 문제인 동시에 특히 우리들의 국가형태(공화정체)와 우리들의 조국(스위스)의 존폐 문제인 것이다.

1

'교양'(Bidung)이라는 말은 참으로 여러 가지 뜻을 가졌기 때문에 자주 오해되고 있으나 우선 어원적으로 문자면에서 '모양을 이룬다'는 의미로 해석할 수 있다.

본래 모양이 서지 않는 자연 그대로의 상태로부터 그 소재가 이루어질 수 있는 최상의 것으로의 발전이 완성된 상태, 또는 적어도 지장없이 자라고 있는 상태에 형성되어 어떤 형태를 이룬다는 것이다.

어떤 사람도 그 발전이 처음에 있어서는 아직 연마됨이 없는 소재일 뿐이다. 이 소재는 우선 일부는 여러 사람의 손과 지혜에 의하여 참된 인간상과 예술품으로 만들어지지 않으면 안 된다.

그런데 서투른 조각가가 자기에게 맡겨진 돌을 잘못 만들어 아무리 해도 좋은 예술품이 될 수 없을 정도로 형편없이 만들어 버렸든지 또는 지나치게 세밀하게 깎아내서 모든 외부의 영향에 대하여 필요한 견고성과 저항력이 없어져 버릴 정도로 만들어 버리는 일이 있는 것처럼, 인간을 만들어내는 기술에 있어서도 우리들은 자주 슬픈 경험을 통하여 이그러진 교양이라든가 또는 너무 지나치게 세련된 교양을 말하게 된다.

이와 같이 인간을 해치지 않고 그 사람을 위하여 도움이 되는 참교양에는 세 가지의 조건이 있는 것 같다.

첫 번째는 자연 그대로의 관능성과 이기심을 보다 높은 관심에 의하여 극복하는 것이고, 두 번째는 몸과 마음의 여러 가지 능력을 건전하게 균형있게 발달시키는 것이며, 세 번째는 정당한 철학적 종교적 인생관이이다. 이 세 가지 중의 하나가 결핍되어도 보다 좋은 완성을 이루었을지도 모르는 것 같은 무엇이 위축되고 말 것이다.

(1) 모든 참된 교양의 최후의 목적은 '각 사람이 자기 안에 짊어지고 있는 감성적 중력'과 이기심으로부터 인간을 해방시키는 것이다. 이기심은 결국 모든 생물이 가지고 있는 자기 보존욕구에 근거를 두고 있다. 그래도 생의 목적과는 대립되는 것이다.

사람들은 이 세상에 있어서의 인생의 코스는 본질적으로는 감성적인 존재로서 시작하는 것이기는 하지만 이 코스를 끝맺는 때에는 본질적으로 정신적인 존재로 되어 있어야 하며 더우기 우리들의 희망으로서는 피안의 세계에 있어서 보다 축복받는 조건 밑에 그 코스를 계속해야 하는 것이다.

따라서 인간의 자연적 소질에는 처음부터 하나의 모순 갈등이 숨겨져 있다. 그것은 주어진 그대로 있는 것(본능적 감정), 따라서 자연 본래의 모습대로 끝까지 고집하려는 요소와 자기 마음의 깊은 속에 있는 최선의 감정이 의심도 없이 요구하고 있으며, 또 반드시 요구하게 되어 있는 요소의 사이에 일어나는 갈등인 것이다.

따라서 인간은 자연에 의하여 주워진 그대로의 요소를 굳게 지니지 않으면 때로는 무엇인가 자기의 발 밑의 대지가 자기로부터 도망가버리는 것처럼 생각하게 되지만, 반대로 그 요소를 고집하고 있으면 우리들의 보다 좋은 자아는 항상 강렬하게 스스로를 비난하여 '너는 자기의 의무를 다하고 있지 않다. 너는 그런 모양으로는 네가 될 수 있는 것, 되어야 할 것이 못되는 것이다' 라고 말하는 것이다.

이것은 누구나 자각을 가지게 되면 곧 자기를 상대로 시작하는 싸움으로 이 싸움에서는 어떤 일이 있어도 승리를 거두어야만 된다.

모든 내심의 불만은 관능이나 이기심으로부터 일어나는 것으로 여러 가지 나타나는 불만의 근원까지 더듬어 보면 반드시 그 첫 번째 원인으로 이 두 가지가 발견된다.

그리고 인간의 정신적 천성이 관능적 자연에 이겨, 자유롭고 인도적이며 박애적인 마음가짐이 좁은 이기적인 마음가짐의 편을 압도하고 차지하는 승리가 이미 마음 깊숙한 곳에서 결정적으로 되어 있으며, 그러면서도 현실의 실천면에서 날로 날로 새롭게 승리를 거두어 가는 것이 아니면 참된 인간적 행복은 도저히 생각할 수 없다.

이 정도로 자기 자신에게 이겨낼 수 없다. 사람은, 또 현재 그렇게 할 수 없는 사람은 사회에 나아가서는 더욱 자기를 둘러싸고 있는 세계에 견디어 나갈 수는 없다.

그 이유는 생각이라는 것은 이기주의라고 하는 동일한 힘과 수단을 몇 배라도 구사시켜 이기주의자를 때려 부수려고 하기 때문이다.

그렇게 되면 전법으로서는 서로 살아나가려고 하는 생존경쟁 속에서 자기를 지켜가는 방법밖에는 남겨져 있지 않는 것이 되나, 거기에는 항상 상대방을 상하게 하며 넘어뜨려야 하며 자기와 마찬가지로 순 이기적인 성질의 사람들과 짝지어 이해 관계로 맺어진 도당에 가담하는 것외에는 방법이 없다.

이러한 생존 경쟁은 이제는 우리들의 인간적 품위를 완전히 허무한 것으로 만들어 우리들을 맹수와 다름이 없는 것으로 하고 있는 이상, 이에 공공연하게 반대하는 것만이 현대의 참으로 교양있는 모든 사람들의 가장 귀중한 노력이 아닌가 생각된다.

참으로 교양있는 사람들이 먼저 스스로의 실례에 의하여 보여주지 않으면 안 되는 것은 그런 생존경쟁이 필요치 않다는 것, 그리고 인생의 미궁으로부터 벗어나는 데는 그때 그때의 가장 완고한 이기주의자가 통과한 슬픈 출입구와는 다른 문이 있다는 것이다.

이기주의자는 결국 가장 잘된 경우에 있어서까지도 생존경쟁장 안에 있어서 쓸데 없이 많은 동포의 생활을 곤란하게 만들 뿐이며 모름지기 자기의 보다 좋은 자아를 잃어버리는 것이 보통이다.

생존경쟁 같은 것이 필요하지 않은 세상 일을 만들어 내는데, 우선 착수해야 할 일은 대체로 이기주의적인 인생관을 가진 사람을 이제는 참으로 교양있는 사람으로 인정하지 않는 일이다. 문명한 여러 나라에서는 오래지 않아 그렇게 될 것이다. 또 틀림이 없이 될 것이다.

한편 태도는 이기적으로 살아가며 짧은 일생 동안 최대한으로 관능을 향락하려고 하며, 다른 태도는 사람들에게 친절하게 하여 다른 사람을 위하여 마음을 쓰며 우리들이 가지는 보다 고상한 영혼의 힘을 정신적으로 높여 완성하려 하는 것이다. 이 대립이야말로 오래지 않아 전투체제를 정비하고 서로 대기할 만한 양대진영이며 우리들은 그 어느 편에 들어가지 않으면 안 될 것이다.

(2) 둘째는 이보다 높은 목적을 위하여 우리들이 가지는 능

력의 모두를 육체적으로나 정신적으로도 바르고 건전하게 뻗어 가게 하는 것이다. 이러한 보다 좋은 인생관을 가슴에 간직한 대로 우리들은 헛되이 사원이나 서재에 갇혀 있어서는 안 된다.

우리들에게 가능한 범위에서 일상생활이나 제각기의 직업 속에서 살려나가지 않으면 안 된다. 물론 이보다 좋은 인생관과 원리적으로 모순되는 것 같은 직업에서는 그 경우가 못되지만…

철학이나 종교나 과학의 병적인 지나친 방향이 이따금 참교양과 서로 용납되지 않는 것도 바로 이 점(보다 좋은 인생관과 모순됨)에 있는 것이다.

생활의 전반에 걸쳐서 그 참됨이 증명되지 않으며 따라서 실천에 옮겨질 수 없는 것 같은 철학은 아무 도움이 못된다. 또 오직 주일마다 교회에 있을 뿐으로, 시장이나 상점에서는 통용되지 않는 종교도 별로 필요가 없다. 그리고 또 어떤 점에서 지식 자체도 자기 및 다른 사람을 위한 생활을 어느 정도라도 인간에게 적합하도록 형성하여 가는 데 도움이 되지 않는다면 대단한 가치는 없다.

병적으로 과로한, 언제나 신경과민으로 흥분되어 있는 육체에는 역시 완전히 건강한 영혼은 있을 수 없으며, 영혼의 활동에도 지장을 가져오는 것이다.

육체와 정신과의 사이에 일종의 불균등이 생기기 때문에 직접으로는 육체를 해하며 간접적으로는 정신을 해함에 이르고 있는 것이다. 동시에 현대의 교육 전체가 뜻하는 바가 참다운 확신이나 참지식을 몸에 지니기는커녕 오히려 기계적으로 외우는 일에 있는 것은 우리들의 시대의 교양에서 보여지는 중요한 결점의 하나이다.

(3) 그러나 지금까지 말한 이상주의적 방향이나 참의미의 지식이나 신체가 원기발랄하여 있는 모든 것들도 하나의 초감각적인 세계가 존재한다고 하는 신념에 기초를 두지 않는 경우에는 여전히 참교양의 도움은 되지 않는다. 이러한 자기 밖에 있는 힘의 원조없이 완전히 자기 힘으로 우리들의 감성적 소질과 자연 본상대로의 이기주의를 극복하려 하여도 상대방은 너무나 강하며 이쪽의 동기는 지나치게 박약하다.

만일 이 인생이 별로 아무 사명도 없이 지나쳐 버리고 마는 단순한 동물적 생존에 지나지 않는다면 대체 무엇이 인간을 움직여서 평생 자기 자신 뿐만 아니라 자기를 둘러싸고 있는 세계를 상대로 처음에는 거의 승산이 없어 보이는 쓰라린 싸움을 하도록 하는 것일까.

때로는 동물적 생존 이상으로 나가려고 하는 고귀한 마음이 우리들에게는 자연히 갖추어져 있으나 단순히 그것만의 힘으로는 이러한 견해의 어떤 경우에도 대결할 수 있다고는 할 수 없으며 큰 시련이 계속해서 육박해 오든지 하면 자포자기에 빠지지 않는다고 하기 어렵다.

그러므로 어떤 위력이 인간존재에 잠겨들어 올 필요가 있다. 그것은 인간이 가지는 모든 자연적 힘보다 앞서는 위력이며 자기 자신에게 승리함으로 가능하게 하며 자기의 보다 좋은 자아를 배반한다고 하는 화에 비교한다면 아무것도 아닌 모든 외부적 화를 이제는 두려워하지 않도록 해주는 위력인 것이다.

이 위력은 사실 합리적으로 증명할 수는 없지만 우리들이 접촉해 보아 내 몸으로 경험할 수 있는 힘이다. 이러한 힘이 분명히 존재하는 것, 이것이 종교의 신비에 찬 진리이다. 그리고 모든 사람들이 생애에 단 한 번이라도 좋으니 이런 힘이 있는가 어떤가 하는 시험을 감행할 뜻만 있다면 이 진리의 신비도 크게 나타나게 될 것이다.

물론 어떤 사람이 그 향락욕과 이기심을 참으로 버리려 하지 않고 또는 일반적으로 보통 생활보다 앞선 보다 좋은 생활로 만사를 제하고 도달하려는 열의가 없는 경우에는 아무리 애써 본다 하여도 이 힘을 완전히 내 몸에 경험하는 일은 없게 될 것이다.

그렇게 되면 비록 어떤 종교를 겉으로만 믿어 본다 하여도 별로 도움은 없는 것이다. 그런 사람은 매일 교회를 다녀 본다고 해도 전체적으로는 본래의 자기대로 남을 뿐이다.

그러나 그런 뜻이 있으면 그 힘도 또 얻어지는 것으로 참으로 새로운 탄생이라고 말해도 좋을 정도로 새로운 사람이 되는 것은 틀림없다. 그렇게 되어서 비롯 그 사람의 모든 자연적 소질과 지식이 참으로 살아나게 되면 자기 자신과 다른 사람들의 행복을 위해서도 열매를 맺게 되는 것이다.

이것이야말로 모든 사람이 스스로 도달하기를 시도해야 할 참교양에 이르는 길이다. 이 길은 가르칠 수는 없다. 오직 보여줄 수 있을 뿐이다.

참교양의 증거는 우선 정신적 건강과 힘이 점차로 더해져 오는 것이며 다음에는 일단 높은 어떤 종류의 영리함이 나타나는 것, 그리고 최후에는 인간의 깊이가 이상스럽게 심오함을 더하는 것으로, 이것은 다른 방법으로써는 아무리 해도 얻을 수 없는 것, 또는 짐작조차 불가능해서 본래가 교양의 중심을 형성하고 있는 것이다.

그렇다고는 하지만 이러한 교양을 충분히 쌓아 올린 사람들이라도 완전히 자연적인 인간임에는 변함이 없는 것으로, 오직 다른 점은 모두 허식이나 의식을 가지지 않는 것뿐이다. 그들은 또 모든 거친 야심으로부터 해방되어 있다. 대체로 돈을 얻으려고 허덕이지는 않는다.

돈 같은 것은 인간의 행복에 있어서는 문제가 되지 않는 것으로 그런 것을 끊임없이 뒤따르고 있어서는 오직 그 영혼을 잃어버릴 뿐이다. 그는 또 모든 불건전한 염세주의나 승려적 은퇴와는 인연이 없으며, 공포나 정신과민 또는 초조감에 빠지는 일이 없이 그 인품의 가장 깊은 핵심에 있어서 명랑하고 고요하며 인생의 최고의 목적에 도달하기까지 그 정신적 건강을 유지하는 것이다. 구약성서가 대단히 훌륭하고 정당하게 말하고 있는 것과 같이 '그들의 날이 계속되는 동안 그들의 힘도 계속되는 것'이다.

이러한 교양을 생각할 수 있는 극치는 모든 선하고 고귀한 것으로 몰두하거나 귀의하는 것이며, 조금이라도 흐린 것, 흐려진 것이 있어서는 거기까지 가는 일이 없으며 또 갈 수도 없다.

그것은 머리로 생각만 한다면 알 수도 있으나, 실제로 거기까지 간 사람은 몇 사람밖에는 되지 않는 영혼의 상태로서 거기에는 감성적인 변하기 쉬운 것과의 싸움은 이미 없으며, 정신의 법칙에 대항하는 자연의 반항도 완전히 자취를 감추고 있는 것과 같은 상태이다.

이 상태야말로 말하자면 '성(聖)'인 것으로 그것이 완전히 이루어지는 데는 항상 하나님 자체에 의지하는 것외에는 방법이 없다.

그러나 우리들은 거기에 도달하려고 노력해야만 될 사명을 띠고 있다. 그리고 모든 사람들의 마음이 이 목적을 위하여 점차로 획득해 가는 것이 개별적으로 본다면 모든 참된 교육의 노력이며, 전체적으로 본다면 세계사의 발자취이고 또 목적인 것이다.

2

따라서 참다운 교양이라는 것은 잘못된 모든 교양이나 미

완성의 교양과는 비교가 안 된다. 그리고 참된 교양이 몸에 지녀져 있으면 그 인품 전체 위에 또 다른 사람과 교제하는 방법에 있어서도 그것이 전해져서 틀림없이 구별이 되는 것이다.

아무리 보잘 것 없는 살림살이를 하고 있을지라도 참된 교양을 몸에 지니고 있는 사람에게는 어딘가 위대한 점이 있어, 같은 환경의 보통 사람과는 구별되며 언제나 참된 교양은 그 진가를 발휘한다. 이러한 위대함 이외에도 참된 교양은 자기 및 다른 사람과의 기묘한 평화를 던져주는 점에서 틀림없이 구별이 된다.

이러한 평화는 어떤 다른 인생철학도 줄 수 없으며, 그 밝음이 다른 사람에게도 감염이 되어 그런 사람과 교제한 일이 있는 사람이면 누구나 곧 느낄 수 있다.

그러기에 잘못된 교양, 또는 불충분한 교양의 가장 중요한 특징을 들어주는 것도 전혀 필요없지는 않을 것이다. 특히 오늘과 같은 세대에서는 아주 쓸모없는 일은 아니다. 이러한 특징에는 자주 접촉하게 되니 기억해 둘 필요가 있다. 그것은 특히 다음과 같은 것이라 하겠다.

(1) 생활하는 양식이 대단히 사치하다는 것, 완전히 교양을 쌓은 사람이라면 겉치장을 위한 복장이나 주택, 식사, 음식물 등의 일에 커다란 가치는 두지 않는다. 따라서 사치란 자기에게는 적합하지 않으며, 다른 사람에게 대해서는 옳지 못한 것

으로 주의 깊게 피하게 될 것이다.

쓸데없이 장식에 치중하는 일, 어느 손가락에나 모두 금가락지를 껴본다거나, 필요하다면 송아지라도 매 놓을 수 있을 만한 시계줄이나, 좋다는 가구만 잔뜩 들여 놓아 사람이 들어갈 여지도 없는 것과 같은 집, 아무리 완강해도 약간 몸을 괴롭힐 정도의 요리 같은 것, 이러한 것은 모두가 우리들이 애써서 피하지 않으면 안 되는 비교양의 확실한 증거이다. 조금이라도 머리가 있는 사람이라면 누구에게나 알려지는 일이다.

그런 것을 가지고 눈이 가리어질 정도의 사람은 바보들 뿐인 것이다. 교양이 있다는 것을 보여주는 가장 확실한 외적인 특징은 의식주 등 모든 것에 관하여 그 외형과 생활방법의 전부에 있어서 무엇인가 품위가 있고, 무리가 없는 간소함이 나타나 있는 것이다.

(2) 책을 가지고 있는가 가지고 있지 않는가 하는 것도 교양이 있고 없음을 보여주는 표면적인 특징이기는 하지만 대단히 구별하기 쉬은 예시일 뿐이다.

특히 책을 살 만한 경제적 여유가 있으면서도 책을 소장하지 않은 경우도 그렇다. 빌려주는 책 가게의 더러운 책 따위를 읽고 있는 품위있는 숙녀들, 그들은 잘해야 절반쯤이나 교양이 있는 사람으로 평가해도 잘못은 아니다.

뿐만 아니라, 예쁜 수를 놓은 커버 같은 것을 그 위에 씌웠다고 하더라도 그렇게 함으로써 사정이 조금이라도 좋아질 리는 없으며 그 여자가 스스로 잘못되어 있음을 느끼고 있다는 증거에 지나지 않는다.

겨우 한 타스 정도의 책이 읽혀지지도 않은 채로 깨끗한 책상 위에 얹혀져 있는 것 같은 사치한 주택들은 거기에 살고 있는 사람 전부를 교양이 없는 것으로 보아도 잘못이 아니다. 게다가 그것이 보통 자주 볼 수 있는 소설뿐이라는 경우에는 특히 그렇다.

책을 잘 읽는다는 것은 오늘에 있어서는 일반적인 교양에 불가피한 내용이다. 완전히 교양을 쌓은 사람에게는 본래 다음과 같은 것을 요구해도 잘못이 아니다.

즉, 상당한 세월이 지나는 동안에는 책 중에는 좋은 것은 남김없이 스스로 독파하고 겸해서 인간 지식의 모든 방면에 걸쳐 적어도 어떠한 일반적인 정당한 개념을 얻어서 일단 인간세상의 일이라면 어떤 일에 관해서든지 완전히 인연이 없는 것은 어느 하나도 없도록 되어 있다는 것이다.

그러나 '장사'를 해나가면서 어디 그런 시간이 있을 수 있는가 하고 묻는다면 대답은 이렇다.

불필요한 것은 그만 두라. 음식점이나 클럽이나 사교적 오락, 읽어도 쓸데 없는 대부분의 신문, 좋은 것을 배울 수 없는 극장, 너무나 잦은 음악회, 오후 시간을 모조리 허비하게 되는 스케이트 놀이, 그밖의 무엇이든지 각자가 제각기 자기만의 심심풀이 대상을 간단히 꺼낼 수 있는 것은 그만 두는 것이다.

교양도 힘껏 쌓고, 그러면서 동시에 모든 종류의 오락도 다른 사람들과 같이 즐기려고 함에는 이르지 못하기 때문이다.

그러나 할 수 없는 경우에는 장사까지 삼가해도 괜찮다. 그렇다고 손해가 되는 것은 아니다. 교양있는 장사꾼과 단순히 재간만을 가지고 호통치는 사람 사이에는 성공을 거두는 점에서도 얼마의 차이가 있으리라는 것은 그다지 오래지 않아 깨닫게 될 것이다.

(3) 마찬가지로 또 교양에 결함이 있는 경우의 징조는 그 인품이 조잡하여 삼가는 일이 없는 것이다. 공공의 회관이나 기차라든지 음식점 같은 데서 큰 소리로 지껄여대든가, 방약무인적으로 처신한다든가, 많은 사람이 모이는 장소에서 실례되는 태도를 취하든가 하는 일에서 나타난다.

현대는 이러한 점에서는 지나간 옛시대보다도 교양에 있어서 뒤떨어져 있기까지 하다.

과장해서 하는 말이나 호언장담하는 것처럼 들리는 여러 가지 일들, 일반적으로 꾸며대거나 수다를 떠는 것도 마찬가지이다.

예를 들면 자기가 하고 있는 장사가 중요하다고 크게 과장해서 떠들어댄다거나 또는 신문에 지나친 광고를 내든지 하는 상인, 비단옷을 입고 있지만 속옷이 불결한 숙녀들은 확실히 충분한 교양이 있다고 할 수는 없다.

(4) 뿐만 아니라 교양을 위해서는 일을 하는 것이 절대로 필요하다. 근로는 교양에 도달하기 위해서는 절대 필요한 수단일 뿐만 아니라 일하지 않는 것, 즉 한가로이 아무것도 하지 않고 놀고 있는 것은 교양과는 완전히 용납되지 않는 저속한 근성이 나타나는 것이다.

그런 사람은 무엇인가 별로 품위가 좋지 않은 다른 것에서 즐거움을 발견하든지 또는 일을 하지 않아도 된다고 하는데 어리석은 우월감을 가지든지 할 것이다.

결국 이런 사람은 자기 옆에서 다른 사람이 쓰러져도 아무렇지 않은, 그러한 성격이 거칠고, 동정심 따위는 희박한 부류들이다. 자기가 일을 한다면 다른 사람에게도 구원의 손을 내밀게 될지도 모른다는 사실을 알지 못하기 때문이다.

(5) 일에 지나치게 덤비는 것도 일을 전혀 하지 않는 것과 마찬가지로 교양이 없다는 증거이며, 그 손해 역시 일하지 않는 것에 뒤지지 않는다. 자기가 기꺼이 즐겨 일하고 있는 한, 이것은 대부분 명예심이나 탐욕 때문이며, 이 두 가지는 참교양의 두 개의 큰 원수라고도 할 수 있다.

참교양이란 무엇인가. 다른 것에 최고의 가치를 두고 있는 것을 항상 증명하는 것이다. 또는 그것은 단순한 나쁜 습관이거나 모방이며, 또는 마음의 안정을 잃고 있는 증거이다. 정신의 안정과 침착은 교양의 결과이기 때문이다.

강요도 받지 않으면서도 일요일과 평일의 구별도 없이 계속해서 일하는 사람이 있다면 매일 아무것도 하지 않는 사람과 마찬가지로 교양이 없는 사람으로 보아도 좋은 것이다.

(6) 대부분 금전상의 문제에서 절대로 신용할 수 있는 것, 또 돈에 대한 태도가 적절하다는 것은 교양의 필수 조건이다. 돈을 낭비한다든지 또는 잘난 듯이 경멸하는 것은 언제나 교양이 없다는 표시이고, 가난에 시달리고 있는 동포에 대하여서도 옳지 않은 처사가 된다.

그러나 이것도 대부분 꾸민 것에 지나지 않는다. 이러한 낭비나 경멸만이 아니고 도를 넘긴 절약이나 또는 비록 소액이라 하더라도 금전면에서 부정직한 것은 마찬가지로 교양이 있는 사람에게는 허락되기 어려운 일이다.

이러한 점에 관하여 성서에 '그대들이 이렇게 작은 일에도 성실하지 않는데, 누가 그대들에게 참된 것을 말하겠는가' 라고 씌어져 있는 것은 참으로 정당하다.

돈을 인생의 목적으로 보는 일 없이 그런 점에서는 깨끗이 아주 경시하면서도 보다 높은 목적에 이르는 수단으로써는 정당하게 평가하며 매우 세심한 정직성을 가지고 돈을 완전히 정당하게 사용하는 것은 모름지기 충분히 교양을 쌓은 사람임을 보여주는 가장 확실한 증거의 하나이다.

그것은 마치 이득을 추구하고 재물을 존경하는 것이 가장 확실하게 그 사람에게 교양이 없다는 것을 폭로하는 것과 마찬가지이다.

(7) 먼저 내용과 같이 교양에 결함이 있는 것을 충분히 보여주는 징조는, 자기보다도 신분이 낮은 사람들, 또는 가난한 사람들과 사귀는 경우에 교만한 것으로써 이런 사람은 보통 자기보다 눈위의 사람, 또는 부자를 대하게 되면 손바닥을 뒤집듯이 비굴하게 된다.

이것이야말로 교양이 없는 경우에서 갑작스럽게 부자가 된 사람의 본래의 모습이다. 그것도 손아래 사람, 자기에게 의존하며 종속되어 있는 것 같은 사람, 또는 눌림을 받고 있는 사람과 깊이 사귀면 사귈수록 결례가 될 정도로 태도를 바꿀 것이다. 완전히 세련된 교양을 가진 사람은 언제나 공손하고 친절하다.

다른 사람의 재산에 머리를 숙이는 것은 앞에서도 말한 것처럼 완전히 자기에게 교양이 없는 것을 보여주는 가장 분명한 표시이다.

(8) 교양이 없음을 나타내는 세세한 표시라면 아직도 얼마든지 더 쓸 것이 있지만, 그것은 약간 단순하고 악한 습관이라든지, 또는 어느 정도 교육에 결함이 있기 때문일지도 모르므로 반드시 그것만으로 일반적으로 교양이 없다고 단정지을 수는 없다.

따라서 여기에 포함시켜도 괜찮은 것은 다음과 같은 것들이다. 자신에 관계된 일을 지나치게 지껄이는 것, 다른 사람의 일신상의 내용을 말하는 것(일반적으로 비밀로 하는 얘기), 대체적으로 말이 많은 것, 성급하여 안정성이 없는 것, 화를 잘 내는 태도, 필요도 없는 일 또는 이미 지난 일인데도 여러 가지 변명을 하는 것, 이렇게 말하면 상대방이 반대의 사실을 말할 것이라는 생각에서 자기를 책망해 보거나 낮추거나 하는 일, 지나칠 정도로 열심히 남의 일을 돕는 사람이나 부족하고 어리석게 공손한 것처럼 보이는 것 등을 들 수 있다.

조그마한 빈 틈도 없을 만큼 세련된 귀족적인 모습, 그러한 것은 특히 영국사람들이 좋아하지만 널리 알려져 있는 대로 거기에는 대단한 근엄성이 필요하다.

그러나 그것도 어차피 냉담하다든가 존엄성이 떨어지지 않는다고 할 수 없으며, 그렇게 된다면 역시 결함이 된다. 모든 선한 것에 대하여서는 교양있는 인사는 언제나 열성과 감격을 잃어버리지 않는 것이며, 그러한 것이 발견되지 않으면 아무리 형식면에서 세련되어 있다고 하더라도 참된 교양을 결하고 있는 것이다.

그러나 열성과 감격도 그것이 진실일 경우, 또는 그것이 고귀한 생활수단에 있어서의 초심자의 특유한 열의에 지나지 않을 경우는 밖으로 나타난다고 하더라도 지나치게 내보여서는 안 되며 대수롭게 꾸며지지 않는 것도 또한 확실하다.

또 일반적으로 어떠한 덕이라도 그것이 지나치게 대단하게 된다면 역시 어딘가 진짜가 아니라는 의심이 나는 것이며, 또는 적어도 아직은 출발 단계에 머물고 있는 것이다.

그러므로 교양이란 것은 본질적으로 우리들 속에 있는 힘을 저당한 것, 참된 것을 향해서 서서히 이끌어 나가는 것이다. 그 목적하는 바는 우리들이 가지고 탄생한 일반적인 동물적 감성의 쇠사슬에서 자기의 고유한 정신적 본성을 높이 해방시키며 마음과 몸을 완전히 건강하게 보존해서 이 정신적인 본성을 보다 높은 생의 수준으로 교육시켜 가는 데 있다.

그러한 일을 하지 않는다면 교양의 가치 같은 것은 대수롭지 못한 것이 된다. 우선 그런 의무를 등지고 있는 소위 교양 계급에 있어서는 교양은 무엇보다도 최초로 그 임무를 항상 실천하는 바가 없으면 안 된다.

그러나 입을 열었다 하면 작정이나 한 것처럼 '하류 계급의 향상'이라는 것을 말하는 것으로는 불충분하다. 오늘에 이르러서는 참된 교양의 개별적인 요소로서는 오히려 때때로 하류 계급편이 상류 계급보다도 앞서 있기 때문이다.

오히려 현대에 있어서 필요한 것은 상류 계급에 다시 활력을 주입해서 이를 고귀하게 만들어 주는 일이다. 그들은 향락욕과 유물론적 인생관에 빠져 있어서 인생의 보다 높은 목적으로부터는 어긋나고 있는 일이 많기 때문이다.

3

그리고 그러한 방법으로 참된 교양에 도달하려고 결심한다면 결국 자기 자신에 대해서도 인내심을 가질 필요가 있다.

그것은 하루나 한 번쯤의 결심만으로 끝날 문제가 아니기 때문이다.

물론 한 번은 확고한 책임이 있는 결심을 굳게 할 필요가 있기는 하지만 이것이 개별적인 점에서 길이 어긋났을 경우엔 그때마다 언제나 그러한 결심으로 다시 돌아와 보기 위한 것이다.

대부분 참된 덕이 모두가 그런 것처럼 참된 교양도 자라는 것이다. 그것은 그 강함에 있어서 또 식견이라는 점에서 점차 높아져 가는 것이지만, 요즘과 같이 갑자기 강요되는 것은 아니며 한 번 시작하면 평생동안 계속해갈 필요가 있는 것이다.

그러나 교양이야말로 결코 정지가 없는 유일한 올바른 인생의 목적이고, 또 그것만은 완전히 기대되는 생의 결과이기도 하다.

교양을 몸에 지니는 데는 여러 가지 단서로부터 손을 댈 수가 있다.

예를 든다면 순수하게 실천적이라면 좋은 습관에 의해서, 철학적이라면 인생에 대처할 때의 참된 것과 참되지 않은 것을 생각한 끝에 구별함에 의하여, 또는 종교적으로는 단적으로 무한자(無限者)를 탐구하며 그로부터 나오는 힘을 구하는 일에 의해서이다.

가장 쉬운 방법은 의심할 필요도 없이 종교적인 태도인 것이고, 다른 길을 통한다고 하더라도 결국은 거기에 인도되는 것이다. 그 이유는 참된 교양의 비결, 즉 그 단서이기도 하며,

본래의 열쇠도 되는 것은 이기주의를 극복하며 특히 향락욕에서 승리하는 데 있기 때문이다.

이따금 대단한 지식도 없고, 소위 상류사회에도 거의 출입한 적이 없는 매우 소박한 사람이 신분이 좋은 또는 해박한 신사보다도 교양이 풍부한 사람이 있는 것도 여기서 비롯되는 것이다.

요컨대 교양의 본질적인 점을 신사 여러분보다 앞서게 가지며 교양에 도달하는 가장 쉬운 길을 찾았던 결과이다.

언제나 자기 자신에만 집착한다든지 자기만의 일을 생각하는 것이 없어진 뒤에 비로소 인간은 정신의 자유를 얻게 되며, 자기의 정신적인 능력 속에 있는 여러 가지 힘을 충분히 사용할 수 있도록 되어 있는 것이다.

그렇게 되므로써 비로소 정신을, 말하자면 자기에게 적합하지 않은 일로부터 해방되며, 그렇지 않았더라면 근심이나 향락 때문에 영원히 숨겨진 그대로 끝날 것 같은 사실들을 이해하며 그것을 고요히 자기의 내심에서 조절해 가는 것이 가능하게 된다.

물론 몸과 마음이 한창 발육기에 있는 젊은 사람에게는 그런 일은 곤란하다. 젊은 사람으로서 엄청나게 속히 그런 데까지 도달할 정도로 자기를 완성시킨 듯한 사람은 그다지 오래 살지를 못한다.

너무 빨리 인생의 목표에 도달해 버렸기 때문이다. 인간은 동물이나 식물과 마찬가지로 열매를 맺는 데까지는 우선 자연물로서 충분히 자라서 강하게 되는 이기적인 본능의 한 시기를 필요로 한다.

그러나 인간의 경우에는 틀림없이 또 당연한 일로서 다음과 같은 시기가 이에 계속해서 따라오게 된다.

즉, 자기 자신에게 온전히 또는 주로 붙잡혀 있는 것이 벌써 인간의 본성에 적합한 사연스러운 일은 아니며, 오히려 자기 자신으로부터 해방되어 어떠한 이념을 위하여 살려고 하는 본능이 나타나는 시기인 것이다.

그것은 고귀한 천성의 소유자에게 있어서는 반드시 그런 것이고, 모름지기 인간다운 생활에 있어서라면 언제나 그렇다고까지 말해도 큰 잘못은 아닐 것이다.

이것은 인생의 가장 결정적인 순간이다. 그것은 어떠한 사람에게 있어서는 낡은 자기가 횡사나 뜻하지 않은 죽음을 하고 별개의 인생으로 새롭게 탄생된 것 같은 일에 비교할 수 있을 것이다.

또 다른 사람들에게 있어서는 오히려 지금까지의 천성이 서서히 고요하게 잠들고 새로운 천성이 눈을 떠서 천천히 행태를 정돈해 가는 것과도 비슷한 것이다.

어쨌든 그런 변화가 한번 찾아 오게 되면, 인생의 모든 현실적 문제는 다른 조명 속에 명료한 해결책을 가지고 나타나게 된다.

그러나 이 변화는 철저하게 동물적이라고도 말할 수 없는 사람의 경우에, 그것도 결국은 마침내 나타나지 않고 마는 것

같은 경우도 있다. 그렇게 되면 그런 변화를 구한다는 것은 영원히 고쳐지지 못하는 갈망과 동시에 죄의식이 남게 된다.

그러한 죄의식은 '너는 좀더 좋은 것으로 될 수 있었을 것이며, 또 그렇게 되었어야 했을 것인데'라고 분명히 말하는 것이다. 그것은 벌써 어떠한 외면적인 성공에 의해서도 침묵시킬 수 없는 의식이다.

4

이렇게 되어서 사람들이 제출할 것이라고 생각되는 마지막 문제도 해결하게 된다. 즉, '그 대신에 우리 인간에게는 무엇이 주어지는가? 대부분 우리는 참교양으로부터 어떠한 이득을 얻을 수 있는가' 하는 질문이다.

이에 대해서 대답할 수 있는 것은 인간이 성취하는 모든 위대한 정신적인 진보는, 첫째로 신앙에 근거를 두는 것이라는 점이다. 사람은 자기가 알고 있는 무엇을 버리지 않으면 안 된다.

그리고 어떤 것을 구하지 않으면 안 된다. 그것으로 가는 데는 오직 예감의 인도가 있을 뿐이고, 현재는 그 기관이 결핍되어 있기 때문에 아직 완전히 이해할 수가 없는 내용의 것이다.

그러나 그럼에도 불구하고 구하려는 용기만 있다면 반드시 거기에 도달하게 된다. 그리고 그 목표에 도달한 사람들 중에 단 한 사람도 그 대가가 지나치게 높았다고 생각한 사람들은 없었으며, 그 노고가 지나치게 괴롭다고 생각한 사람도 없었던 것이다.

이 세상에서의 덕의 보답이란 덕이 확고하게 엄존해 있어서 속세의 어떠한 위력에 의해서도 극복하는 일이 없이 오히려 인생을 완전히 충실하게 하며, 만족시킬 수 있는 유일한 현실적인 위력이고 힘이라는 것이다.

테니슨이 이것을 다음 시에서 훌륭하게 노래로 다루고 있다.

용사의 영광, 웅변가의 영광, 노래하는 사람의 영광.

---

*테니슨 Alfred Tennyson : 1809~1892. 영국 시인. 링컨셔 서머즈비 출생. 어린 시절부터 글쓰기를 좋아하여 1827년 형 찰스와 함께 첫 시집 『형제의 시집』을 내놓았다. 케임브리지대학에 들어가 『팀벅투(Timbuctoo)』로 총장상을 받았고, '12사도'라는 문학그룹을 결성, 『서정시집』을 내놓아 비평가 L. 헌트의 인정을 받았다. 33년 친구 A.H. 할램이 죽자 철학적 사색에 빠져 대작 『인 메모리엄』을 구상하기 시작하였다. 42년에는 『시집』을 발표했는데, 그리스신화·아서왕 전설 등을 소재로 한 「아서왕의 죽음」, 「율리시스」, 「두 목소리」, 「고다이바」 등과 영국의 전원생활을 다룬 「정원사의 딸」, 「도라」 등으로 시인으로서 확고한 이름을 얻었다. 47년 여성교육 문제를 제기한 『공주』를 내놓았고, 50년 에밀리 셀우드와 결혼한 뒤 죽은 친구를 추모하기 위해 준비해 오던 『인 메모리엄』을 발표하였다. 이 시는 죽음이 가져다 준 슬픔을 신앙의 차원으로 끌어올려 마음의 평화를 추구한 철학시이며, 이것으로 계관시인이 되었다. 아서왕전설을 통해 신앙과 회의 사이의 갈등 속에서도 죽음과 영혼불멸의 의미를 끝까지 추구한 장편시 『국왕목가』로 명성을 한층 높였다. 83년 빅토리아여왕으로부터 남작 작위를 받으며 국보 시인의 자리에 올랐다. G.G. 바이런·P.B. 셸리 등이 보여준 열정적인 감성이 없고 도피적 감상과 지나친 음악적 운율미만을 선보였다고 비판받기도 하지만 엄격한 중용의 도덕을 견지하고 인도주의의 이상을 동경한 점에서 빅토리아왕조를 대표하는 국민시인으로 추앙받았다. 그 밖의 시집으로 담시(譚詩) 『이녹 아든』, 『민요시집』, 『티레시아스』, 『티메테르』, 『오이노네의 죽음』 등과 극시 『메리여왕』, 『베케트』 등이 있다.

그것은 날아 흩어져 끝이 없는 바다 위에 사라져 없어지는 것 같은 소리로 보답될 뿐이다.

그러나, 악과 싸우고 대결하며 악을 바르게 하는 영광은 어떤 것인가. 아니, 덕은 영광 같은 것을 뜻함이 아니다. 영광을 구하고 있는 것이 아니다. 덕에게는 용감하게 전진하여 언제든지 존재한다고 하는 영광을 주어야만 한다.

죄의 값은 죽음이다. 덕의 갚음이 티끌이라 하더라도.

구더기나 파리의 생명을 존속시키는 용기가 덕에 있을 것인가?

덕은 극락섬을 원하지 않는다. 의로운 사람의 고요한 자리도 구하지 않는다. 황금의 숲에 머물거나 여름 하늘 아래 햇빛 쪼이기를 바라지 않는다.

덕에게는 용감하게 전진하여 결코 죽지 않는다는 영광을 주어야만 된다.

―테니슨의 보응(報應)에서

그러므로 우리 시대의 특출한 사람들의 판단대로 따른다고 하더라도 참된 교양을 구하려고 노력하는 것은 그 노고의 값에 있는 것이고, 모름지기 그것을 참으로 원하는 사람은 빈부나 학식의 유무를 물을 것 없이 한 사람도 빠짐없이 모두가 그런 보화에 도달하는 것이다.

참으로 그리스도가 그 시대의 사람들에게 말한 것은 우리들의 시대에도 매우 적절하게 맞는 것이다. 소박한 마음의 소유자와 절약생활을 하고 있는 사람들이 보다 참된 교양에는 내면적으로 오히려 가까운 관계에 있으며, 교양에 이르는 길에 있어서도 어진 사람이나 영리한 사람이나 특히 부자가 부딪치는 것 같은 큰 장애물에는 접하지 않는다는 것이다.

왜냐하면 부자는 교양과는 일치하지 않는 참으로 무수히 많은 편견과 외부 물질에의 애착심을 먼저 충분히 버릴 필요가 있기 때문이다.

따라서 교양에 이르는 것은 사람에 따라 쉽고 어려움은 있으나, 그러나 누구에게나 결코 불가능한 일은 아니다.

오직 그 마음이 물질적인 재물에만 얽매여 있어서 단순히 표면만의 문화적 교양으로 만족하고 있는 사람은 제외되는 것이다. 왜냐하면 외면적 문화는 아무리 외형만 꾸며본다고 하더라도, 또 교양인 것처럼 통과시켜 보려고 해도 본질이 동반되지 않는 외형과 형태에 지나지 않기 때문이다.

그런 일은 이미 태고시대의 중국 철인들이 훌륭하게 말해 버린 바이지만 여기에 약간 소박한 번역시를 소개해 보겠다.

가장 훌륭한 사람은 조금만 배워도 현명해진다.

제2류의 사람은 현명해지기는 하지만 하나 배우는데 긴 시일을 필요로 한다. 제3류의 사람들은 아무리 오랜 시일이 경과해도 어리석을 뿐 배운다는 것은 말뿐이다.

우리들이 위의 처음자리에 도달한는가 어떤가는 거의 운명에 의해서 미리 작정되어진 것으로써 각자의 의지에는 대체적으로 관계가 없다. 또 다행스럽게도 이 일은 대단한 문제도 아니다.

그것은 위대한 예외이며 인류의 도덕적인 천재의 이야기인 것이다. 그러나 우리들 모두는 제2류의 사람이 되는 사명을 띠고 있는 것으로, 한 번 그 길이 보여지게 되면 열심히 구하게 된다. 모름지기 인생에서 부딪치는 가장 슬픈 사실은 제3류의 인간에 머물러 그 생활이 결국 자신에게 있어서도 다른 사람에게 있어서도 아무런 참된 가치를 가지지 못하는 경우이다.

'지혜를 얻은 자와 명철을 얻은 사람은 복이 있나니, 이는 지혜를 얻은 것이 은을 얻는 것보다 낫고, 그 이익이 정금보다 나음이니라.

지혜는 진주보다 귀하니 그대의 사모하는 모든 것으로 이에 비교할 수 없도다.

그 오른쪽 손에는 장수가 있고, 그 왼쪽 손에는 부귀가 있나니,

그 길은 즐거운 길이요, 그 첩경은 다 평강이니라'

(구약성서 솔로몬 잠언 제3장 13~17절)

카알 힐티의 작품 세계

 카알 힐티는 1833년 2월 28일, 스위스의 상크트 가랜주의 붓구스시의 근교인 벨덴베르그에서 태어났다.

 아버지 요한 울리히 힐티(1793~1858)는 덕망 높은 의사로 유명했다. 어머니 엘리자베트 기리아스는 육군장교의 집안에서 태어난 교양있고 감성이 풍부한 부인이어서 힐티의 재능은 어머니쪽의 유전과 감화에 의한 것이라고 전해지고 있다. 또 한집에서 살고 있던 외할머니도 인생 경험이 풍부한 훌륭한 인격을 갖춘 부인이어서 그녀의 인품도 크게 영향이 있었을 것이라고 전해진다.

 힐티는 6세에 초등학교에 입학했으며, 거기서 친구들을 통해서 '조잡한 세상'을 접하게 되었다. 한편 그는 겸손하고 근면한 가난한 사람들의 생활을 알게 되어 그가 평생 잊지 않았던 민주주의 신념과 약한 사람들에 대한 동정심과 이해심을 길렀다.

그는 1844년 가을, 11세에 주립 김나지움에 들어가서 종교교육을 받았다. 그러나 형식적인 종교교육을 달갑게 생각하지 않고 고전학을 배움과 동시에 영국과 프랑스문학을 배웠다.

그가 다닌 학교는 수업 방식이 엄격해서 밤 12시가 지날 때까지 공부하는 때가 많았다. 그럼에도 불구하고 그는 건강을 해치지 않았는데, 그것은 그의 명석한 두뇌와 강인한 육체, 산 속 마을의 기후, 고전학이나 독일문학의 위대하고 강건한 사상을 정신적으로 육성한 덕택이라고 스스로 말하고 있다.

18세 때 학교를 졸업했고, 다시 독일의 괴팅겐대학에 들어가서 법률학을 전공하면서, 한편으로는 철학과 역사를 배웠다. 그 기간에는 다른 학생과 어울려서 술도 마시며 격투장에도 출입을 했고, 또 독일 국내 여러 곳을 도보여행을 하면서 심신을 단련했다.

이듬해 하이델베르그대학으로 전학한 후로는 법률학에만 전념하는 한편 많은 독서를 했다. 1854년 4월, 22세에 졸업하면서 닥터 칭호를 받게 되었고, 다시 런던과 파리에 유학해서 자유롭게 강의를 듣는 한편, 도서관을 찾아 법률학 공부를 게을리하지 않았다.

 그 이듬해 쿠울시에 되돌아와서 변호사 개업을 했으며, 그로부터 18년 동안 변호사로서 열성을 다하여, 가장 유능하고 정의감 넘치는 변호사로써 널리 존경을 받았고, 신뢰할 수 있는 인물로 평가되었다.

 특히 그는 자신의 직업이 사회적으로 어떠한 의의가 있음을 높이 평가했고, 그것에 부응할 만한 도덕적인 정신과 교양을 갖추기 위해서 바쁜 스케줄에도 불구하고 사색과 독서를 게을리하지 않았다.

 그의 사상은 가엾은 사람들이나 공공단체를 위해서는 무보수로 또는 적은 보수로 일을 돌보아 주었고, 도덕에 어긋나는 사건은 맡지 않았다.

 힐티는 1857년 요한나 켈트너와 결혼했다. 그녀는 독일 명문가 출신이고, 아버지는 본대학의 국법학자 구스타프 켈트너였으며, 그녀의 외할아버지는 유명한 프러시아의 법률가이며 궁정고문관인 지몬이었다.

 그녀는 재덕을 겸비한 훌륭한 여성이어서 언제나 그의 서기로서 아름답고 명료한 글씨로 서류들을 정서했다. 40년 동안 매우 행복한 결혼생활을 했고, 그녀는 남편인 힐티보다 12년 앞서서 1879년 세상을 떠났다.

 힐티가 얼마나 아내를 사랑했고 존경했는가는 '만약 저 세상이 있다면 무조건 재회하고 싶은 사람은 나의 아내뿐이다'라고 말한 것으로도 짐작할 수 있다.

또 그는 여성해방이 가능함을 믿고 여성참정운동에 동조해서 그 일에 협력하게 된 것은 그녀를 사랑했기 때문이라고 고백하기도 했다.

힐티는 국가의 관례에 따라 일찍부터 군적에 들어가서 법무관의 일도 맡아 나중에는 스위스의 육군재판장이 되었고, 육군사법계의 지도자로서 충실하게 임무를 다했기 때문에 동료 재판관들의 존경심을 한 몸에 받았다.

그는 바쁜 생활을 하면서도 학문 연구를 게을리하지 않았고 1868년에는 「민주정치의 이론가와 이상가」라는 논문을 발표해서 그것이 학계의 인정을 받아, 1873년 수도인 베룬대학의 평교수로 초빙되었다. 그의 이 새로운 지위는 그를 매우 기쁘게 한 것 같다.

처음에는 스위스의 국법을 가르쳤지만 그 다음에는 일반 국법학 및 국제법의 강의도 맡았다. 그는 대학교수의 직을 학문 연구 뿐만 아니라 학생들의 인격 육성에도 기여하는 것이라고 생각했다.

그는 실제로 법률학을 강의하면서도 그동안의 실무적 경험에서 얻은 풍부한 인간지식과 넓고 깊은 독서에서 터득한 뛰어난 견식과 굳은 신념을 학생들의 마음에 불어넣어 주었다. 그는 훌륭한 웅변가였고, 때로는 문학서적에서의 지식을 인용해서 강의했기 때문에 학생들의 절대적인 존경을 받아, 그의 강의실은 언제나 초만원이었다.

1890년 힐티는 고향인 벨덴베르그에서 대의원으로 선출되었는데 그후 그가 죽을 때까지 약 20년 동안 대의원을 지냈다. 그는 자유주의, 민주주의의 입장을 취했지만 때로는 당의 슬로건을 초월해서 자유로운 발언도 했다.

특히 풍부한 역사지식과 뛰어난 정치적인 견식 때문에, 상대당은 물론 동지들의 존경을 받았다. 그가 발언할 때는 전체 의원들이 조용히 열의있게 경청하기도 했다.

1899년 그는 국제법의 대가로서 헤이그의 국제재판소이 초대 스위스위원에 임명되었다. 그러나 그 법정에서는 그다지 좋은 업적을 남기지 못했다. 그는 죽기 얼마 전에 평화회의에 대해서 이런 말을 한 적이 있다.

'이 회의는 너무나 대규모이기 때문에 도리어 활동하기가 어렵다. 영국과 독일의 경제경쟁, 일본이나 미국의 야심이라든가 세력다툼과 같은 것은 어떤 평화회의로서도 제거하기가 어렵다. 평화는 먼저 평화를 사랑하고 또 평화로울 수 있는 각 개인 간에서 성립된 다음 차츰 국민으로 넓혀지는 것이 아니면 달성할 수 없는 것이다.

1909년 9월 말에 힐티는 휴가를 얻어 주네브 호반의 호텔에서 쉬게 되었다. 조용히 독서도 하고 집필을 하면서 한가한 나날을 즐겼다. 10월 12일 평소와 다름없이 아침공부를 마치고 오후에는 산책을 했는데 돌아와서 약간 기분이 나쁘다고 말하고는 소파에 기대 누웠다. 그리고 그 자세로 절명한 것이다. 의사의 진단은 심장마비라는 것이니, 그의 책상 위에는 성서와 그의 최후의 논문 「영원한 평화」가 놓여 있었다. 향년

77세였다.

힐티는 작가이기도 했지만 정치가였고, 육군법무관이고 또 역사가이기도 했다. 노년에 이르기까지 언제나 원기왕성했고, 공부에 열중했으며 생활은 매우 엄정했고, 많은 저서를 남겼으며, 각종 공공사업에도 열성적이었다.

그는 그리스도 로마의 고전을 즐겨 읽었으며, 특히 에픽테투스와 마르쿠스 아우렐리우스를 애독했다. 그러나 그가 가장 열심히 정독하고 강한 감화를 받은 것은 역시『성서』였고, 그 다음이 단테, 타우러, 스파존 등이었다.

프랑스어로는 주로 백과전서학파의 철학서적을 탐독했고, 영어로는 칼라일, 테니슨을 애독했다.

살아 있는 사람보다도 오히려 고인과 정신적으로 교제했고, 현존 인물보다는 수백 년 전에 살았던 사람들을 훨씬 잘 이해한다. '내가 가장 잘 이해할 수 있었던 것은 그리스도, 요한, 단테, 토머스, 아켄피스, 타우러, 크롬웰이었으며 최근의 사람으로서는 칼라일, 부름할트, 부우스부인, 톨스토이'라고 말했다. 그의 여러 방면에 걸쳐 원기왕성하게 활동할 수 있었던 원천의 하나는 이러한 다방면에 걸친 독서였다.

그는 또 대단한 저작가였다. 1868년 정치학의 논문을 발표하고 나서 죽기 직전까지 40여년 동안 법률학, 정치, 역사, 사회 문제, 종교 윤리학 등의 분야에 걸쳐서 수많은 논문과 저서를 펴내었다. 그 중에서도 정치적으로 가장 중요한 저서는 스위스『연방정치연감』인데 1886년 이후 매년 그가 편집

했고, 그것은 빠짐없이 발행되었다.

약 6,7백 페이지의 광범하고 정확한 연감인데 그 내용은 정치, 법률, 사회 문제를 위시해서 종교, 철학, 문학 등 사회의 각 방면의 연구, 보고, 비평을 실었고, 그것은 거의 힐티가 스스로 쓴 것이었다. 그 연감은 그가 죽을 때까지 23권이 발행되었는데 그 사실만으로도 그의 정신적 에너지의 왕성함을 엿볼 수 있다.

많은 공직을 맡은 이외에도 부인참정권운동, 금주운동, 부녀매매방지를 위한 투쟁 등 많은 공익사업에 전력했다. 그는 또 구세군의 동정자로서 이 운동에 대한 세상의 조소와 박해를 물리치고 공공연하게 변호했다.

그의 사후에 한 고아원의 보고서에 의하면 힐티는 한 복음 고아원의 고아를 한 명씩 맡아 양육하는 비용으로 매년 230프랑씩 기부해서 4명의 고아를 성인이 될 때까지 돌보아 주었다고 한다.

힐티는 수많은 저서 중에서 널리 알려지고 있는 것은 주로 종교적 윤리적 저서이다. 즉 『행복론』 3권(1891~1899), 『잠 못 이루는 밤을 위하여』(1901년) 2부, 『서간집』(1903년, 1906년), 『독서와 연설』(1895년), 『병든 영혼』(1907년), 『영원의 생명』(1908년), 『힘의 비밀』(1909년), 『그리스도의 복음』(1910년) 등이 있다.

이러한 종교적 원리적 저작에 착수한 것은 그의 저서 발행

차례를 보면 알 수 있듯이, 비교적 그의 생애의 후기에 이룩되었다.

그가 다년 간의 독서에 의해서 얻은 넓은 학식과 풍부한 인생경험, 차츰 깊어진 신앙, 원숙한 사상을 학문적 체계에 의하지 않고 에세이풍으로 자유롭게 간결한 필치로 힘차게 표현하고 있다.

그런 종류 중의 최초의 출판은 1891년 『행복론』 제1권이지만, 그 책에 수록된 여러 논문을 처음에 어떤 사범학교 교지에 실리기 위해 청탁받아 집필한 것이다. 이 책이 세상으로부터 호평을 받게 되자, 그는 차츰 여러 곳에서 원고청탁을 받게 되었고, 강연회도 초청받게 되었으며, 『행복론』 제2권 등 많은 저서가 계속 세상에 나오게 되었다.

그의 논문집이 대부분 에세이풍인 것은 우리와 같은 조건에서 씌어졌기 때문이다.

그러나 또 다른 이유로는 그리스도교의 교회적 형식주의를 싫어하고, 철학서적의 논리적인 체계화를 허식이라고 배척한 것처럼, 힐티는 언제나 사물의 진실을 중요시했으며, 외형적인 형식을 탐탁하게 여기지 않았기 때문이다.

그것은 또 그의 사실이 단순한 연구라든가 사색의 성과가 아니라 천성인 재능과 진지한 체험이 뒷받침이 된 인격에서 솟아나온 깃임을 입증한다. 실제로 그의 지론은 그대로 그의 행위와 통하며 곧 생활화되고 있어서, 그 사이에는 바늘 끝만큼의 틈도 없다. 그의 문장은 모두가 확신과 진실이 넘쳐흐르고 있으며, 강렬하게 독자의 마음을 울리고 있는 것도 그 때문이다.

그러한 힐티의 저서가 세계 여러 나라에서 번역 출판되고 있는 것도 그런 이유에서일 것이다. 그가 일찍이 '스위스의 성인', '현대의 예언자'로써 세상의 존경을 한 몸에 받고 있는 것은 그의 저서 때문이다.

마지막으로 힐티가 쓴 저서의 특색을 살펴보면, 힐티의 그리스도교 신앙에는 속죄 관념이 희박하다고 일컬어지고 있다. 그는 확실히 '그리스도의 희생에 의한 만인의 속죄'라고 하는 생각에는 찬성하지 않았다.

속죄를 한다는 것은 각자가 스스로의 책임감에서 행하지 않으면 안 되는 것이라고 그는 생각했다. 다시 말해 집단적으로 교회에 적을 두고 예배와 기도의 형식을 따르는 것이 아니라, 개인적으로 직접 하나님과 통하는 신앙이어야 하며, 그리스도와 같이 스스로 괴로워하며, 일하고, 항상 노력하면서 한 걸음 한 걸음 하나님에게로 가까이 가는 것이 신앙생활의 최종 목표라고 생각했다.

그는 항상 '불행이란 행복하기 위해서 필요한 것이다', '인생 최대의 행복은 하나님 가까이 있는 것이다'라고 주장하고 있다.

한 마디로 그의 신앙이나 생활은 매우 적극적이고 실천적이며, 정의와 용기와 지성이 넘치고 있었다.

그러기 위해서 그는 또 사회적, 정치적 활동에 있어서 언제나 진보적인 민주주의적 입장을 취했다. 그의 사상의 그런 특색은 오늘날의 젊은이들에게 잘 적합되는 것이라고 나는 생각한다.

여기에 덧붙여서 약간 주의를 해두고 싶은 것은 힐티는 어디서든 사회주의에 대해서 신랄한 욕설을 서슴지 않는다는 점이다. 사회주의는 노동계급의 '질투'에 뿌리박고, 증오심을 부채질하고 있다고 그는 비난하고 있다.

그러나 이런 현상도 오늘에 있어서는 크게 변화하고 있다는 것은 두 말할 필요조차 없다. 자본주의가 좁은 자본가적 영리주의를 뛰어 넘어가야 하듯이 사회주의도 오로지 계급투쟁을 초월해서 다시 넓은 기반에 서서, 적극적이고 도덕적이며, 이상사회의 실현을 목표로 삼지 않으면 안 될 단계에 이르고 있다.

우리는 이 점에 있어서 힐티의 시대적인 좁은 견해를 넘어 이 책을 읽어 내려가야 할 것이다.